日本民間航空通史

佐藤一一《かずいち》◆著

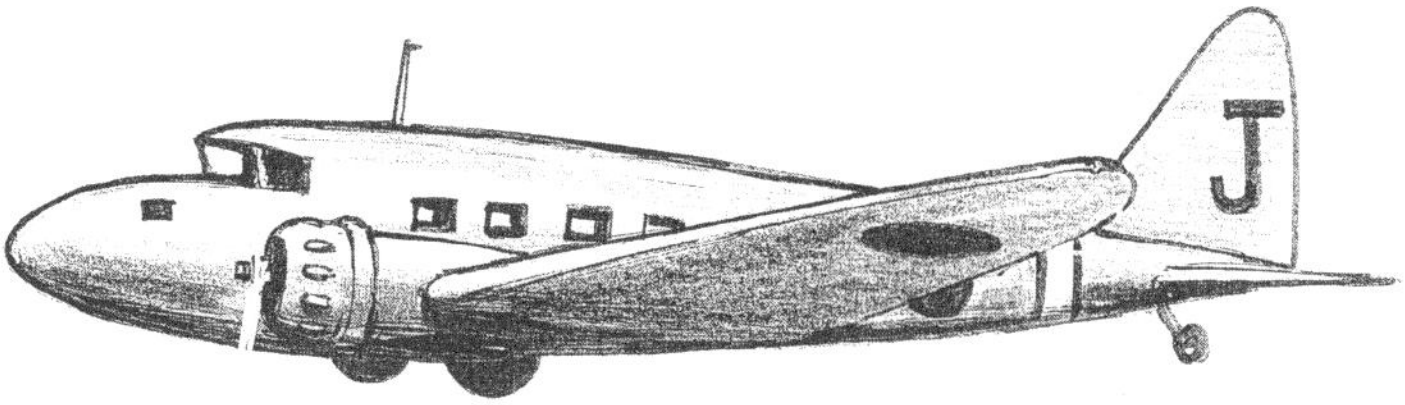

国書刊行会

奈良原　三次（34歳）（本書35頁）
明治44年5月2号機初飛行記念

二宮公園飛行神社（本書 34 頁）→
毎年 11 月 3 日に大祭が行われる

←伊藤音次郎（26 歳）と伊藤式恵美第 2 型陸上機（大正 6 年 9 月）（本書 40 頁）

日本で最初に操縦士免許を取得した藤縄英一（本書 45 頁）

日本人として最初に１等飛行機操縦士の免許を取った後藤勇吉（宮崎県延岡市出身・本書 45 頁）

憧れの花形職業だったエアガール

昭和15年福岡支所前（本書戦前編第9章）

右より　毛利（岸本）百合代、岩尾（高瀬）登茂枝（亡）、平井（河原）幸枝、福地猪代子
斉藤進（営業所長）、松岡（杉山）節子、小樋喜久子（中途退社）、篠原（宅島）郁子

昭和16年福岡支所旅客室前にて（本書戦前編第9章）
右より　篠原（宅島）郁子、岩尾（高瀬）登茂枝、毛利（岸本）百合代
松岡（杉山）節子、福地猪代子、平井（河原）幸枝

↑右より　整備、平井（河原）幸枝、運行室、篠原（宅島）郁子、松岡（杉山）節子、庶務、本郷（貨物）

←上より　平井（河原）幸枝、松岡（杉山）節子、岩尾（高瀬）登茂枝、篠原（宅島）郁子

（昭和 17 年 7 月 10 日）

後列左から　小樋喜久子、荒巻、岩尾（高瀬）登茂枝、平井（河原）幸枝
前列左から　篠原（宅島）郁子、三角、岡部（パスカル）徳子、松岡（杉山）節子
（昭和 19 年 4 月 12 日）

操縦生

本書210頁

ピストに於いて高等飛行の操作訓練

初練（九五式三型初級練習機）

↓　中練（九五式一型中間練習機）

中練による編隊飛行訓練（奥村潤一 画）

搭乗報告

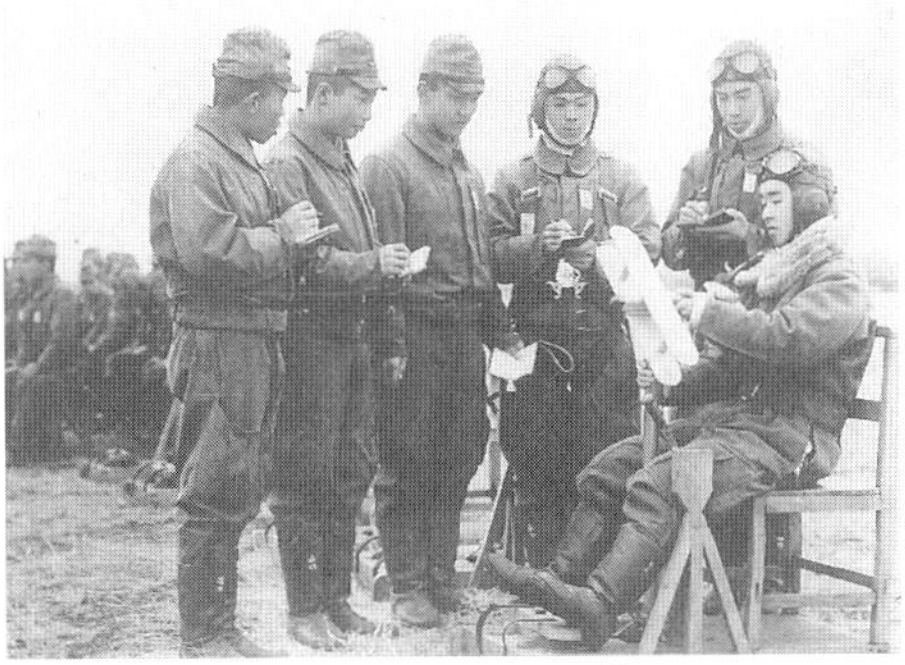

地上での飛行訓練

本科生

本書220頁

①懸垂　②ピストで地上訓練　③初級滑空機（プライマリー）による滑空訓練は、地上滑空から始まる。搭乗者は前方に目標を定めて直視し、操縦桿、方向舵は中立を保持して、発進する。　④剣道（冬の寒稽古は厳しかった）　⑤平衡感覚

桜花“特攻突入”（鹿児島県知覧特攻平和観音堂・記念誌より転載）

1927年（昭和2年）5月21日、米国の飛行家リンドバーグ大尉は200馬力、重量約2.2トン、最高時速217キロの単葉機**「スピリット・オブ・セントルイス」号**でニューヨーク―パリ間5809キロの大西洋無着陸横断飛行に成功、賞金約2万5000ドルを獲得した。所要時間は32時間22分。

さまざまな民間機 *NO.1*

イラスト：笠井久義

昭和12年朝日新聞社機**「神風号」**は、アジアとヨーロッパを結ぶ飛行時間の世界記録を達成。

グラマンＦＦ-1　昭和6年10月5日、アメリカ人バングボーンによって太平洋横断無着陸飛行達成。飛行時間41時間。青森→アメリカ西岸ウエナッチ。離陸時に重量と空気抵抗を落とすため、車輪を太平洋に落とし、最後は胴体着陸した。

「航研機」　昭和13年東大航空研究所の航研機は、飛行時間62時間23分で、木更津－銚子－太田－平塚－木更津の周回コースを29周、1万1651キロを飛行して航続距離世界記録を樹立した。時速180キロ。

「ニッポン号」
昭和14年8月26日毎日新聞社機「日本号」が世界一周飛行に成功。帰着したのは、10月20日。過酷な条件での飛行であったが、故障のトラブルもなく、当時の日本の航空技術の頂点を示した。

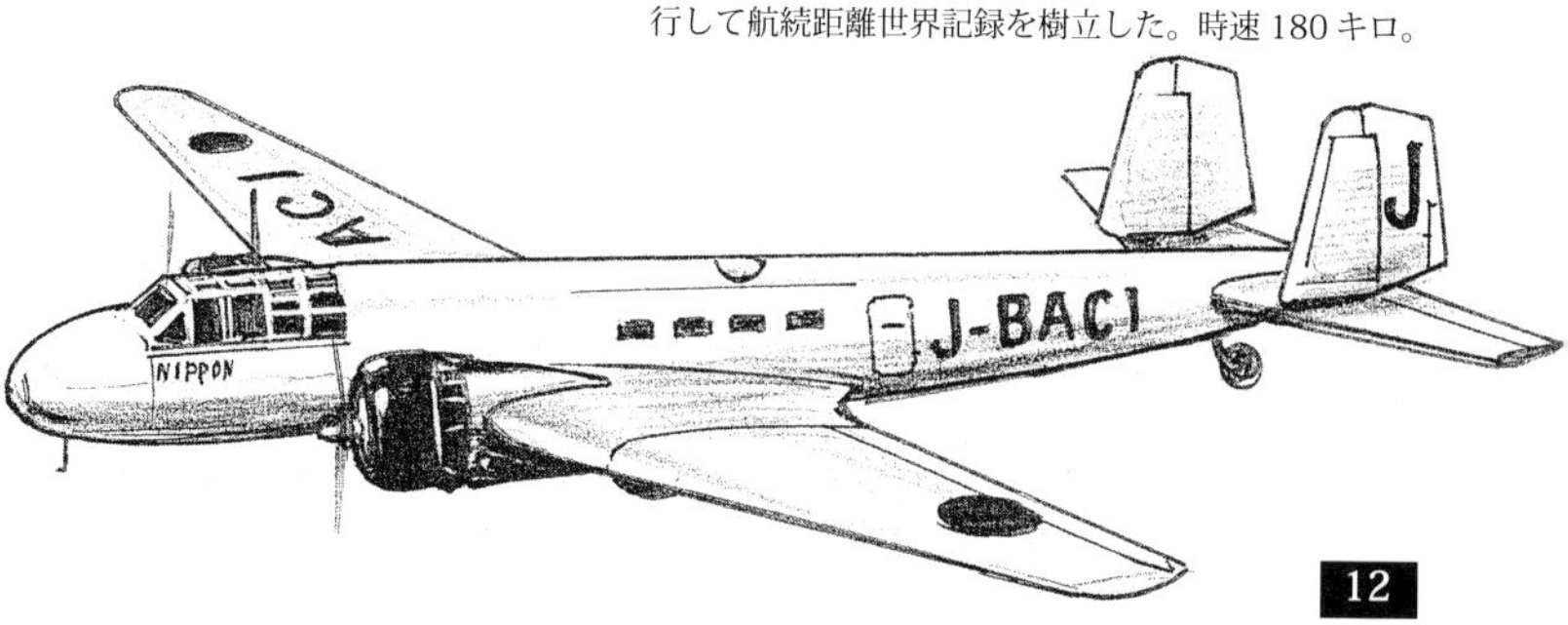

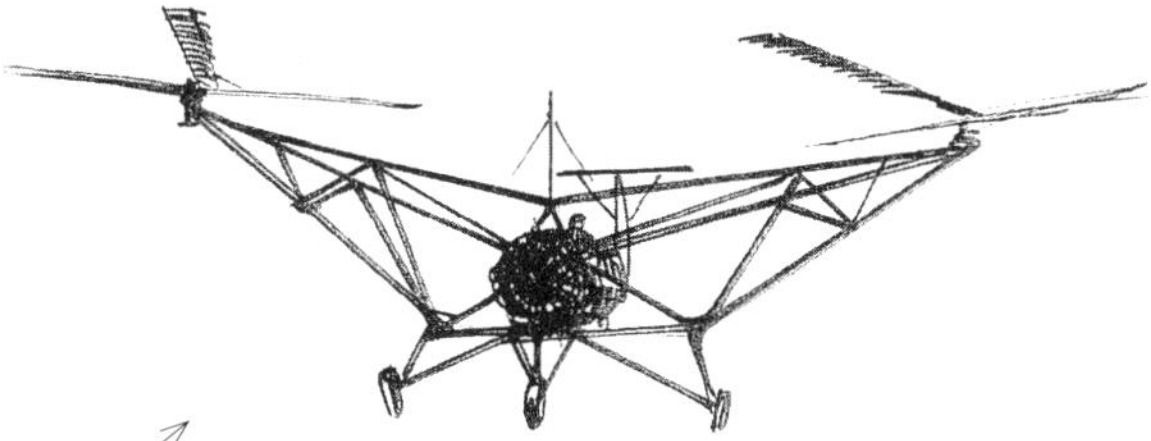

昭和11年春初飛行した**フォッケアハゲリスFa61ヘリコプター**　女性飛行士ハンナ・ライッチが、ベルリン室内体育館で公開デモ飛行を行った。円旋回、8字飛行など速度122.5キロ、航続時間1時間20分49秒、距離230キロ。

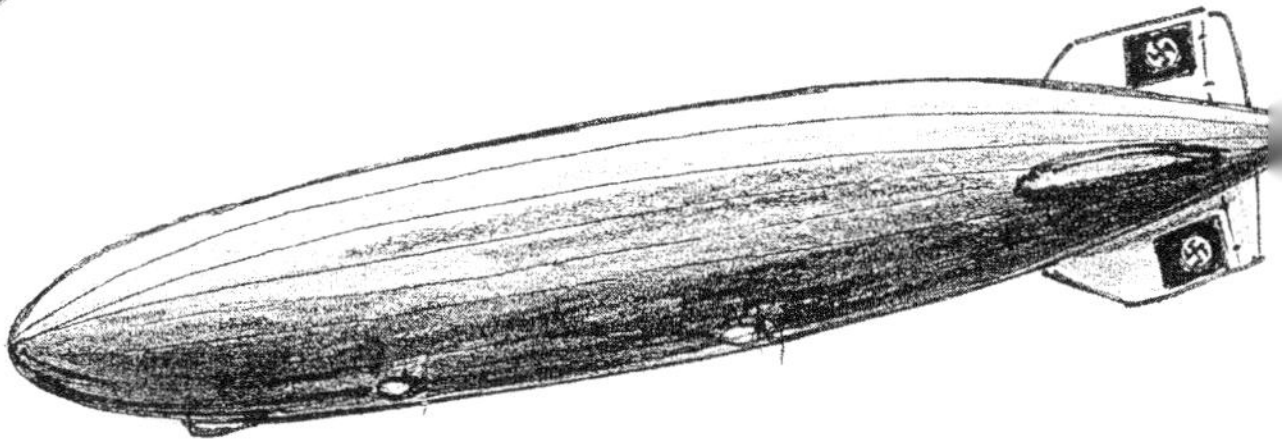

昭和4年、**飛行船ツェッペリン伯号**の来日。8月19日東京の上空を旋回、次に南下して横浜の上空を旋回、再び東京経由で霞ヶ浦飛行場に着陸。雑誌、新聞、少年誌等、明けても暮れてもツェッペリンで、「ツェッペリン焼き」というタイ焼きも登場。全長235.5m、乗員乗客80名。

旅客機、**フォッカー・ユニバーサル**（オランダ）頑丈で故障が少なく整備がしやすかったので世界中で使用された。

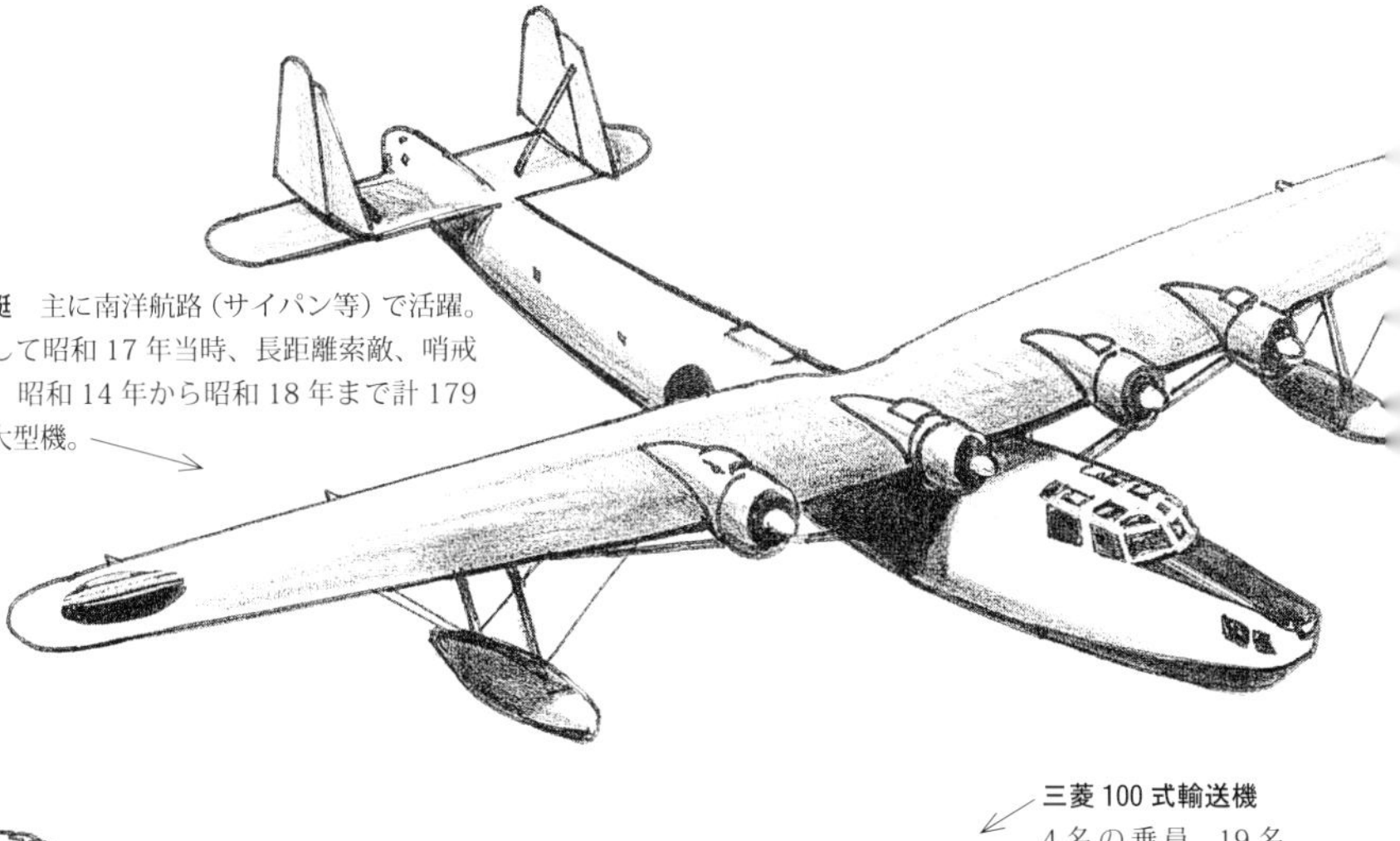

川西九七式飛行艇　主に南洋航路（サイパン等）で活躍。また、軍用機として昭和17年当時、長距離索敵、哨戒の主力機だった。昭和14年から昭和18年まで計179機が生産された大型機。

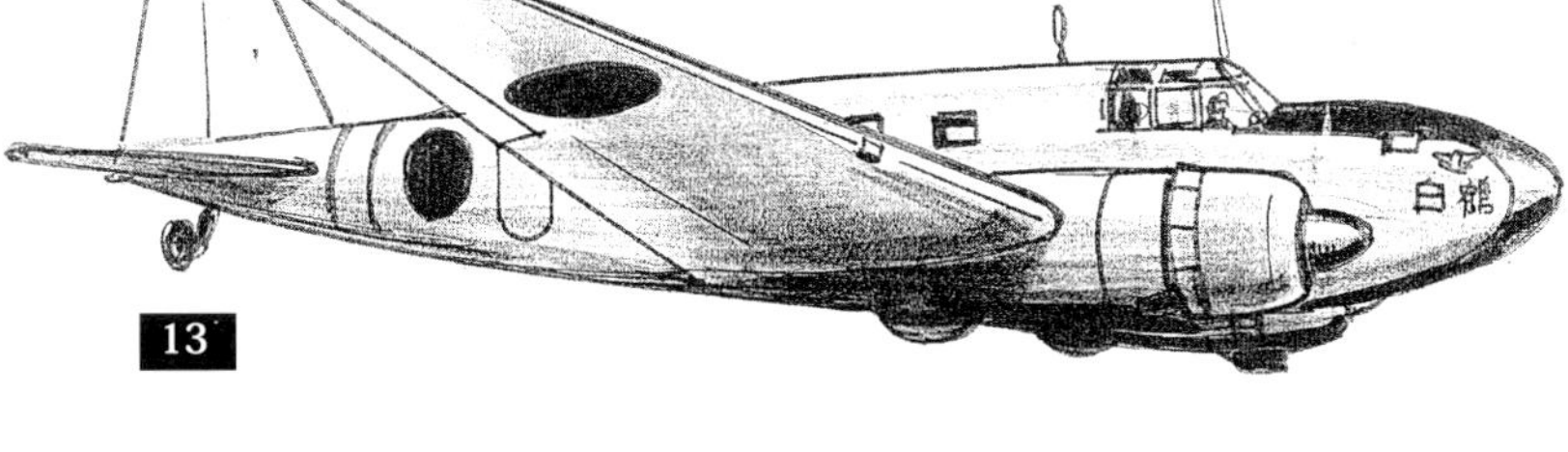

三菱100式輸送機
4名の乗員、19名の人員を乗せることが出来、国産輸送機ではNo.1だった。時速470キロ。17年のパレンパン作戦、レイテ戦に活躍。

満航式「隼」型旅客機（MT-1）→
日本人が設計した最初の低翼単葉引込脚式、フラップ付である。満州、中華航空で終戦までローカル線用旅客機として使用された。隠れた傑作機で55機製作、パイロット１名乗客６名、時速240キロ、航続時間５時間、580馬力。

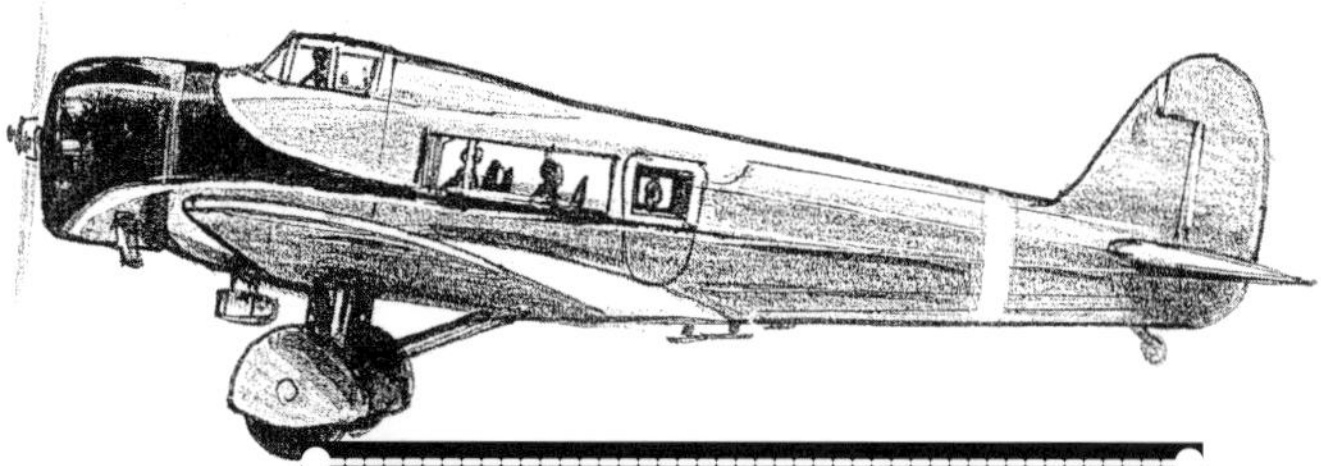

さまざまな民間機 NO.2

イラスト：笠井久義

↑
中島「ＡＴ型」 昭和12年６月、東京羽田―台北、羽田―新京、京城（ソウル）―大連へ定期便１日１往復。乗員３名、旅客８人。東京―新京間を約10時間で飛んだ。このＡＴ型は、のちに陸軍九七式輸送機となり、落下傘部隊は、50機保有していた。

昭和10年、11年、東京航空輸送会社の**九〇式水上旅客機** →
乗員１名、乗客２名、郵便物10キロ、スピード222キロ、巡航スピード150キロ。

↙「**麒麟号**」 昭和11年11月海軍が日本航空輸送に払い下げたイギリス製のスーパーマリン・サザンプトン飛行艇。大阪―別府間乗員３～５名、乗客16人乗りの大型機。14年まで３年間でこの麒麟号は１万500人の乗客を運んだ。

朝日新聞社がイギリスから購入した**オートジャイロ**が、昭和7年10月、大阪上空で初飛行に成功。100馬力、スピード145キロ、航続時間2.7時間。当時「竹トンボ飛行機」などと呼ばれた。

日本航空輸送の定期便、
フォッカー・スーパー・ユニバーサル旅客機
昭和11年10月1日
大阪—高知（19円）
大阪—松江（23円）
大阪—富山（19円）
１日１往復の定期就航便。

川崎「A-6型」 昭和９年９月朝日新聞の通信機「A-6」が大阪—北京間の無着陸飛行に成功した。時間は８時間24分。操縦者はのちの「神風」でローマに行った飯沼飛行士。

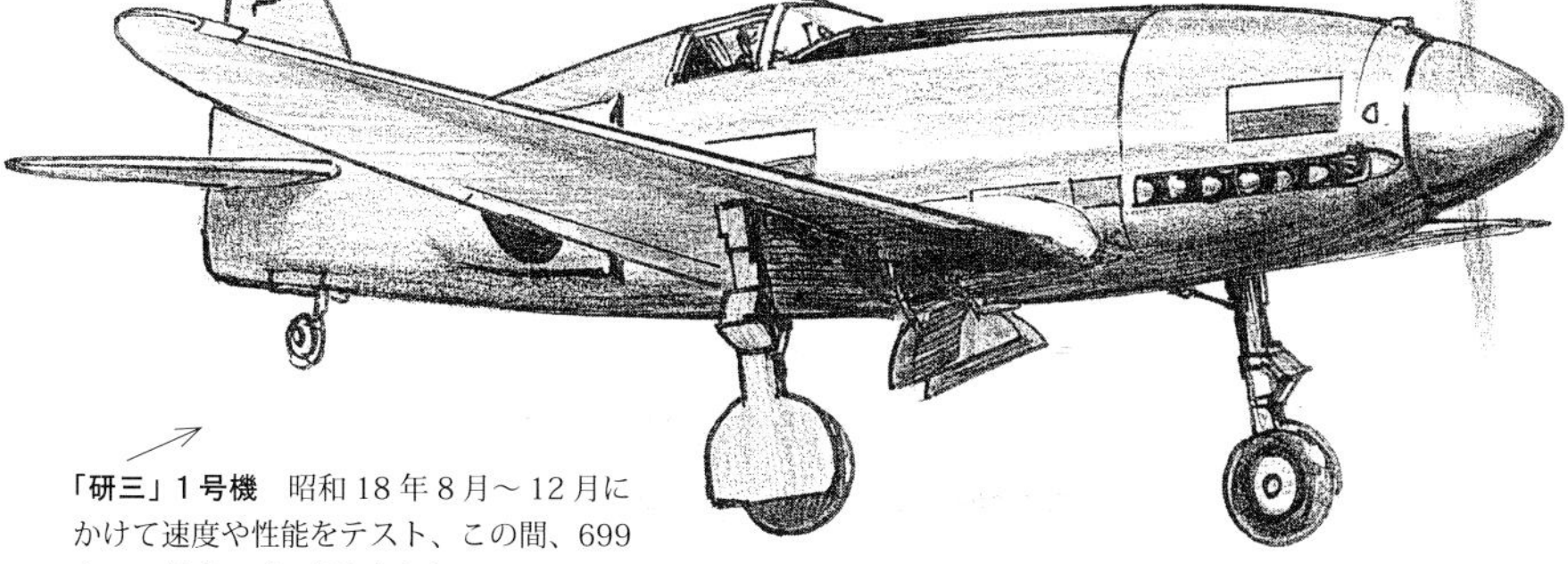

「研三」1号機 昭和18年８月～12月にかけて速度や性能をテスト、この間、699キロの最高スピードを出した。

空港の現在

羽田空港・平成一五年一月一〇日撮影

はじめに

江戸で蘭学塾《らんがくじゅく》（のちの慶応義塾）を開設、日本で初めて英語の学問を修めた福沢諭吉《ふくざわゆきち》（一八三五―一九〇一年）は、三度幕府遣外《けんがい》使節に随行して欧米を視察したが、咸臨丸《かんりんまる》という船で、横浜からワシントンまで実に三か月の歳月を要した。

それから百年後の今日では、成田からワシントンまで飛行機でわずか一三時間で行けるようになった。人間が空を飛びたいという願いは相当昔からあったが、それはあくまでも夢物語りであった。日本では、江戸時代の戯作者《げさくしゃ》・発明家として有名な平賀源内《ひらがげんない》（一七二八―一七八〇年）が翼をつけて屋根から飛んだが失敗したという逸話もある。

明治三六年（一九〇三）一二月一七日、アメリカのライト兄弟が、初めて動力飛行に成功してからヨーロッパで飛行熱が高まり、明治の終り頃にはドイツやフランスで飛行機や飛行船が飛び回ってその性能を競い合い、続々と新機種が生まれ、それと共に操縦技術を教える飛行学校ができるようになった。

その情報に刺激を受けた日本では、遅ればせながら、軍用として飛行機・飛行船を使うことを目的に明治四二年（一九〇九）八月、内閣直属の「臨時軍用気球研究会」が発足《ほっそく》、明治四三年（一九一〇）四月、外国から飛行機・飛行船を購入することと、その製作、操縦技術を習得させることを目的として、日野熊蔵、徳川好敏両陸軍大尉をヨーロッパに派遣した。

両氏が帰国して日本での初飛行は明治四三年一二月一九日であった。その日、代々木練兵場（現・代々木公園）で徳川好敏工兵大尉の操縦するアン・フォルマン機での飛行距離は３㎞、高度70ｍであった。ライト兄弟の初飛行より遅れること七年だった。

その後、「臨時軍用気球研究会」の委員であった奈良原三次海軍大技士（海軍大尉待遇）が臨時軍用気球研究会を辞めて、自分で設計製作した飛行機にノーム50馬力のエンジンをつけて明治四四年（一九一一）五月五日、所沢飛行場で自ら操縦して高度５ｍ、距離60ｍを飛行したが、これが純国産機で民間人が飛んだ日本最初の飛行機であった。

これに続いて民間の飛行家が続出して手製の飛行機で自由勝手に空を飛び廻るようになったので、これを野放しにしてもおけず陸軍省の外局に「航空局」を設け、操縦士の資格が国家試験となると同時に航空局直轄の乗員養成が始まった。

特に戦時中は民間航空機操縦士の大量養成を行ったが、民間機のパイロットになった者はごくわずかで、ほとんどが軍に駆り出され多くの民間パイロットが特攻で、あるいは空中戦で戦死した。

昭和二〇年（一九四五）八月一五日の敗戦を境に、日本人が日本の空を自由に飛べない日が六年余りも続いたが、昭和二六年（一九五一）九月八日、対日平和条約が調印されたのを機に、同年八月一日、日本航空㈱が設立され、ようやく日本人が日本の空を自由に飛べる時代が来たのだった。

佐藤一《かず》一《いち》

日本航空通史＊目　次

目次

第二編　戦中編（黎明期《れいめいき》）　207

第一編

戦前編（揺籃期）

第一章　航空機の黎明期《れいめいき》

第一節　空を飛びたいという人間の夢

背中に羽のはえた天使や、羽衣を身にまとって空を飛ぶ天女などは「空を飛んでみたい」と願っていた人間の夢であり想像の世界であった。

今から二百数十年前に、偉大な芸術家であり科学者でもあったイタリアのレオナルド・ダ・ビンチは、鳥の飛ぶのを観察して、羽ばたき飛行機やヘリコプターの設計図を書いていたがこれは実現するには至らなかった。

それを実現させ、実際に人間が空に上ったのは、二百年以上も前、フランスのモンゴルフイエ兄弟であった。彼らは熱気球を作り、温めた空気を気球の中にためて、大勢の人の見守る中で、ふわっと空中に浮かび上ったのだった。その後、空気より軽い水素を入れることを考えたが、それは「飛ぶ」というより「浮かぶ」と云った方が正しいものであった。それは前に進むことができなかったからである。

その後、ドイツのリリエンタールが明治二六年（一八九三）に、大きな翼を背中につけ、小高い丘の上から飛んで滑空に成功した。最近、スポーツとして盛んになってきたハング・グライダーの元祖というべきものである。しかし、気球もグライダーも、空気（風）を利用して短い時間、ゆっくり空を飛ぶだけで、本格的な飛行機というものではなかったのである。

第二節　ライト兄弟が動力飛行に初成功

明治一五年（一八八二）にロシアのモシャイスキーが初飛行に成功したとか、明治三〇年（一八九七）にフランスのクレマン・アデールが世界で初めて動力飛行に成功したという説もあるが、記録も証拠も見つかっていない。

今、世界的に認知されているのは、明治三六年（一九〇三）一二月一七日、アメリカのノースカロナイナ州キティホークで、兄のライトと弟のオービル兄弟が複葉機を完成して、前後四回飛行して人類初の動力飛行に成功したことである。

最初の飛行は、わずか12秒、最高の滞空時間59秒、飛行距離は二六〇メートルというものだった。

第三節　日本で「臨時軍用気球研究会」発足

アメリカのライト兄弟が、世界初の動力飛行に成功したというニュースに刺激を受けたヨーロッパでは、長年夢であった「人間が鳥のように空を飛べる」という事実に、アメリカよりも飛行熱が高まった。そして明治の終り頃には、ドイツやフランスで続々と新機種が生まれ、飛行機や飛行船が盛んに飛び回ってその性能を競い合い、さらには操縦術を教える飛行学校までができるようになったのである。

それに刺激を受けた日本でも、軍用として飛行機・飛行船を使用することとなり、明治四二年（一九〇二）八月、内閣直属の「臨時軍用気球研究会」が発足した。

最初の研究会委員には

〔陸軍から〕

会長　長岡外史中将（当時の軍務局長）
幹事　井上仁郎大佐（当時の工兵課長）
委員　有川鷹一少佐（砲工学校教官）
同　　徳永熊雄少佐（気球隊長）
同　　徳川好敏大尉（気球隊付）
同　　日野熊蔵大尉（砲兵工廠付）等

〔海軍から〕

委員　山屋他人大佐
同　　牛奥劭三　　（造船小監）
同　　相原四郎大尉
同　　小浜方彦大尉
同　　奈良原三次（造兵中技士）等

〔学識経験者から〕

委員　田中館《たなかだて》愛橘《あいきつ》（理学博士）
同　　井口在屋　　（工学博士）

同　中村精男　（理学博士）
同　横田成平　（工学博士）
等が就任した。

第四節　臨時軍用気球研究会の仕事とは

さて、こうして発足した研究会では、差しあたり次の仕事に取りかかることとなった。

第一は、日本国内で、日本製の飛行機や飛行船を試作することであった。

飛行船の方は徳永、徳川、小浜の諸委員を中心に、当時気球隊付であった伊藤赳工兵中尉、岩本周平（東大教授、当時気球隊付陸軍技士）が設計試作員として設計に当った。

一方、飛行機の方は、日野、奈良原委員が、それぞれの考案を各自の助手を使って設計製図に当ることになった。

第二は、各委員が設計のために実験したり、実物を工作したりするための実験室、工場、飛行船に必要な水素ガス工場、飛行機、飛行船の格納庫等の建設であった。

第三は、飛行機、飛行船の性能テスト、実用試験をするために必要な飛行場の設定、建設であった。

これは徳永少佐と、岩元周平が担当することになり、地質・地勢・水利・常習風向・土地の価格調査等に自転車で踏査し、埼玉県所沢市の平坦な、いも畑約八万坪（一反歩＝三〇〇坪＝百円）を適当地として買収することに内定したのだった。しかし、日本では初めての飛行場建設であるから、果してこの面積でこと足りるのか不安もあって、急拠田中館《たなかだて》博士（昭和一九年文化勲章受章）をヨーロッパに派遣した。田中館博士はヨーロッパ各国の飛行場を視察した結果、敷地の広さや施設など所沢の計画で支障なしと判断し、その結果、電報でその旨を報告しました。この報告を受けた臨時軍用気球研究会では、早速土地の買収に着手し、地ならし、建築と矢継ぎ早やに計画に移した。

第四は、外国ですでに完成している飛行機、飛行船を購入し、これを研究すると共に試験をすること、そして操縦の技術を習得することであった。

そこで日野熊蔵陸軍歩兵大尉と、徳川好敏陸軍工兵大尉の二人が選ばれた。二人は明治四三年（一九一〇）四月、シベリア鉄道で渡欧し、徳川大尉はフランスで、アンリー・フォルマン式複葉一機（八、三六三円）、ブレリオ式単葉一機を購入して、操縦術の訓練もわずか二週間で卒業して帰国した。

日野大尉は、ドイツでグラーデ式単葉一機（五、一九六円）と、ドイツ製ライト複葉一機を購入して帰国したが、同年中に着いたのは徳川大尉の購入したフォルマン機と、日野大尉が購入したグラーデ機で、あとの二機は翌四四年三月に到着した。

第五節　日本での初飛行

日本で「臨時軍用気球研究会」が発足した頃、フランス海軍中尉ルプリエルが、田中館博士の指導で、帝大（東京大学）構内で滑空機（グライダー）を組立て、不忍池畔《しのばずのいけ》で試験飛行を行なった。自動車で滑空機を引かせて滑走し、高さ一五・六メートル位飛び上ったところで綱をはずし、無事に滑空で着陸し一応成功を収めた。

そのあと、気球研究会の委員相原四郎海軍大尉が、この滑空機の組立ての時から協力したということも

日野熊蔵大尉（右）と徳川好敏大尉

あって、ルプリエル中尉の飛んだあと、同機に搭乗して一応飛び上ったが、綱の片方がはずれて横すべりして池の泥のなかに落ちて失敗した。

しかし、これは当時見物していた日本人に「人間も空を飛ぶことができるんだ。」という証拠を見せた最初のことであった。

本格的な日本での動力初飛行は、明治四三年（一九一〇）一二月一九日、代々木練兵場（現・代々木公園）で行われた。

ドイツ・フランスから飛行機を買付け、操縦技術を学んできた徳川・日野両大尉によるものだった。

徳川好敏工兵大尉がフランスで購入したアンリー・フォルマン式複葉機で、距離三キロメートル、高度七〇メートル、飛行時間三分というものであった。ライト兄弟の初飛行より遅れること七年目のことである。今、この地に「所沢航空発祥記念館」が設けられている。（平成五年三月二七日開館）

しかし実際には、これより五日前の一二月一四日、日野熊蔵陸軍歩兵大尉がドイツから購入してきたドイツ製ハンス・グラーデ式単葉機で二メートルの高さで一〇〇メートルの距離の初飛行に成功していたが、「公式飛揚」ではないので、日本航空史では一二月一九日が、日本における初飛行と記録されているのである。

第六節　臨時軍用気球研究会の廃止

その後、明治四四年（一九一一）一〇月、徳川大尉はアンリー・フォルマン式に気球研究会で改良した国産第一号機を操縦して高度八五メートル、距離千六百メートルを飛行した。

一方、飛行船の方は、明治四四年にドイツのパルセバール式飛行船を購入することになり、その製造・整備・監督と、取扱い操縦練習のため、石本工兵大尉が総合事務を、益田工兵大尉が取扱い操縦を、山下海軍機関大尉が機関と整備を、岩本周平が製造取扱いをそれぞれ学ぶ目的でドイツに派遣され、P13号（日本では、パ式航空船と命名）の竣工検査に立ち合い、明治四五年（一九一二）六月、シベリア鉄道で帰国した。

この留守中、明治四四年一〇月、伊藤中尉を船長に、中島知久平《なかしまちくへい》海軍機関中尉（のち中島飛行機会社を興し、鉄道相、軍需相となる）を機関長として「イ号飛行船」の初飛行が行われ、百メートルほど上昇してエンジンをかけ、ゆっくり飛行場の周辺を飛び廻った。

これが「イ号気球」と命名された日本で初めて製作された国産飛行船で飛んだ記録第一号である。

その後、航空機・飛行船の発達ぶりを貴族院議員（現在の参議院議員）や衆議院議員を招いて見てもらおうと大正二年（一九一三）三月二八日、青山練兵場（現・明治神宮外苑）で航空祭を催した。所沢から飛び立った飛行機や飛行船を青山練兵場に着陸させ、更に離陸して所沢に還るという計画であった。ところが飛行船のクセを十分克服していない操縦未熟の為に、事故をおこしてしまったのである。

さらに、この飛行船の失敗の最中に、青山練兵場から帰還飛行中のブレリオ機が、所沢飛行場の上空で事故を起して墜落し、木村、徳田両中尉が殉職してしまった。これが日本での航空殉職者の最初である。

海軍では、気球研究会とは別に、明治四五年（一九一二）頃から、海軍航空委員会が出来て海軍用航空機を調査考案して、飛行艇（水上機）等を製作するようになり、一方陸軍でもフランスからフォール大佐を団長とする六一名の軍人教官団を招聘して、日本の陸軍航空教育の指導を受けることになった。

このようにして、臨時軍用気球研究会はすでに初期の目的を達成したので廃止されることになった。大正九年（一九二〇）のことである。

第七節　正式に航空の兵科を設ける

これまでは、陸軍にも海軍にも正式の「航空兵」の兵科はなかったので、陸軍歩兵や、工兵、海軍の機関兵の中から優秀な若い士官を教育して「操縦士」や「機関士」を育てていたが、航空機の発達に伴いその必要に迫まられて、大正八年（一九一九）岐阜県各務ケ原に陸軍の飛行場が完成、航空第二大隊が設けられ、のち第一大隊も移り、所沢に陸軍飛行学校が開校、また東京には陸軍航空本部が設けられるなどして、ようやく日本にも本格的に航空の躍動するところとなった。

そこで改めて「航空兵」の兵科が設けられたのである。

第二章　民間航空の揺籃期《ようらんき》

第一節　民間航空の発展経緯《けいい》

こうして遅《おそ》まきながら、日本もようやく飛行機に着目するようになり、初期航空時代を迎えたのであるが、しかしこれはあくまでも陸・海軍によるものであった。

明治四四年（一九〇四）、かつて臨時軍用気球研究会の委員であった奈良原三次《ならはらさんじ》が、海軍を退官後自作の飛行機を製作して自ら操縦して飛行に成功してから、民間の飛行家が続出して手製の飛行機を駆って自由勝手に日本の空を飛び始めるようになった。

この為、国もこれを野放しにしておくわけにはいかないと、民間航空の発展指導の目的で陸軍省の外局として「航空局」が設けられ更には陸・海軍に依託して操縦士・機関士を養成する「依託学生」制度が設けられることとなる。

大東亜戦争（第二次世界大戦又は太平洋戦争とも云う）が始まるや全国に十三の「航空機乗員養成所」を設置して、陸・海の予備操縦士・機関士・整備士の大量養成に変るが、これは終戦と共に廃校になった。

戦後、しばらく日本人は飛行機に乗れない時代が続いたが、昭和二六年（一九五一）九月八日、米国サンフランシスコで対日平和条約が調印されたのを機に六年余りにして日の丸の翼が甦えることになった。

昭和二六年八月一日、日本航空が設立、同二八年一〇月一日、設立準備の日本航空を解散して、政府半額出資の新日本航空が誕生、同年一〇月二五日、東京—大阪—福岡に「もく星号」が定期航空の一番機として飛び立った。とはいうものの、飛行機はノースウエスト航空からチャーターしたもので、操縦士も整備士もアメリカからの貸りもので、日本人はパーサー（航空機の客室乗務員の責任者）とスチュワーデスのみであった。

当時、日航社員の平均給与は八千円位だったのに比し米人機長の月給は平均千ドル（当時日本円にして三十六万円）という高額だったので、一日も早い日本人の操縦士養成が急務となって、昭和二九年（一九五四）七月一日、宮崎市に航空大学校を開校して「民間操縦士」の養成が復活したのであった。宮崎航空大学校では、平成一三年（二〇〇一）三月までに約二九〇〇人の卒業生を輩出して、日航を始め民間航空会社のパイロットとして活躍しているが、中央省庁再編に伴う措置として、平成一三年四月から航空局管轄から離れて独立行政法人として新スタートすることになった。定員も年間九六人以内の養成から七二人以内の養成に縮小されることになった。

第二節　世界航空史上の先覚者　二宮忠八《かずはち》

まず、日本の「民間航空史」を語るとすれば、ライト兄弟の初飛行よりも一二年も前に玉虫型飛行機を発明していた二宮忠八《にのみやかずはち》という日本人の居たことを語らねばならない。

樅《もみ》の木峠での新発見

忠八は、慶応二年（一八六六）愛媛県に生まれた。彼は背が低かったので徴兵検査には合格できなかった。当時は徴兵検査に通らないのは男の恥だと思われていた時代である。

そこで彼は衛生兵を希望して明治二〇年（一八八七）陸軍・丸亀連隊に衛生兵として入隊した。明治二二年（一八八九）一一月九日、讃岐《さぬき》（香川県）と松山（愛媛県）の連隊合同での秋季機動演習が四国平野で行われたが、その時、忠八の部隊も後続部隊として参加したときのことである。

二宮忠八翁

大隊は讃岐の三豊郡財田村《みとよぐんさいたむら》から、仲多度津《なかたどつ》郡十郷《そごう》村（現・香川県仲多度郡仲南町《ちゅうなんちょう》）を経て琴平《ことひら》に向う樅《もみ》の木峠《きとうげ》の新道を下って行った。その頃は今のように汽車が通っていなかったので山越えしなければならなかったのである。

その日は雨が降ったり止《や》んだりで、ぬかるみに靴をうずめながらの難行軍であった。本隊は峠の途中で大休止して昼食をとったが、本隊が出発したあと、その周辺に捨てていった残飯をめがけて、どこからともなく、四、五十羽のカラスが谷間を横切って飛んできた。忠八は羽をひろげたまま滑ってくるカラスを興味深く眺めていた。はじめは何気なく見ていたが、滑空するカラスの姿を見ているうちに、かつて物理学で学んだ原理を思い出していた。カラスが斜《なな》めに滑り降りるのをみて、「二つの物体に二つ以上の方向と速度の違う力が同時に働く時は、その力の平行四辺形の対角線の方向に進む」という法則が頭に浮かんだのであった。

なおカラスの翼をよく見ると、上の方へ行きそうな形をしているのに斜めに滑るのは、体の重さ〈即ち地球の重力〉が鉛直《えんちょく》（水平面に対して垂直であること）に働くので、物理学の原理に従って対角線の方向に進むのだという考えに至ったのである。

そして彼が少年の頃、八幡浜の海岸で水面に平たい石を投げて水切りをした時のことを思い出した。石に回転を与えて水平に投げると、石は沈まないで水面をはじきながら滑っていくことを。読者の皆さんも経験された方があると思うが、それはある角度で水に抵抗していくからである。カラスもたえず翼に空気の抵抗を受けながら進むために、上へ上へと上っていくことができる。それはタコ（凧）が空気の抵抗を受けて揚《あが》るのと全く同じ原理だと思いつき、時間のたつのも忘れて観察していたのだった。

玉虫型飛行器の完成

その後、忠八は「先に見たカラスの翼の原理を加えて工夫したら人工の翼で空を飛ぶことができるに違いない。よし、俺も空を飛ぶ器械を作ってみよう」と考えるようになった。

彼は公務の余暇に、カラスをモデルにした模型の製作をはじめた。最初、推進器は竹トンボを横にして使うことを考えたがそれを廻す動力に行き詰ってしまった。そこで聴診器のゴム管などを使ってみたが、強すぎてすぐ戻ってしまい、なかなか思う通りにはいかなかった。

色々と試行錯誤したあげく、古い自転車のチューブを細く糸のように切って使うことを思いついた。カラス形の機体を真黒に墨《すみ》で塗り、機首につけた垂直面には丸く眼を描いてみた。樅の木峠でヒントを

玉虫型飛行器

与えてくれたカラスを記念して製作したのである。

明治二四年（一八九一）四月二九日の深夜《しんや》、忠八はただ一人で、できたばかりの模型飛行器を抱えて丸亀練兵場へ出かけて行った。そして、あたりを窺うようにそっとまわりを見渡したが、誰もいなかった。彼が夜半を選んだのは、「果して飛んでくれるだろうか。もしも飛ばなかったら自分を今まで狂人扱いにしていた周囲の人たちから、どんなに嘲笑《ちょうしょう》を受け馬鹿にされるかわからない」と彼の頭の中には一抹の不安が去来していたからである。

「どうかうまく飛んでくれ」と忠八は神や仏に祈りながらゴムを巻き、そっと地上に置いて手を離すと「ブルルン、ブルルン」と推進器の振動が翼に伝わり、何メートルか地上を滑走すると間もなく機体は浮き揚って闇の中に吸いこまれていく。「アッ！　飛んだ飛んだ」と忠八は心の中で歓喜《かんき》の叫び声をあげた。何秒かすると、はるか先の方で「バサッ」と音がして草むらに降りた気配《けはい》が感じられた。

忠八は喜び勇んで走って探しに行ったが、模型飛行器が降りたところはなんと三〇メートルも先の方であった。

忠八は、その模型飛行器を抱いて泣いた。感激と興奮の涙の中で、今までのさまざまな苦労が走馬灯のようによぎっていった。そして金刀比羅宮《ことひらぐう》（こんぴらさん。大物主神と崇徳天皇《すいとくてんのう》を祀り、海上安全の守護神として信仰されている）の方向に手を合わせ、成功したことへの感謝の祈りを捧げた。忠八二六歳のときであった。

遂に彼は第一の難関を突破したのであった。たとえそれが模型であっても、日本人の手で作られ、大地を離れて空を飛んだという事実は、将来人を乗せて空を飛ぶ、いわゆる飛行機につながる第一歩ということで、まことに意義深い記念すべき日であった。実にライト兄弟が飛行した日より一二年も前の話であった。

玉虫型2号機の完成

忠八は、その後も鋭意研究を続けていたが、明治二六年（一八九三）一〇月一日、時計のゼンマイを動力とした、大きさ約二メートルの玉虫型第2号機の製作に成功した。これは単に飛ばすだけの目的だった第1号機と違って、実際に人の乗れる第3号機を製作するための模型であった。誰から教わるでもなく参考になる本があったわけでもなく、忠八の全く独創と創造によってここまで作りあげたこと、そしてそれが現代の飛行機の原理から全くはずれていなかったことなどを考えると誠に敬服の至りである。

長岡参謀に「夢みたい」と一蹴さる

明治二七年（一八九四）八月一日、日清戦争（朝鮮で起こった東学党の乱鎮圧のため清国〈現在の中国〉と朝鮮の支配権をめぐって日本との間に起こった戦争）が始まった。忠八は大島旅団第一野戦病院付の看護兵として、すでに六月八日、京城《けいじょう》郊外の孔徳里に出動していた。そして、こういう戦争で負傷した兵隊を前線から飛行器で病院に運んだり、また通信連絡や敵情視察、空から敵を攻撃することができたらどんなに便利で戦を有利にすることができるだろうかと考えるようになった。

しかし、個人の能力では経済面においても人力においても限度がある。もしこれを軍の財力と人力でやってもらったら必ず成功するに違いない。と考え、今までの長い間苦心して作成した玉虫型の設計図にその解説を加えたものに請願書を添えて上官に上申した。その時の設計図は野営中のため製図用具も紙もありませんので、半紙に毛筆で書いたものであった。

この書類を受取った長岡外史参謀は「人間が空を飛ぶなどと、そんな夢のような軽業《かるわざ》のような機械など信用できない。」と一笑に付して却下《きゃっか》してしまった。

そこで忠八は改めて「軍用飛行器考案之儀ニ付上申」という表題をつけて旅団長・大島義昌少将宛に再提出したが、ここでも一蹴されてしまう。

こうして忠八の計画は夢に終り実現しなかったのだが、ここで注目すべきは、現在の「飛行機」という名称は誰がつけたのか分らないが、「器」と「機」の違いはあっても忠八が自ら設計したものに、すでに「飛行器」という名称をつけていたことである。

ライト兄弟の初飛行の成功で忠八の真価高まる

翌二八年、日本は平壌の戦いや黄海の海戦などで大勝利を収め、下関で講和条約（下関条約）を結んで日清戦争は終結した。帰還した忠八は軍隊を除隊して大日本製薬会社に就職し、その努力が認められて社長にまで登りつめたのである。

若干の資産や時間のゆとりもできたので京都府八幡（現・八幡市《やわた》）を永住の地と定め、近くの木津川原を飛行実験場と定め、再び飛行器の製作研究を始める準備を進めていた。

ところが明治三六年（一九〇三）一二月一七日、アメリカのライト兄弟が世界で初めて人を乗せた動力飛行に成功したというニュースが世界中の人を驚かせた。このニュースを知った忠八は試験飛行を一切中止してしまった。それは世界で一番最初に飛行器を作成、成功させてこそ研究してきた値打ちがあるのであって、今になってどんな立派な飛行器を作ってもそれは二番煎《せん》じであり、物真似に過ぎなくなるからである。

もし、あの日清戦争の折に陸軍が彼の考案を取り上げて専門家の手によって試作していたならば、飛行機に関する世界の歴史は変っていたのではないだろうか、そう思うと忠八は悔しくてたまらず男泣きに泣いたのである。

そこで一切の飛行器製作をあきらめた忠八は、製薬事業に精魂を傾けることにし、後に大阪製薬株式会社を興して社長に就任した。

その頃、加藤正世理学博士が陸軍省で書類の整理中、日清戦争の折、二宮忠八が陸軍に提出して却下された「軍用飛行器考案之儀ニ付上申」した申請書を発見、加藤博士は驚くと同時に「帝国飛行」と題する雑誌第五巻第四号で紹介したところ、非常なセンセーションを巻き起こすことになる。

その時、かつて初代臨時軍用気球研究会長を勤め、帝国飛行協会の副会長として、民間航空の普及発展に尽力していた長岡外史は、先の日清戦争時、忠八から「玉虫型飛行器」の製作を進言されたにもかかわらず、「そんな物は信用できない」と一蹴した当時者であっただけに甚だ苦しい立場に立たされてしまった。そこで彼は、率直に自分の不明を恥じて忠八宛に長文の詫状を送った。

大正二年（一九一三）忠八の飛行器発明のことが大正天皇のお耳に入り、早速その功績に対して「勲六等瑞宝章」の勲章を賜わった。それに続いて陸軍航空本部長、逓信省（現・国土交通省）、帝国飛行協会、その他関係会社等から数々の表彰が贈られたのである。

「飛行神社」を創る

大正八年（一九二一）忠八の発明が思いがけないことから世に認められ、数々の表彰を受けた時、そのヒントとなったのが樅の木峠であったことから十郷村《そごうむら》ではそのことを誇りとして記念碑が建てられた。その碑には日清戦争当時の上官で軍医だった石黒忠悳子爵《いしぐろただのりししゃく》（のち陸軍軍医総監・枢密顧問官）の筆になる「魁天《かいてん》下《か》」（他に先んじて事をするの意）の大文字が彫られている。こうして十郷村は、日本で初めて飛行機なるものを構想したゆかりの地として一躍脚光を浴びることになった。

ようやく忠八の苦労は遂に報われました。彼はこれを機会に晩年は航空界に身を捧げる決意をして、自宅の庭に「飛行神社」を建立して航空殉職者や物故した航空関係者の慰霊に専念したのであった。

昭和一一年（一九三六）四月八日、忠八は七一才を以って夢多き偉大なる生涯を閉じた。

その後、令息顕次郎がその遺志を継いで「飛行神社」を護っていたが、彼も平成五年他界したので、今は孫の裕二が宮司として勤めている。そして忠八が第一号機の初飛行に成功した四月二九日を記念して例祭日と定め、当日はカラス型模型飛行機大会を催して往時を偲《しの》んでいる。（京都府八幡《やわた》市八幡土井四四「宗教法人飛行神社」）

航空界はその後、日進月歩の大発展を遂げ、今では宇宙にまで及んでいる今日、その礎石の一つとなった忠八の偉業は高く評価されている。そして、世界に先駆《さきが》けて飛行機なるものを考案した人物が日本人であったことに大きな誇りをもっている。

今も香川県仲多度郡仲南町の二宮公園内には京都から分社した「飛行神社」（口絵2頁）が設けられ、忠八翁の銅像が聳え建ち、忠八太鼓が響き渡っている。

第三章　民間航空の先覚者たち

第一節　民間航空の第一人者奈良原三次男爵

日本民間航空の先駆者を語るとすれば、奈良原三次（後男爵・口絵1頁）を置いてほかにあるまい。

奈良原家は、明治維新のころまでは薩摩《さつま》（鹿児島県）の島津家の家老の家柄であった。先祖の奈良原助八は、十一代薩摩藩主島津忠昌公が病身のため乱れた領内を平定できないことを恥じて切腹して果てた。助八は、その忠昌公の葬列が菩提寺に入るのを見届けると、その門前でみごとに追腹《おいばら》を切って殉死した。島津家七百年の歴史の中で初めてで最後の殉死者であった。こうして奈良原家には代々熱血漢が生まれた。

明治維新の生麦《なまむぎ》事件（文久二年〈一八六二〉薩摩藩の島津久光一行が江戸からの帰途、横浜生麦村《なまむぎむら》にさしかかった際、騎馬のまま行列を横切った英国人四人を殺傷した事件。↓薩英戦争）の発頭人奈良原喜左衛門は三次の叔父にあたる。

また、京都の寺田屋事件（文久二年〈一八六二〉尊王攘夷派《そんのうじょういは》の薩摩藩士有馬新七らが、関白九条尚忠・所司代酒井忠義の殺害を企て京都伏見の舟宿寺田屋に結集したのを、島津久光が家臣を遣わして襲い、殺害した事件、↓寺田屋騒動。）で名高い奈良原繁《ならはらしげる》（のち沖縄県知事。男爵）は、三次の父君であった。

三次は次男だったが、長兄がドイツ留学中客死《きゃくし》したので、三次が奈良原家の世継となったのである。

三次は岡山第六高等学校から東京帝国大学（現・東大）工学部造兵科に学び、卒業後海軍に入って明治四二年（一九〇二）内閣直属の「臨時軍用気球研究会」が発足するや、委員（当時造兵中技士＝中尉待遇）に選ばれて、飛行機の設計、製作にあたった。

手製の飛行機を造り初飛行

明治四三年（一九〇三）、日野、徳川両大尉が欧州で飛行技術を学んで帰朝、同一二月一九日、代々木練兵場で日本最初の飛行に成功する半年も前に、三次は当時東京・四谷塩町にあった父繁男爵家の庭を作業場として鹿児島から送らせた丸竹を主材とした「奈良原式1号機」を完成していた。その費用は当時の金で二〇〇〇円程かかっていた。

海軍大技士（大尉待遇）で海軍を退官した奈良原三次は、更にフランスから購入したノーム50馬力のエンジンを取り付けた「奈良原式2号機」を完成した。明治四四年（一九〇四）五月五日、三次はこの「奈良原式2号機」を所沢飛行場で自ら操縦して初飛行を行った。高度五メートル、距離六〇メートルというものだったが、純国産機で民間人が飛んだ日本最初の飛行であった。

当時は操縦技術などを教えてくれる教官もなく、飛行機も手づくりの飛行機だったので、まったく「手製の飛行機」で「我流の操縦」だったのである。

その後、男爵の後継者たる者が、危険極まりない飛行機で事故をおこして万が一のことでもあったり怪我でもしたら大変なことだということで、三次の親戚一同から大反対をされた為に、その後三次が自ら操縦するということはなかった。

会社を興して失敗する

三次が再び操縦桿《そうじゅうかん》を握《にぎ》ることがなくなってから中野の気球隊で徳川好敏大尉の部下だった白戸栄之助軍曹が除隊したので、三次の製作した飛行機で白戸が練習飛行することになった。

その頃三次は、「東京飛行機製作所」という会社を興し「臨時軍用気球研究会」の御用として、ライト式やグラデー式の飛行機の修理、研究用のプロペラ製作などを商っていた。その会社に住吉貞次郎という男を支配人格で採用し、三次はこの住吉をすっかり信用して一切の仕事をまかせ、実印まで預けていた。ところが住吉は信用されていることを良いことに、三次名儀で高利貸しから借りられるだけの金を借りて使っていたのである。住吉は自分で勝手に借金をしておきながら、今度は債権者側に寝返って、壮子《そうし》（政党に雇われた用心棒）上りの子分数名をひき連れて、三次に厳しく債務の取り立てを責め立てた。その時、三次の作った「奈良原式3号機」の試験飛行中だったが、この3号機の発動機まで差し押さえてしまった。そのため3号機は試験飛行もできなくなったので、三次は止むなく東京に引き上げてしまった。

有料公開飛行を実施

その後、新しく出資してくれる人が現われたので、東京・京橋八丁堀（現・中央区）に「東洋飛行機商会」という新会社を設立して明治四五年（一九一二）三月、「奈良原式4号機」を完成した。そしてその飛行機には、奈良原に出資していた人物が贔屓《ひいき》にしていた横綱「鳳《おおとり》」の名をとって「鳳号《おおとりごう》」と命名した。その「鳳号」を使って川崎競馬場で有料公開飛行を行ったが、これが日本における民間航空初の興業飛行である。ところが最後の飛行のとき、一〇〇メートルくらいの高度でエンジンがストップしてしまい、止むなく空中滑走で着陸しようとした処、正門の柱に片翼を引っかけ、逃げ遅れた中学生の片腕を折ってしまうという事故が発生した。これが正に日本最初の飛行機事故であった。

皇太子殿下から金一封を賜わる

三次は早速この飛行機を修理して五月一一日・一二日の両日、今度は無料公開で青山練兵場（現・神宮外苑）で飛行大会を催した。

この時、皇太子殿下（のちの大正天皇）が三皇子（のちの昭和天皇・秩父宮《ちちぶのみや》・高松宮《たかまつのみや》）をお連れになって親しく台覧《たいらん》（貴人が見ることの敬語）遊ばされ、終ってから金一封を賜わった。このことは奈良原三次にとって、「飛行機を始めて以来の苦労が報われた生涯最大の栄誉であった。

日本全国・朝鮮などで巡回飛行

三次はその後も「奈良原式5号機」にノーム70馬力のエンジンをつけて完成した「鳳《おおとり》二世号」を製作して、中国、四国、九州、東北、北海を廻って巡回有料飛行大会を開いて成功を収めた。更に大正二年（一九一三）四月三～五日の三日間、朝鮮（現在の韓国）の京城・龍山練習場で白戸栄之助操縦士が、朝鮮での民間機による最初の公開飛行を行い、六万の群集の喝采《かっさい》を受けた。ところが、そのあとの四月一四・一五日平壌《へいじょう》（ピョンヤン）で飛行中機体を破損してしまい資金が続かなくなったので、三次は航空界から引退することにした。

この頃は、まだ「飛行機」に対する世間の認識が浅く、こんな物に投資することは「山師《やまし》」か「博打《ばくち》うち」のようにしか思われず、誰も相手にしてくれなかったのである。だから日本航空界黎明期《れいめいき》（夜明け、明け方、新しい文化・時代が始まろうとするとき）に羽ばたいた先覚者たちは、みな自分の財産を投げ打って飛行機を製作したり、航空思想の普及に邁進していたのである。

従ってこういう先人たちの苦労と努力が、今日の華々しい飛行機発達の礎《いしずえ》になっていることを忘れてはならないのである。

三次の晩年

大正七年（一九一八）厳父繁男爵が他界したので、三次はその後を受け男爵の爵位を継ぎ、財産の分配を受けて目黒に新居を構えた。

後年三次は軽飛行機クラブの会長に就任して、ようやく隆盛に向いつつあったグライダー（滑空機）の普及のため各中学校や講習会で講演をして回った。

大東亜戦争（第二次世界大戦）時は、食糧事情や交通事情の悪い中、請われて各地を講演して「航空思想の普及」のため活躍した。その為か、遂に病に仆《たお》れて終戦一年前の昭和一九年（一九四四）七月一四日、六十六歳の生涯を閉じた。正に波乱万丈、飛行機に捧げた一生であった。

第二節　帝国飛行協会設立される

初の民間航空訓練所開設

大正元年（一九一二）秋に、奈良原三次男爵の門下生であった伊藤音次郎一等飛行機操縦士（大阪・白戸栄之助のおとうと弟子・口絵2頁）が、東京湾に面した千葉県稲毛海岸が干潮《かんちょうじ》時に広大な面積の干潟《ひがた》（海岸で潮がひいたときに現れる沙泥底）になることに目をつけ、ここにわが国最初の飛行研究所（民間航空訓練所）を開所し、多くの鳥人を育てた。

これが日本における民間飛行士養成のはじまりで、現在千葉市・稲毛中央公園に「民間航空発祥之地」の記念碑が建立されているのは、この由縁である。

その頃、陸・海軍の飛行機は広大な土地を飛行場として使用していたが、民間人で広大な土地を購入整備するなどの資金はなかったから、このように海岸の水が引いて固くなった砂地を利用する以外無かったのである。

大正五年（一九一六）一月八日、音次郎は自作機「恵美1号」で稲毛海岸から東京を訪問し、海上往復五五分の記録で東京っ子を驚かせた。

こうして、民間の飛行家たちが自作の飛行機を製作して飛行したり、飛行技術を教える飛行学校が次々とできるようになったので、同志により「帝国飛行協会」が設立されたのである。

第一回民間機飛行大会催される

大正三年（一九一四）六月、帝国飛行協会主催により、当時米・仏・独三国の飛行免許を持つ飛行家のみを参加させて、鳴尾競馬場で第一回民間飛行大会が催された。

当時、アメリカ等の飛行学校で飛行技術を学び、万国飛行免許状を取得していた日本人は一七名いた。万国飛行免許状というのは、フランスのパリに本部を置く万国飛行協会（現在の国際航空協会）に加盟していた各国の飛行クラブが発行していた航空免状のことである。

因《ちなみ》にフランス飛行クラブが明治四二年（一九〇九）一月七日付で発行した第一号の免許取得者は、その六ケ月後の明治四二年（一九〇九）七月二五日に英仏海峡横断に成功して世界を驚かせたルイ・ブレリオであり、アメリカ飛行クラブ発行の航空免状第一号はグレン・カーチスである。また日本人として最初に万国飛行免状を取得したのは愛媛県出身の近藤元久で免許番号は第一九二号であった。

その頃、日本の大学出の初任給が三〇円〜四〇円位だった頃、ライト飛行学校の月謝が五百ドル（当時邦貨にして千円位）、スロン飛行学校は七〇〇ドル（千四百円位）、シラー飛行学校は二五〇ドル（五百円位）、但しシラー飛行学校は別に免許受験料一〇〇ドルを徴集していたので、よほどの金持ちでないと学ぶことはできなかった。

しかし、自作の飛行機で教えてくれる教官もなく、我流《がりゅう》で操縦していた奈良原三次や、白戸栄之助、伊藤音次郎などの飛行家に比べれば、操縦士としては本格派であった。

第一回民間機飛行大会での成績は

坂本　寿一が時間で一等
高左右隆之は時間で二等
萩田常三郎が高度で一等だった。

大西洋横断をリンドバークが制す

昭和二年（一九二七）頃から、世界の民間飛行家たちの間に、大西洋（南北アメリカ大陸とヨーロッパ大陸・アフリカ大陸との間にある大洋）横断熱が高まった。ニューヨーク在のオリティーグが、ニューヨークからパリまで無着陸飛行に成功した飛行家に二万五千ドルの懸賞金を出すと発表したので更に火がつき、世界各国の飛行機野郎がこれに挑戦することになったのである。

しかし、その幾人かが事故で惨死するという悲劇もおこった。そんな中で、昭和二年五月二一日、無名の郵便飛行士リンドバーク（米国・一九〇二―一九七四）が、ニューヨーク・パリ間を三三時間三〇分の記録で無事着陸、大西洋横断無着陸飛行にみごと成功して、あっという間に一躍世界に勇名を轟かせ、空の英雄として世界航空史の一ページを飾ったのであった。また彼は、その後昭和六年（一九三一）にも、今度は北太平洋横断飛行にも成功した。

太平洋横断飛行は日本人の手で

こうして世界中の国民がようやく飛行機を理解し関心を抱くようになってきた。

日本でも財団法人帝国飛行協会（会長・阪谷芳郎男爵）では、「太平洋（南北アメリカ大陸・アジア・オーストラリア大陸・南極大陸の間にある世界最大の大洋、ポルトガルの航海者マゼランが一五二〇〜二一年に南太平洋を横断したとき平穏な航海だったことに由来して太平洋と命名した）は日本人の手で飛べ」と檄《げき》を飛ばし、山田陸槌陸軍中将を実行委員長として計画を樹てることになった。

その結果、操縦士候補として、監督に後藤勇吉一等操縦士（宮崎県）、一番機乗員に藤本照男一等操縦士（福岡県）、海江田信武一等操縦士（東京都）、そして予備機乗員に諏訪宇一一等操縦士（京都府）を選抜して太平洋横断飛行の訓練に入った。

ところが、この訓練も終りに近づいた昭和三年（一九二八）二月二九日、折からの悪天候を衝《つ》いて霞ケ浦《かすみがうら》（茨城県南郡の海跡湖）から長崎県の大村《おおむら》間の長距離飛行の復航に、後藤勇吉、岡村徳長大尉が同乗して諏訪飛行士が操縦していた機が、雲のため視界がきかなく佐賀県藤沢郡七浦村大字音成（現在の鹿島市大字七浦字竹ノ木庭《こば》）の山の柿の木に右翼をぶっつけ墜落、折れた翼で燃料タンクを破壊してこれに引火、爆発をおこし、後藤勇吉一等操縦士は焼死。岡村大尉、諏訪操縦士は重傷という事故が起こってしまった。

最初から太平洋横断飛行に乗り気でなかった航空局は、航空法をたてに①設計に誤りがある。②太平洋を飛ぶだけの強度がない等の理由で「太平洋横断飛行」を中止するよう命令を出した。このためこの国家的壮挙は中止になってしまったのであった。

この時、重傷を負った諏訪操縦士は大正八年伊藤飛行学校の卒業生で、その後快復して日本航空の操縦士となり、また岡村大尉ものちに中佐に昇進して陸軍のパイロットとして活躍した。

第三節　航空局が設置され操縦士免許が国家試験となる

操縦士受験資格等定まる

これまで、飛行機も自分で勝手に製作し、民間飛行士も数少く、飛行訓練所も数ヶ所しかない状態であったが、民間航空が将来益々発展することが予想されることになったので、大正九年（一九二〇）八月一日、陸軍省の外局として「航空局」が設置され、陸軍次官山梨半造中将が航空局長官に、畑英太郎少将が次長に任命された。

大正一〇年（一九二一）四月八日、内務省（現・総務省）、陸軍省（現・防衛庁）令、法律第五四号を以って「航空取締規則」が公布され、これまで野放し状態であった「堪航《たんこう》検査」（飛行機機体、発動機、プロペラ、計器類の製作の指導や検査）と、飛行士は「操縦士」（一等～三等）の免許を持たないと、これまでのように手づくりの飛行機で自分勝手に飛び廻ることはできなくなった。

従って大正一〇年四月八日以降は

三等飛行機操縦士は　二〇時間以上

二等飛行機操縦士は　五〇時間以上

一等飛行機操縦士は一〇〇時間以上

の練習実績がなければ航空局の試験を受けることはできなくなった。

なお、二・三等飛行機操縦士の資格では自家用機の操縦しかできず、更に三等飛行機操縦士の場合は、地方長官の指定する場所から五〇キロ以内の上空においてしか飛行できないという厳しい規程が定められた。

更に旅客機の操縦士になるためには一等飛行機操縦士と二等航空士（地図・計器などを用いての航路の確認、地上との連絡などの任にあたる飛行士）の二つの免許が必要で、従ってその二つの資格を取得するためには相当の日数と費用が必要となった。

そこで帝国飛行協会では「飛行奨励金」制度をつくり、

三等飛行機操縦士免許取得者に金二五〇円

二等飛行機操縦士免許取得者に金七五〇円

を支援して上級操縦士免許をとるよう、温かい配慮を行ったのであった。

また飛行機操縦士の免許番号は等級別ではなく通し番号にしたので、三等飛行機操縦士の免許を取得した藤縄英一（新潟出身・口絵3頁）が大正一〇年五月二二日附で「第一号」の免許を取得し、日本で最初に一等飛行機操縦士の免許を受けた後藤勇吉（宮崎県出身・口絵3頁）の免許番号は「第六号」であった。

理蕃飛行の笑い話

いまの台湾は日本に劣らない高度の文明国である。しかし明治二八年（一八九五）、日本の統治国になった頃の台湾には、高砂《たかさご》族（「生蕃《せいばん》」とか「蕃族《ばんぞく》」と呼ばれる首狩り族）が本領を発揮していた。昭和二〇年（一九四五）八月、日本の敗戦まで続いた約五〇年間は、よく島民を心服させ平和裡に送れたその成功のあり方は世界に誇れるものであった。

しかし、それになるまでの台湾統治で最も苦心したのは、この「理蕃対策」であった。

大正三年（一九一四）三月二一日、三重県出身で万国飛行免状を持っていた野島銀蔵が、台湾・台北でカーチス式プッシャー「早慶号」で初めて興業飛行をしたときのことである。一〇〇メートルの高度で約四分間の試験飛行をやったとき、日本の警察官に引率されて見物に来ていた高砂族七十二人の頭上を低空飛行してみせたところ「暴風だ！」と叫んで、おそれおののいた。彼らは初めて飛行機というものを見たのだから驚くのは無理のないことだったかもしれない。

その後、四月八日台南《たいなん》で、そして台中《たいちゅう》で、最後に五月一六日嘉義《かぎ》で飛行大会を行ったが、この時強風にあおられ五メートルの高さから墜落して発動機と右翼を破損してしまった。その為、台湾での興業飛行は中止された。

台中での興業飛行の折、台中庁の職員が七五人の高砂族を連れて見物に来た。終って引率の総督府警部の部屋を尋ねた高砂族の代表が「今日見た飛行機には生きた神様が乗っていて野島氏は神様の力を借りて飛行しているに違いない。神様はおそろしい強風を起し、その上に飛行機を乗せるのでしょう。私たちはこんな恐ろしい体験をしたことはありません。蕃社における男女の習慣は、蕃族平和の上で唯一の生命ですから、これさえ破壊されなければ銃器の提出はおろか、どんなことでも官命に服しますから飛行機を蕃社に差し向けることだけは勘弁して下さるよう総督閣下にお願いして下さい。」と懇願した。

この実験の成功をみて陸軍は、優秀な警察官数名を所沢陸軍航空学校の依託生として操縦教育を受けさせ、蕃情偵察や威嚇《いかく》を目的として、モーリス・ファルマン機で、各蕃地で多数の蕃族を集め、爆弾投下等の威力を示してみせたので、彼らはこの文明の利器に驚愕恐怖《きょうがくきょうふ》（驚き恐れること）し、その場で帰順《きじゅん》（反逆

料金受取人払

板橋北局承認

168

差出有効期間
平成16年7月
31日まで
（切手不要）

郵便はがき

1748790

板橋北郵便局
私書箱第32号

国書刊行会
行

コンピューターに入力しますので、ご氏名・ご住所には必ずフリガナをおつけください。

☆ご氏名（フリガナ）	☆年齢　　歳
☆ご住所　〒□□□－□□□□	
☆ TEL	☆ FAX
☆ e メールアドレス	
☆ご職業	☆ご購読の新聞・雑誌等

☆小社からの刊行案内送付を　□希望する　□希望しない

愛読者カード

☆お買い上げの書籍タイトル

☆お求めの動機　1.新聞・雑誌等の広告を見て（掲載紙誌名　）
2.書評を読んで（掲載紙誌名　）　3.書店で実物を見て
4.人にすすめられて　5.ダイレクトメールを読んで　6.ホームページを見て
7.その他（　）

☆興味のある分野　○を付けて下さい（いくつでも可）
1.文芸　2.ミステリー・ホラー　3.オカルト・占い　4.芸術・映画　5.歴史
6.国文学　7.語学　8.その他（　）

本書についての御感想（内容・造本等）、小社刊行物についての御希望、
編集部への御意見その他

購入申込欄

書名、冊数を明記の上、このはがきでお申し込み下さい。
「代金引換便」にてお送りいたします。（送料無料）

☆お申し込みはｅメールでも受け付けております。（代金引換便・送料無料）
お申込先eメールアドレス: info@kokusho.co.jp

や抵抗をやめて服従すること）を申し出たのである。

今のようにスリッパやサンダル履《ば》きで、平気で飛行機に乗れる時代に育った者には想像もつかないだろうが、生まれて初めて飛行機を見た蕃族の人たちには本当に不思議で神様か悪魔の襲来のように思えたのであろう。

こうして蕃族をいち早く屈伏《くっぷく》させたのは、はからずも民間飛行家・野島銀蔵の思いがけない功績だったと言わねばならない。

第四章　民間航空草創期に果てしなき大空に羽ばたいた鳥人たち

大正一四年（一九二五）末には、民間飛行練習所一〇ヶ所・免許所有者一八八名と記録にあるが、当時の名簿がないので詳細は分らない。戦前まで大空に羽ばたいた鳥人たちで分っているのは次の人々で、いわゆる民間航空の草分け的存在の人たちである。

しかし偉大なる開拓者たちも、草創期の飛行機の不備や操縦技術の未熟さなどのため、志半ばにして不慮の死を遂げ、建設への犠牲となった勇敢な先覚者たちが如何に多かったことか。著者はこれらの人に最大の敬意と感謝を捧げながらこの項を記す。

（なお、逓信省陸・海軍依託航空機操縦生、女性飛行家、外国人飛行家は別に記す。）〈アイウエオ順〉

第一節　日本人の先覚者たち

相羽《あいば》　有《たもつ》　飛行家をめざしたが、強度の近視のため断念して飛行記者になった。のちに遺産を提供して、大正六年一月四日、日本飛行学校を創設し校長になった。

青木　茂　日本飛行学校卒。羽田飛行機研究所を設立。

青木　松次　一等飛行機操縦士、第一航空学校の二代目校長になった。

浅井　兼吉

東　　善作（石川県）昭和五年八月三一日、小型機でロスアンゼルス↓ヨーロッパ↓シベリア↓東京を飛んだ。

粟津　実（京都）大正八年春、粟津飛行研究所長。粟津式青島号を製作。

安藤　孝三　一等飛行機操縦士、安藤飛行機研究所長。衆議院議員に当選。

新井富三郎（群馬県）一等飛行機操縦士、中野の気球隊から所沢に転じ操縦下士として陸軍航空学校で操縦を学んだ。大正一三年四月退役して東西定期航空会に入り、大正一三年七月五日、修理の完成した「朝日号」の試験飛行中、発動機の故障のため墜落死した。行年32才。

安辺　淳　日本航空輸送運航主任、大正一四年朝日新聞主催のシベリア横断訪欧飛行に航空局航空官として「初風号」を操縦して成功を収めた。

飯沼金太郎　一等飛行機操縦士。帝国飛行協会の依託練習生第三期生（最後）として所沢で陸軍飛行教官のもとで操縦教育を受ける。のち亜細亜《あじあ》航空学校長となる。

幾原　知重（徳島県）万国飛行免状（第二四四号）米国・サンディゴのカーチス飛行学校ロス分校に学ぶ。大正三年四月一三日病死。

石橋　勝浪（千葉県）万国飛行免状。フランス・ファルマン飛行学校卒。のちにフランス陸軍の飛行免許状を有し、第一次世界大戦にフランス陸軍飛行中尉として参戦した。

石神　安清（鹿児島県）大正一三年一〇月一七日、本田飛行場開きで、櫛部喜男と同乗して高等飛行（曲技飛行）の披露中事故をおこす。のち鹿児島大学グライダー教官として学生の指導に当る。

石川　祥一　一等飛行機操縦士。昭和一四年一二月二三日より同一五年一月二九日までイタリア国訪問親善飛行に成功した「大和号」の機長。

磯部　鉄吉《おのきち》（石川県）万国飛行免状（第五九三号）ドイツの飛行学校卒。帝国飛行協会技師、飛行場主任。大正三年二月上旬、帝国飛行協会がドイツから、ルンプラー式タウベ（鳩）型単葉機を購入、これを組立てて大正三年三月二一日、所沢陸軍飛行場で井上幾太郎陸軍工兵大佐（のちに大将・陸軍航空本部長）を同乗させ、飛行場付近を一〇分ほど飛行した。予備海軍機関少佐だったが、フランス陸軍航空中尉として第一次世界大戦に参加。

磯　健太郎

伊藤音次郎（大阪）一等飛行機操縦士。奈良原三次の門下生。白戸栄之助のおとうと弟子で日本民間航空の草分け的存在。大正七年四月一二日津田沼海岸に伊藤飛行機研究所を設け、多くの鳥人を育てた。

伊藤　酉夫《とり》　三等飛行機操縦士。大正一四年御国飛行学校長になる。

伊藤　文雄　三等飛行機操縦士。白戸栄之助門下生。

伊藤　隆吉　一等飛行機操縦士。亜細亜航空学校卒。

伊東　左内　一等飛行機操縦士。白戸飛行練習所卒。東西定期航空会操縦士。

乾《いぬい》**　将顕**《しょうけん》（徳島県）一等飛行機操縦士。大正一五年九月一五日、南部信鑑と同乗して内鮮満連絡定期空路第一回飛行に成功。のち日本航空操縦士となる。

井上　長一（徳島県）一等飛行機操縦士。大正四年伊藤音次郎の門下生で、堺大浜↓徳島間に日本最初の定期航空路（朝日新聞社出資、東亜定期航空会社）を開き、大正一一年日本航空輸送研究所、昭和一〇年四月堺水上飛行学校（操縦科・整備科）を設立、特に戦後、極東航空（現全日空）の設立に奔走して専務取締役に就任。

岩堀庄次郎　一等飛行機操縦士、日本航空「そよかぜ号」の副操縦士として昭和一四年四月九日、イラン国訪問親善飛行に成功。

岩田　正夫　一等飛行機操縦士。日本飛行学校卒。日本電報通信社の航空部に勤務中、昭和三年一一月二〇日、御大礼（昭和天皇即位）の原稿を空輸中に櫛部喜男一等操縦士機が行方不明になり、その捜索に出かけ、三重県多気郡東黒部村天下一沖合で発動機の故障から海上に墜落死した。

市丸　舜吾（千葉県）三等飛行機操縦士。飛行第七聯隊で発動機係軍曹として勤務し、除隊後操縦者を志し自動車運転手をしながら練習費を稼ぎ、昭和五年九月御国飛行学校に入学、翌年春、優秀な成績で短時日に三等飛行機操縦士の免許を獲得した。卒業時に日本航空輸送会社の旅客機に乗り、風変りな飛行機上での卒業式を行い、世間を驚かせた快男子であった。昭和六年五月二六日、二等飛行機操縦士受験準備のため御国飛行学校で練習中8字飛行をする目的で、二〇〇メートルの高度で右に旋回せんと方向舵を強く踏みしめたため、錐もみ状態に陥り、小川に墜落。機体を大破して両腿骨を折り瀕死の重傷を負ったので病院で収容手当てを加えたが絶命した。享年27歳。

鵜《う》飼《がい》文《もん》治郎《じろう》　三等飛行機操縦士、大正一一年一一月伊藤飛行機研究所卒（卒業証書第三五号）

海野幾之介　万国飛行免許。アメリカの飛行学校卒。

上出松太郎　一等飛行機操縦士。航空機関士。二等航空士。

遠藤辰五郎　一等飛行機操縦士。東京飛行学校長。

遠藤　逸郎（福島県）二等飛行機操縦士。台湾総督府の警官（警部）となって奉職中、大正八年八月選ばれて航空班附となり所沢陸軍航空学校の依託生として操縦技術を学ぶ。大正九年一〇月四日、台湾台中州東勢郡雪山坑渓の蕃人が反抗したのでこの鎮圧の為出動、爆弾を投下したが突如発動機に故障を生じ錐《きり》もみ状態となって墜落死した。

小川　三郎（鹿児島県）三等飛行機操縦士（大正一〇年八月一六日、免許番号第一六号）、中島飛行練習所卒、小川式一号、二号、三号機を製作するが失敗。のち日本飛行機製作所に入所。

大蔵　清三　一等飛行機操縦士、伊藤音次郎門下生（卒業証書第三号）、東西定期航空会操縦士。のち朝日新聞航空部に入社して、マニラ親善飛行、満州連絡飛行等に成功。

小栗常太郎（愛知県）万国飛行免状（第九〇八号）、二等飛行機操縦士。米国・サンディゴのカーチス飛行学校ロス分校卒。アメリカから持ち帰った設計図と部品でカーチスＪＮ４型機を組立て、所沢陸軍飛行場で宙返りを見せた。大正九年六月、小栗飛行学校を創設して校長。

長田　正雄　日本飛行学校で玉井清太郎に師事、大正六年五月二〇日、玉井清太郎の帝都訪問飛行に同乗。大正七年羽田飛行機研究所設立。

尾崎　行輝（東京・本籍は伊勢市）東京市長、司法大臣を勤めた尾崎行雄（咢堂）の三男で、東京帝国大学理学部理工科二年生のとき、帝国飛行協会の第一期依託練習生に選ばれ、大正四年六月初旬から操縦練習を始め、七月二一日、陸軍のモ式15号機で初単独、九月一五日、帝国飛行協会総裁久邇宮邦彦王殿下、父・尾崎行雄司法大臣の見守る中で卒業飛行を行った。民間人としては初めて正規に操縦技術を習った第一人者である。

戦後は参議院議員、日本航空協会副会長、日本航空取締役、阪急航空会長等を勤め民間航空の黎明期から深くかかわった。昭和三九年六月三日、76才で病死。

なお、双子の子息は戦時中、印旛航空機乗員養成所第10期操縦生として学んだが、弟の行宏は昭和二

○年三月一三日、兄と共に編隊飛行中事故のため殉職。長男行良は戦後、日本航空の機長として活躍したあと日本航空の取締役になった。

小田桐健三郎　（青森県）大正一○年五月、伊藤飛行機研究所を卒業（卒業証書第一○号）したが、大正一○年四月八日公布された航空取締規則に基づく操縦士資格試験で右眼弱視のため試験が受けられず無免許。昭和五四年一二月三○日76才で病死。

扇野　竹次　陸軍歩兵中尉のとき大正四年六月、帝国飛行協会第一期依託練習生に応募、数多くの応募者の中から尾崎行輝と二人だけ合格したが、同年七月格納庫でプロペラ製作作業を監督中に、木くずが飛んできて右目に突き刺り、失明のおそれがあったため途中で退学した。

大場藤治郎　一等飛行機操縦士、白戸栄之助門下生で東亜定期航空会社操縦士。

大辻　春雄　三等飛行機操縦士。大正一一年三月三一日、伊藤飛行機研究所卒（卒業証書第一一号）。

大植松太郎　（広島県）万国飛行免状。アメリカ・バーンス飛行学校卒。大正五年九月一五日、米国加州ロスアンゼルス・グリフスパーグ飛行場で、着陸寸前急旋回した刹那、失速状態となって畑に落下。一時間後病院で死去。享年24才。アメリカで殉職した三人目の邦人飛行家。

大橋　繁治　（大阪）所沢で約一年間飛行機職工としての技術を習得し、萩田常三郎の助手となった。大正四年一月三日、萩田操縦士の飛行機に同乗訓練中、京都深草兵器廠火薬庫前で失速墜落して萩田氏共々死亡した。行年19才。

片岡文三郎　（愛知県）一等飛行機操縦士。大正一一年三月伊藤飛行機研究所卒（卒業番号第一九号）、東西定期航空会社操縦士。片岡飛行場を経営。

加藤　正世　三等飛行機操縦士（大正一一年五月二日、免許番号第五五号）。航空雑誌「帝国飛行界」の記

者から伊藤飛行機研究所卒（卒業証書第二一号）。のち蟬《せみ》の研究で理学博士となる。

加藤　敏雄　国際航空操縦士。

加藤兼次郎（滋賀県）安井荘次郎の門下生として安井飛行研究所練習生として大正一三年六月一二日、日向晃練習生同乗のもと、京都市外安井飛行場付近にてガソリンが漏れて引火し、うまく着陸はできたが、全身火だるまの大火傷を負い、即死した。行年25才。

加藤四記三（岐阜県）二等飛行機操縦士。安藤飛行場で操縦術を学び、昭和六年七月民潮新聞社航空部に入社。昭和六年九月一一日、同社のハンザー水上機に山口徳次郎三等操縦士を同乗、湊川新開地に開店したカフェー「日輪」の宣伝ビラ撒きを終りその帰途、低空飛行のため神戸市・野田高等女学校雨天体操場の屋根にフロートを引っかけ、真逆さまに墜落、女生徒二名と遊んでいた幼児一名にケガをさせ、両名は即死。行年21才。

金子　良一（静岡県）福長四郎の門下生で大正一一年六月一四日、ルノー70馬力付の練習機の試験飛行に福長四郎二等飛行機操縦士に同乗、二〇〇メートルの高度で発動機の調子が悪くなり飛行場に引き返そうと急旋回したため失速、墜落死した。行年21才。福永操縦士は重傷。

門松　栄（鹿児島市）一等飛行機操縦士。（特別昇格）大正一五年東亜飛行専門学校卒、昭和二年四月、三等飛行機操縦士、昭和五年一一月三〇日、二等飛行機操縦士、昭和五年日本軽飛行機倶楽部幹事、昭和七年一〇月一三日、練習中墜落死。行年25才。

亀井　五郎（東京）一等飛行機操縦士（大正一四年六月）。大正一〇年伊藤飛行機研究所卒（卒業番号第三〇号）、第一航空学校教官。大日本航空㈱機長。

鎌田　毅　一等飛行機操縦士。亜細亜航空学校教官。

川辺　佐見　野島銀蔵の助手。東亜飛行専門学校長。
上出松太郎　一等飛行機操縦士、海軍機関兵、海軍航空機関士。
菊地　良治（秋田県）一等飛行機操縦士。伊藤飛行機研究所卒。昭和四年三月二八日、広島で開催中の昭和博覧会で宣伝飛行のため甲式三型機を操縦、大阪で濃霧に襲われて針路を失い、ようやく堺大浜を発見したのでガソリン補給のため不時着しようと旋回中、発動機に故障を生じ失速墜落死した。享年28才。
木下耶麻次　一等飛行機操縦士。朝日新聞社飛行場主任。
木下　豊吉　二等飛行機操縦士。東亜飛行専門学校卒。
北崎　健吉
久保田　太（青森県）一等飛行機操縦士（昭和四年八月一三日）。大正一〇年夏、東京航空練習所に入所したが、藤縄英一所長が墜死して倒産したため、翌一一年一月、伊藤飛行機研究所の練習生となり、大正一一年一〇月二四日卒業。昭和四年三月御国飛行学校教官、昭和八年一〇月から福岡県の渡辺鉄工所航空機部（のちの九州飛行機㈱）のテスト・パイロット。
久保田亀之助　三等飛行機操縦士（大正一一年一月二七日）。大正九年伊藤飛行機研究所卒。
栗村　盛孝　二等飛行機操縦士、法政大学学生、昭和六年ローマ訪問飛行。
黒岩　孝三　一等飛行機操縦士、海軍下士官、日本飛行学校教官。
小出　菊政（愛知県）二等飛行機操縦士、白戸飛行場で白戸栄之助の門下生。高橋信夫、島田武夫らの指導を受く。東西定期航空会の嘱託操縦士となり大正一二年一月九日、静岡県三島練兵場から東京へと出発、離陸直後発動機の出力が不足して二〇メートルの上空から墜落、重傷を負い、これが原因で精神に異状を来し、半年後の同年八月二四日死亡した。享年20才。

小西　利明　（愛媛県）二等飛行機操縦士。日本飛行学校卒。県民の輿望《よぼう》をになって一一日郷土大州を訪問飛行し、高等飛行を試みるための練習飛行に昭和三年四月九日、松山城北練兵場を離陸、一〇分ほど飛行ののち着陸に失敗して地上に衝突して死亡した。

近藤　元久　（愛媛県）万国飛行免許状（第一二〇号、大正元年五月八日）米国・サンディゴのカーチス飛行学校ロス分校卒。日本人として米国で万国飛行免状を手にした最初の人。スクークーサーカスに雇われデンバーからスプンクフィールド辺りまで加州の各地で豪快な飛行ぶりを見せ、ヤンキーどもを驚かせ、日本のため気を吐いていた。日本に帰国して幼稚な母国の航空界のために尽そうと、その資金調達のため、ハンモンズボートで飛行大会を催し、最終日の大正元年一〇月六日、飛行を終えて着陸の際、強度の近視眼であったため目測を誤り機翼を衝突させて墜落死した。享年29才。海外での日本人初の犠牲者である。

後藤銀次郎　奈良原三次の門下生。

後藤　勇吉　（宮崎県）一等飛行機操縦士（大正一〇年六月一八日―免許番号第六号）。大正六年一一月六日、帝国飛行協会第三期依託練習生となり、日本人として最初の一等飛行機操縦士となる。大正一二年日本航空会社の主任操縦士となり関東大震災には水上機を操縦して真っ先にかけつけ、関東、関西両地の連絡に努めた。大正一三年七月二三日～三一日、大阪毎日新聞「春風号」で、日本最初の日本一周飛行（四、三九五キロメートル、三三時間五二分）を成功させ、昭和二年夏にはドルニエー・ワール飛行艇で上海飛行を行うなど日本民間航空の元老的存在。

全世界の視聴の焦点となっていた帝国飛行協会主催の太平洋横断飛行の予備飛行として、霞ケ浦、大村間無着陸練習飛行に後藤が操縦して無事大村に着陸した。翌昭和三年二月二九日、諏訪宇一一等操縦士が操縦し、後藤と岡村徳長海軍大尉が同乗し、雨の中、霞ケ浦へ帰還のため離陸したが、佐賀県藤津郡七浦村音成（現在の鹿島市大字七浦竹ノ木庭《こば》）の上空に達したとき濃霧のため前方が見えなくなり、四〇〇メートルまで降下し、地物を確めてから大村に引返そうと旋回中、柿の木に触れて墜落、諏訪、岡村両氏は火だるまになりながらも脱出することができたが、後藤は惨死した。享年33才。

後藤　正（大分県）万国飛行免許状。一九歳の時故郷を出て、英米にあること一六年。その間に国際飛行士免状を得た。その後、フィラデルフィアで福島県人の渡辺武夫と知り合い、二人で飛行機の製作を始めたが、資金不足のため昼は自動車会社の職工として働き、夜、飛行機を製作するという涙ぐましい奮闘のあげく、翼の全長六メートル半という独特の小型機を製作「後藤式マメ号キンネルエフビー五号（一一〇馬力）」を完成した。後藤はこの小型飛行機「豆号」で世界一周飛行を計画、七月三日ロスアンゼルスを出発してオークランド・レノを経てソルトレーク市に到着した。翌昭和四年七月四日、さらに単独で東方に向け出発したまま行方不明となり、六日目に米国ワサッチ山脈ブロヴオ渓谷に墜落している飛行機の残骸と惨死体が発見された。享年36歳。

小林祝之助（京都）万国飛行免状。フランス・コードロン飛行学校卒。大正七年六月一七日、フランス・ダンケルク附近でドイツ軍から一斉射撃を受けて被弾したので三〇〇メートルの高度から飛び降りて即死した。享年23才。

坂本　寿一（山口県）万国飛行免状（大正二年一月八日、免許番号第一九二号）。明治四五年一二月、米国・シラー飛行学校卒。パターソン飛行機会社のテスト・パイロット。大正三年一〇月一〇・一一日鹿児島・鴨池競馬場で日本での初飛行。帝国飛行協会主催の第一回民間飛行競技大会で一等をとり有名になる。のち、中国大陸で南北革命軍の対立が激化、南方軍の少将として迎えられ、飛行隊を編成して活躍する。のち、東洋飛行学校を創立して校長となる。昭和五一年（一九七六）一〇月一日没。

澤田　義夫　二等飛行機操縦士。亜細亜航空学校教官。

酒井　市麿　御国航空練習所第一回卒業生。

佐村　福槌　（山口県）万国飛行免許状（大正二年四月一三日、免許番号第二二五号）。大正二年四月一三日、米国・シラー飛行学校卒業後、同校助教授となる。のち帰国して佐村飛行学校創立校長となる。昭和五四年九月五日、一〇〇歳で病没。

佐野清三郎　大正七年、伊藤飛行機研究所卒。

佐藤重次郎　（新潟県）二等飛行機操縦士。万国飛行免状。明治四二年米国に渡りのちフランスに移ってポーのブレリオ飛行学校に学び、万国飛行免状を得て、大正一三年秋帰国した。

佐藤はフランス人バーボア氏が携えてきたデボイチン単葉機（サルムソン一二〇馬力）を買入れ、日本で最初の軽飛行機の操縦者として、色々と優れた飛行技術を見せていたが、後、日仏シトロエン自動車会社に入り、この会社の宣伝のため、代々木に名士を招待して、同機の飛行を行うこととなり、片岡文三郎一等操縦士の経営する片岡飛行場で、片岡氏所有の甲式三型機（ローン80馬力）を借用して練習飛行中、大正一四年一〇月三日、離陸して五〇メートルの高度で垂直旋回したときに低空であったため恢復せず、発動機を全開にしたまま墜落、佐藤は前額部と背部に重傷を負い、近くの病院にかつぎ込んで応急手当を加えたが死亡。享年32才。

佐藤　章　中島飛行場で教官。

紙上吉太郎《しがみきょうたろう》　陸軍の第五期生として操縦術を習得、退役後は水田嘉藤太の経営する水田飛行学校に練習生として入る。大正一三年二九日、甲式二型機に水田氏を同乗、練習飛行中、群馬県太田の水田飛行場附近で発動機が故障、引き返さんと急旋回したため失速墜落死した。享年22才。同乗の水田氏は一命はとりとめたが頭部強打のため二度と飛行機には乗れなくなった。

白戸榮之助（青森県）陸軍軍曹当時の上官だった徳川好敏大尉が、除隊後は民間飛行家として育ててやってほしいと奈良原三次に依頼、以来奈良原三次に師事し、奈良原の製作した飛行機で各地を巡る。日本における民間航空の第一人者。明治四五年四月一三日川崎競馬場で初の有料飛行を行い、プロ飛行家第一号となる。大正五年九月、稲毛海岸に白戸協同飛行練習所をつくり多くの門下生を育てた。大正一二年一〇月航空界を引退。昭和一三年三月二四日、51歳で死亡。

島田　武夫（熊本県）一等飛行機操縦士。大正六年の秋、フランス帰りの馬詰駿太郎氏の経営する中央飛行学校に入学したが、ここでは遂に練習するに至らず、翌七年白戸飛行場に転じて練習した。同年秋、所程を卒えると一年志願兵として熊本歩兵聯隊に入営、九年除隊後再び白戸飛行場に帰り、高橋信夫氏に師事した。大正九年八月二三日、東京洲崎で行われた第一回飛行大会に出場した。大正一〇年六月二七日二等操縦士に合格（免許番号第一二号）。その後東西定期航空会の操縦士となり一一年秋の東京―大阪間郵便飛行には、往復七時間四六分で一等賞と帝国飛行協会の有功章を受けた。大正一二年二月二二日、大阪から飛来した乗池判治操縦士から写真原稿などを引ついで、吹雪まじりの悪天候をついて島田は東京に向け飛びたったが、午前一一時五分出発、三島を通過してから消息を断った。関係者の捜索の結果、箱根山中明神ケ嶽（海抜三、二八〇呎）のガキ沢の大岩石に機体を衝突して殉死した。享年26歳。

島　安博（大阪市）一等飛行機操縦士。東亜飛行学校卒。昭和一二年四月陸軍航空本部依託生として、

東京帝国大学航空工学科で研修を受ける。萱場製作所飛行課長となり昭和一四年一〇月二二日、ＨＫ―一無尾翼機の試験飛行に成功。昭和一五年八月、阪神飛行訓練所教官、昭和一六年四月、大阪盾津飛行訓練所主任教官。戦後、井上長一と共に極東航空（現・全日空）の設立に奔走して発足後は同社運航部長となる。昭和三五年三月、大阪エアウェーズ㈱常務取締役営業部長・運航部長、昭和四一年九月、日本フライングサービス㈱取締役営業部長・関西支社長、昭和五七年四月、日本チャーター・フライトサービス㈱会長、昭和六一年六月、国際航空事業㈱、ＰＥＣエアクラフト㈱会長を勤め、井上長一と共に戦前・戦後を通じて日本民間航空の発展に貢献した第一人者である。

島　吉正（大阪市）島安博の兄で伊藤音次郎の門下生。大阪でグライダーの教官を勤める。

志鶴　忠夫　御国航空練習所第一回生。

周防　道喜（愛媛県）中島飛行場で佐藤章氏の指導を受けながら操縦術を練習していた。大正八年六月一三日、海軍から馬越、桑原両大尉が中島飛行場を視察に来たので佐藤章教官が歓迎の意味で周防練習生を同乗させ離陸したが、利根川上空で発動機の故障に気付き、飛行場に引き返えそうと二〇メートルの低空を空中滑走で降下中、浮力を失って墜落、佐藤教官は右足を挫折し、顔面その他を打ったが、危うく一名を取りとめ、周防は肋骨を数本折って人事不省に陥り、翌日死亡した。享年24歳。

滋野　清武（山口県）男爵。万国飛行免許状（明治四五年一月二六日―第七四四号）、フランス陸軍飛行免状（第八三四号）、明治三六年三月広島地方幼年学校を中退して、明治四四年八月、フランス・コードロン飛行学校に学ぶ。世界で初めて骨格全部を金属性で組み合わせ主翼小骨だけに木材を使った複葉機「わか鳥号」を設計製作した。大正元年帰国して臨時軍用気球研究会教育主任として第一期操縦将校の教育を担当したが、徳川好敏大尉とうまが合わず、再び渡仏して第一次世界大戦にフランス空軍大尉として活躍、バロン滋野として勇名をはせた。帰国後、航空会社の設立を企画するが航空局の認可がおりず中止。大正一三年一〇月一三日、42歳で病死。

杉本　信三（京都）一等飛行機操縦士、大正八年伊藤飛行機研究所卒（卒業証書第五号）。東西定期航空会操縦士。大正一一年六月、下志津で催した第一回民間飛行大会で、速度競技に四二メートル七で一等になった。大正一二年の関東大震災の時には相当の活躍をしていたが、大正一三年（月日不詳）、写真撮影のため矢野周一氏を同乗して千葉県幕張附近を飛行中、低空にて発動機が停止して墜落、腹部を強打し、京都烏丸通りの実家で療養中、大正一三年六月一三日膀胱出血のため死亡。享年26歳。

須藤　正信（熊本県）大正一三年一〇月一七日、本田飛行場開きで櫛部喜男操縦士と同乗。大正一四年春郷土訪問飛行を行う。

鈴木　茂　万国飛行免状。アメリカ・スロン飛行学校卒。

諏訪　宇一（京都）一等飛行機操縦士。大正八年伊藤飛行機研究所卒。昭和三年二月二八日、帝国飛行協会主催の太平洋横断飛行の操縦士に選ばれ、その予備飛行として霞ケ浦―大村間無着陸練習飛行で、後藤操縦士が操縦して無事大村着。翌二九日、諏訪が操縦して悪天候の中帰路に飛び立ったが、濃霧のため前方が見えなくなり、柿の木に接触して墜落、諏訪と同乗の岡村海軍大尉は火だるまになりながらも無事脱出して一命をとりとめたが、同乗の後藤勇吉一等飛行士は焼死した。諏訪は快復してその後日本航空の機長として活躍した。

芹沢　忠治　白戸飛行練習所卒。

瀬戸　籠三（神奈川県）。

武石　浩玻（茨城県）万国飛行免状（明治四五年五月一日―第一一二号）。米国・サンディゴのカーチス飛行学校で近藤元久氏らと学ぶ。スルメザに居住していた日本人四〇数名が、武石のためにスルメザ飛行会社をつくり、三四〇〇ドルを拠出して、カーチス式推進型一機を購入して、武石と共に日本に送ってくれた。武石はこの飛行機で、ロスアンゼルスからスルメザまで、一時間七分の飛行をしたのち、愛機と共に大正四年四月日本に帰国した。

五月三・四日の両日、大阪朝日新聞社後援の下に鳴尾競馬場で帰国最初の飛行を行って大変な人気を呼んだ。四日、鳴尾から大阪の城東練兵場に飛んで小休憩し、午後〇時三〇分、京都に向い、同五五分、深草練兵場に着陸しようとして、急角度で降下中に目測を誤り、地上に激突、病院に収容されたが間もなく絶命した。帰国後、わずか二七日目にこの不運に遇ったのだが、日本における二人目の空中犠牲者で、民間の飛行家としては最初の犠牲者である。享年30歳。

武石　新三（秋田県）大正一〇年五月伊藤飛行機研究所に入り佐藤要蔵一等操縦士に師事したが、大正一〇年一一月三日、佐藤氏操縦の「アキラ号」に同乗し練習飛行中、真逆さまに線路上に墜落、佐藤氏共々黒焦げとなって死亡した。享年19歳。

武市　正俊（大阪）大正三年、アメリカ・カーチス飛行学校に学び、大正五年暮にフランスに渡り、北フランス・シャートル陸軍飛行学校に入学訓練中、大正六年四月一三日、着陸時に目測を誤り、地上に激突して惨死した。米国から従軍した日本人飛行家中で最初の犠牲者である。

高橋　信夫（北海道）一等飛行機操縦士。大正六年五月、白戸栄之助の経営する白戸飛行練習所第二期生卒。航空局設立以前に各地を巡業し、純民間飛行士と有名をはせる。大正八年六月一五日、出身地北海道技幸村に郷土訪問飛行を行う。大正一〇年六月一八日、三番目（日本人としては後藤勇吉に次ぐ二番目）の一等飛行機操縦士（免許番号第九号）となる。

大正一〇年五月、東京洲崎での帝国飛行協会の第二回飛行大会では一時間一六〇哩のスピードで我国航空機の速度記録をつくって賞金三〇〇〇円を獲得。東京―盛岡間の郵便飛行競技では三時間余の飛行で第一着となったが、帰途、練兵場の行幸記念碑に衝突して機体を大破したため、慰労金として八百円を受け、また金沢―広島間の飛行競技でも石橋勝浪、後藤勇吉、水田嘉藤太という大先輩を抜いて見事一等賞に入り、一躍白戸飛行練習所の名声を高めた。大正一二年になって操縦者としての生活を打ち切り、得意の製作方面に全力を尽していたところ、白戸飛行練習所の島田武男一等操縦士が大正一二年二月二二日殉職。同じく小出菊政二等操縦士も殉職したため、止むなく再び練習生の指導をすることになり、大正一二年四月二八日、芦沢忠治練習生を同乗して、千葉市の上空で土地の警察消防衛生展の宣伝ビラを撒き、着陸しようと旋回中、低空で角度が急であったため失速状態となり、海岸に激突即死した。享年31歳。同乗の芹沢練習生は重傷を負ったが一命は取りとめた。

高橋今朝治　三等飛行機操縦士。伊藤音次郎の門下生。

高橋　国雄　一等飛行機操縦士。日本航空輸送会操縦士。

高左右隆之　万国飛行免許状（大正二年三月四日―第二一九号）。大正三年八月、朝鮮・龍水練兵場で李王殿下始め九万の群衆の前で飛行した。

高柳　幸　（宮城県）二等飛行機操縦士。台湾総督府警部。選ばれて航空班附となり、所沢陸軍航空学校依託生として操縦を学ぶ。大正一〇年二月二五日、野外飛行練習のため屏東飛行場を離陸し、高雄州大淡水渓左山中の上空、五〇メートルの低空に達したとき発動機が故障し、右急旋回を行ったため失速状態となり、真逆さまに地上に激突し機体を真二つに折った。高柳は手足及び頭部に重傷を負い、人事不省に陥り、直ちに屏東病院にかつぎ込み、応急手当を加えたが蘇生しなかった。享年28歳。

田辺　昇　二等飛行機操縦士（昭和一九年三月二〇日）。

田口　宗一　一等飛行機操縦士。

田中不二夫　三等飛行機操縦士。（昭和四年七月三〇日―免許番号第八四号）。伊藤飛行機研究所卒（卒業証書第三九号）、昭和八年一一月三日、田中飛行機研究所長、田中飛行学校長となる。戦後の民間航空復活の為尽力し、つばさを失った鳥人たちの連帯感と親睦を深めるため、鶏明社を創り、鳥人たちのたまり場とした。

田村　敏一　白戸飛行練習所第一期生。

立石　関二　万国飛行免許状。アメリカの飛行学校で学ぶ。

旦代　次雄　一等飛行機操縦士（昭和五年七月三一日―免許番号第一七〇号）。東亜飛行機専門学校教官。満州航空機長。昭和二一年（一九四六）八月一〇日死去。

谷口千太郎　（京都）三等飛行機操縦士。白戸栄之助門下生。同じ京都出身の冬廣政雄三等操縦士と、共同で飛行学校を設立する計画をたて連日練習飛行に精進しながら、大正一二年一二月九日、林元治郎練習生を同乗させ、中島式五型機で八日市陸軍飛行場を離陸したが、発動機の出力が足らないため空港に引き返えそうとして、低空で旋回したところ横滑りとなって地面に激突、二人とも即死した。

玉井清太郎　（三重県）玉井式一号機、二号機、三号機を自作。操縦は独学で練習。「飛行界」雑誌記者の相羽《あいば》有《たもつ》と大正五年一〇月五日、日本飛行学校を設立した。

大正六年五月二〇日、東京芝浦埋立地で航空思想宣伝の公開飛行の際、空中から東京市街を撮影しようと東京日々新聞社湯浅禮三カメラマンを同乗、一〇数分の飛行のあと三〇メートルの高度から着陸姿勢をとって降下に移ったところ突風にあおられ主翼を折損して墜落、火災を発生し両氏とも焼死した。享年26歳。

玉井藤一郎　（三重県）三等飛行機操縦士（大正八年八月四日―免許番号第一四号）。玉井清一郎の弟で大正五年一二月、兄の経営する日本飛行学校に学ぶ。兄の事故死のあと、兄に替って相羽有と日本飛行学校を共同経営していたが、大正七年二月一日、相羽有との共同経営を打ち切り、青木茂、片岡文三郎、長田正雄、辻村泰作らを伴い羽田飛行機研究所を設立、大正八年一〇月九日、兄・玉井清太郎の追善飛行を行う。昭和五三年二月一一日病死。享年83歳。（別名玉井照高）

玉木幸次郎　三等飛行機操縦士。伊藤音次郎門下生。

武村　良雄　（岡山県）一等飛行機操縦士。大正一五年四月、西田飛行研究所に入り昭和四年六月一等飛行士になった。純民間人ながら、予備下士を志願して各務ケ原飛行第二聯隊に入隊、航空兵伍長となる。関西学生航空聯盟が発足してから大阪朝日新聞社の飛行士とともに聯盟学生の操縦指導に当る。昭和六年七月三日、森永製薬会社の宣伝飛行のための電通社所属の奥山飛行士が中国方面へ向うので、その空中ビラ撒布の模様を空中から撮影しようと、カメラマンの砂田純一氏を同乗して城東飛行場を離陸したが、発動機の不調に気付き、急ぎ不時着しようとしたが、前方に人家があったので、それを避けようと旋回した瞬間、安定を失って空地に墜落、二五分後出血多量のため死亡した。享年26歳。氏の夫人は女流飛行家として有名な、花田まつのさんである。

千枚　四郎　（岩手県）一等飛行機操縦士。台湾総督府巡査から選ばれて所沢陸軍航空学校に依託生として入学、航空機操縦術を習得して帰台、大正一二年以降しばしば理蕃飛行に従事していた。大正一五年二月一五日、この日も蕃地威嚇飛行を行うため、台湾日々新聞の宮本萬助記者を同乗して屏東飛行場を離陸、台中を通過して鹿港に着陸しようと旋回中、二〇〇メートルの高度で、猛烈な突風にあおられ、水田に墜落、二人共即死した。享年27歳。

坪田　立蔵（岡山県）万国飛行免許状、明治四一年渡米。学僕生活を送っていたが、ロスアンゼルスのドミングス飛行場で操縦術を学び、大正二年一一月、万国飛行免許状を得る。大正三年五月一〇日、同県人の後援によりカーチス式トラクターを手に入れ、日本に帰る準備のため、ロスアンゼルス郊外上空で試験飛行を行い、着陸のとき目測を誤り地上に激突、始動用マグネットの把手が前額部に突き刺さり二日後（一二日）死去した。享年28歳。

土屋　定俊　白戸飛行練習所一期生。

鶴原　貞一　一等飛行機操縦士。日本航空輸送会操縦士。昭和九年一月三一日、夜間郵便飛行の際煙霧のため事故をおこし殉職。

辻村　泰作（岩手県）日本飛行学校卒。

照井謙次郎　大正八年、伊藤飛行機研究所卒。

鳥居　清次　一等飛行機操縦士（昭和一三年二月）福長飛行機研究所卒。日本航空輸送会操縦士となり、昭和八年一一月二日、初の夜間郵便飛行に成功。戦後、日本ヘリコプター輸送㈱の創立を企画、のち極東航空㈱と合併して全日本空輸㈱運航部長から専務取締役となる。

鳥飼繁三郎　奈良原飛行団の支配人として地方巡回飛行を取りしきる。全くの独学素人で、鳥飼式「隼号」を自作して稲毛の浜砂と札幌で飛んだが事故をおこす。

土井　貞一　万国飛行免許状。アメリカで学ぶ。

奈良原三次（のちに男爵）日本民間航空の草分けで、本書第一編第三章第一節に詳細記述。

南部　信鑑（のちに井上正鑑と改む）（青森県）一等飛行機操縦士（昭和二年六月一五日）旧南部二万石八

戸藩主、南部利克子爵の次男として出生、昭和三年三月一五日、井上子爵家を継いで井上正鑑と改名する。教育召集で陸軍予備航空少尉に任官。退官後、大正一〇年四月伊藤飛行機研究所に入所、翌一一年一〇月卒業（第三一号）同年一〇月二四日、三等飛行機操縦士（免許番号第九五号）、大正一三年一一月四日、二等飛行機操縦士（免許番号第一三三号）となる。大正一五年二月川西・日本航空㈱操縦士となり同年九月一五日、内鮮満連絡定期航空路第一回飛行に成功。

中島総一郎　（東京）安藤飛行研究所に入所練習生として訓練中、所長の安藤孝三一等操縦士が衆議院議員の総選挙に立候補したので、その選挙区の上空で米澤峰三一等操縦士のハンザー水上機に同乗して気勢をあげ、新舞子海岸に着水しようとしたとき風と浪のため顚覆《てんぷく》、米澤操縦士は救助されたが、中島は浪に呑まれて行方不明となった。享年23歳。

中村　徳治　（愛知県）万国飛行免許状。米国・サンディゴのカーチス飛行学校ロス分校卒。

中澤　家康　万国飛行免許状。アメリカにて学ぶ。

長尾　一郎　三等飛行機操縦士。

長船　清蔵　（岡山県）日本航空輸送研究所に入り、水上機の練習を行い、のち浜松市外三方原の日本中央飛行学校の練習生となった。近く三等操縦士免状を得るまでの腕前となっていた長船は昭和二年一二月一八日、甲式二型機を単独で操縦し、約五〇メートルほど滑走して離陸、三〇メートルばかり上昇したとき操縦を誤り、飛行場内の松林中に墜落、即死した。享年21歳。

西岡　伊作　（佐賀県）米国加州スタクトン市で日本人中村氏が経営していた大正飛行学校で学び、カーチス式の操縦を習得、新機を購入して独立するために、大正七年八月一日、この新機の試験飛行に飛び立ち三〇〇メートルの上空で8字型を描いて着陸のため降下中、突如垂直となって墜落、即死した。

西村　英雄　（群馬県）一等飛行機操縦士。大正六年、横須賀海軍航空隊に入隊して操縦術を習得、大正一一年春、日本航空輸送研究所が設立と同時に海軍を退き、教官として招聘《しょうへい》され、堺・高松間その他の定期航路の開拓につとめる傍ら練習生の教育に尽瘁していた。日本航空輸送研究所がイタリアからサボイアー一三型飛行艇を購入したので、これの試験飛行のため大正一二年六月五日、浜崎末五郎機関士を同乗して大浜海岸を離水、約一〇〇メートルの高度で水平飛行に移ったところ、同艇の機能が鋭敏すぎ新機の操縦に不馴れであったため、南海鉄道諏訪の森駅西方の畑に墜落、両氏とも即死。享年27才。

西村　善次　朝日新聞社航空部。

西出　清　（和歌山県）万国飛行免許状。大正二年八月、米国ドミングスのカーチス飛行学校卒業。大正五年七月四日、サクラメント市で合衆国独立記念祭、大正六年のクリスマスにロスアンゼルスの公園で、それぞれ高等飛行を華々しく公開して大成功を収め、大正七年の初夏、日本で民間飛行学校を設立しようと帰国した。ところが、予定していた郷土訪問飛行も色々な事情でのびのびになり、八月和歌山では離陸直後発動機の故障で墜落して機体を大破、翌八年四月一日大阪の十合呉服店の増築落成祝賀飛行は成功したが、着陸の際に老婆を負傷させてケチをつけた。世評を気にした西出は大正八年四月三日神武天皇祭に何とか名誉を挽回したいと発動機の調子が悪いのに無理をして、大阪城東練兵場を飛び立ち、二〇〇メートルの高度に達したとき、発動機が停止して墜落死した。享年31才。

根岸　銀蔵　一等飛行機操縦士（免許番号第一〇八号―昭和三年五月二六日）。福長飛行研究所卒。第一航空学校教官。

野島　銀蔵　（三重県）万国飛行免許状（第一九九号―大正一一年三月）米国・シラー飛行学校卒。大正三年

三月二一日、台湾、台北、台南、台中で、動力飛行による最初の理蕃飛行を行う。

野崎　八郎（広島県）日本飛行学校卒。

乗池　判治　一等飛行機操縦士。白戸栄之助の門下生で、のち東西定期航空会操縦士。

服部　良司　一等飛行機操縦士。

荻田常三郎（滋賀県）万国飛行免許状。大正二年九月、フランスに渡りブイラークブーレーの飛行学校に学び、モランソルニエー機の操縦を習得し、一機を携え、教官のクゼー氏を同行して翌三年六月初旬帰国した。帝国飛行協会主催の民間飛行大会が鳴尾飛行場で開催された時、高度記録（二〇〇三メートル）を作り優勝した。次いで九月二日、折からの二百十日の悪日であったが、京都飛行後援会主催の下に、深草練兵場を離陸、秒速二〇メートルの烈風をついて京都市訪問飛行に成功し、時の帝国在郷軍人会総裁伏見宮殿下から氏の愛機に対し「翦風《せんぷう》」との御命名と御染筆《ごせんぴつ》を贈った。その後も高知市の大会では和服のまま搭乗したり、大阪城東練兵場から大阪訪問飛行をしたり、故郷八木庄に郷土訪問飛行をしたりして勇名をはせ、それに感奮した郷土の人々は、翦風飛行学校設立期成同盟会を組織し、八日市に三〇万坪の地所を飛行場敷地として氏に提供することになった。ところが、大正四年一月三日、京都深草兵器廠火薬庫前に墜落死亡した。享年30才。

橋口　秀則（宮崎県）小栗飛行学校卒。大正一五年四月、本田飛行学校のアブロ式五〇四型機で郷里小林に郷土訪問飛行。

長谷川常芳　日本飛行学校卒。

早川竹太郎　一等飛行機操縦士。報知新聞社航空部操縦士。

平松　牛郎（岡山県）一等飛行機操縦士（昭和二年六月一五日）。伊藤飛行機研究所卒（卒業証書第三二号）、御国航空練習所第一回生、大正一五年二月、川西・日本航空操縦士、同年九月一五日、宮登一操縦士と共に内鮮満連絡定期航空路第一回飛行に成功。

日向　晃（金沢）安井飛行研究所で安井荘次郎氏の指導を受けていたが、大正一三年六月一二日、加藤兼次郎練習生の操縦するソッピース二型機に同乗飛行中、京都市外安井飛行場の上空でガソリンが漏れて引火、機は猛火につつまれながら場外の田んぼに不時着したが、大火傷を負って両氏とも即死。享年20歳。

藤田榮三郎（青森県）一等飛行機操縦士。二等航空士。昭和一三年、逓信省仙台地方航空機乗員養成所助教に就任するが、同年一〇月二八日、訓練中殉職。享年27歳。

藤田　武明（愛媛県）一等飛行機操縦士。御国飛行学校助教。朝鮮総督府警視。津田沼会々長。

藤縄　英一（新潟県）三等飛行機操縦士（大正一〇年五月二七日、航空局が国家試験を新設した最初＝第一号＝の飛行免状取得者）。大正九年暮、洲崎の小栗飛行学校卒。翌年六月東京航空練習所を設立したが学生が集らず中止。四人乗りのオレンコー型複葉機を自作。大正一〇年一二月一五日、千葉県津田沼海岸で濃霧中に低空旋回をして海面に激突、氏は機から逃れ泳いでいたが寒さのために溺死。享年30歳。

藤原　　延　大正七年。伊藤飛行機研究所卒。

伏見　善一（宮崎県）一等飛行機操縦士。日本飛行学校主任教官。東京航空輸送操縦士。

福長　四郎（静岡県）二等飛行機操縦士（免許番号第一五号）。令兄朝雄氏が伊藤飛行機研究所を卒業して飛行場を開いたので彼は独力で飛行術を習得、大正一〇年八月、帝国飛行協会主催の第三回懸賞郵便飛行競技（東京―盛岡）に参加、途中激しい濃霧の中、水田・後藤の先輩たちが出発地に引返したにもかかわらず、四時間以上の飛行ののちガソリン欠乏から何らの故障もなく宮城県白石磧に着陸して非凡な手腕を激賞された。尚、同年秋第四回郵便飛行（金沢―広島）でも悪天候と闘って四三〇粁《キロ》を飛行して岡山に着陸した。大正一四年片桐飛行機製作所（のちの名古屋飛行学校）に操縦主任として就任、大正一五年八月六日、朝鮮湖南線裡里へ宣伝飛行に出かけ、甲式三型機の試験飛行のため、裡里農学校々庭を離陸、五〇メートルの上空で急旋回を行った際、脚気衝心を起して錐もみ状態で墜落、即死した。享年31歳。

福長　朝雄（静岡県）大正七年、伊藤飛行機研究所卒（卒業証書第二号）グレゴアシップ四五馬力附の伊藤式「恵美号」を購入して天龍川原に飛行場を作り、福長飛行機研究所長となる。

星野　米三（東京）万国飛行免状（大正二年五月二一日―免許番号第二三二一号）、大正二年四月、米国・スロン飛行学校卒。

本田　稲作（鹿児島県）二等飛行機操縦士。小栗飛行学校卒。大正九年一月一六日、中島飛行機製作所入所。大正一三年一〇月一七日、鹿児島県始良郡西国分村（現隼人町）住吉海岸に、本田飛行場開きを行う。

増田　秀吉　三等飛行機操縦士。白戸榮之助門下生。

馬詰駿太郎（徳島県）万国飛行免許状（大正五年六月二日―免許番号第三七〇〇号）、大正四年、フランス陸軍歩兵軍曹当時、フランス陸軍免状第三三三五号を受く。大正六年五月一日帰国、同年一一月中央飛行学校設立校長となる。子息太郎は、航空局陸軍依託一八期卒で、逓信省米子地方航空機乗員養成所教官となる。

宮登　一（福岡県）一等飛行機操縦士。大正八年、中島飛行機製作所で水田中尉の指導で飛行機操縦術を習得、同九年、徴兵で太刀洗航空第四大隊に入隊。除隊後は再び中島製作所の水田飛行学校で学ぶ。大正一一年秋、帝国飛行協会主催の東京―大阪間の郵便飛行競技に参加して入賞、同一四年六月日本航空に入社して帝国飛行協会主催、伊勢湾周航競技陸上機班に参加して、又入賞した。川西一〇型機を操縦して大阪―大連間を六往復したが一回の事故もなく、優秀な操縦者として名を知られてきた矢先、昭和二年四月一日、金子治衛機関士同乗の上、一〇年式艦上偵察機の練習飛行のため、大阪木津川飛行場を離陸、約三〇メートルの高度で左方へ旋回しながら上昇しようとした際、浮力を失い錐もみ状態で墜落死。享年28才。

宮野茂太郎　白戸飛行練習所一期生。

水田嘉藤太　(岡山県)一等飛行機操縦士。陸軍操縦生出身。予備中尉。日本初の宙返りを行い、中島飛行機製作所テストパイロット兼教官。のち水田飛行学校を設けて校長となる。大正一三年三月二九日、紙上吉太郎練習生と同乗して座席交換して練習中、発動機に故障を生じ、引き返さんと急旋回したため失速状態となって場外に墜落、紙上練習生は死亡。氏は一命はとりとめたが頭部を強打したのが原因で再び操縦桿を握ることはできなくなった。

村岡　弥一　一等飛行機操縦士。第一航空学校卒。大日本航空機長。

村松　定延　一等飛行機操縦士。

茂呂　五六　(福井県)万国飛行免許。アメリカの飛行学校卒。フランス空軍に従事。

安岡　駒好　(高知県)一等飛行機操縦士(大正一一年一月二七日)。大正八年四月伊藤飛行機研究所卒。伊藤飛行機製作所と東亜飛行専門学校の主任操縦士を兼務。東西定期航空会操縦士のあと中国に渡り二二才で空軍中佐として若い幹部に操縦術を教え、昭和三年帰国、昭和五年四月二一日、日本飛行機倶楽部の運営(幹事長)と飛行訓練(主任教官)に当る。

安井荘次郎　（京都）二等飛行機操縦士。大正六年大阪で開催された子供博覧会に高左右隆之が出品したホールスコット60馬力の発動機を買入れて飛行機を製作し、単独で練習を始めて以来飛行界にあること一二年に亘り、民間の長老として帝国飛行協会から有功章を受ける。京都市外に安井航空機研究所を設立、後輩の育成に努めていたが、帝国飛行協会主催の御大禮記念特別飛行大会に参加し、昭和三年一〇月二五日、帰ろうと甲式三型機を操縦して木津川尻の国際飛行場を離陸、一〇メートルの高度に達したとき、発動機の馬力が低下して錐もみの姿勢で地面に激突、右前額部に長さ一〇ミリ、骨膜に達する重傷を受け人事不省となり、六日後の一〇月三〇日賀川病院で死亡した。享年36歳。

山縣豊太郎　（広島県）叔父・鳥飼繁三郎氏を頼って上京、大正六年五月、伊藤飛行機研究所卒（卒業証書第一号）同所の教官として多数の練習生を育てた。一九歳から岩手県を振り出しに、北海道、中国、朝鮮等で飛行大会を開き、民間飛行界に名をはせた。大正八年五月五日、強風の中、民間航空初の連続二回宙返りを公開して天才飛行家と謂われた。大正九年八月二九日、愛機「恵美号」を操縦して鷺沼海岸の干潟を離陸、八〇〇メートルの上空で見事な宙返りを三回連続して行い、さらに一〇〇〇メートルまで上昇して四回目の宙返りに移ろうとしたとき、機の左翼が突如挫折し、そのまま錐もみとなって甘薯畑へ墜落して即死した。享年23歳。

山口徳次郎　（兵庫県）三等飛行機操縦士。大正一四年七月、堺の日本航空輸送研究所で三等飛行士の免状を受ける。加藤四記三二等飛行士と共に神戸民潮新聞社航空部に入社。昭和六年九月一一日、ハンザー水上機を加藤氏が操縦、これに同乗して、湊川新開地に開店したカフェー日輪の宣伝ビラを撒き、低空飛行のため野田高女の体操場の屋根にフロートを引っかけて墜落、両氏とも死亡。享年36歳。

山崎八洲男　伊藤飛行機研究所卒。大正一〇年一一月二九日。

山田　秀一　二等飛行機操縦士。白戸栄之助門下生。亜細亜航空学校教官。

山中　忠雄（広島県）万国飛行免許状。大正三年米国のシーラー飛行学校卒。磯部海軍少佐と前後してフランスに渡り、大正五年の秋、陸軍飛行学校に入学、同年暮、フランス陸軍の飛行免状を得て伍長に昇進し、さらにテボール追撃学校に入り高等飛行術を習得した。大正六年一二月四日、スパット複座機の試験飛行を行うため離陸したが、間もなく発動機が停止したので、飛行場に引き返そうと急旋回したところ失速、錐もみとなって墜落。その夜サンニコフの赤十字病院で死亡。享年28才。

湯谷　新　伊藤音次郎門下生。

米澤　峰蔵　一等飛行機操縦士。安藤飛行機研究所卒。日本航空操縦士。

吉川　隆基（広島県）三等飛行機操縦士。大正九年暮、伊藤飛行機研究所に入り、卒業後は同所の教官として勤む。大正一一年六月、下志津で開催された帝国飛行協会主催の三等操縦士競技会では、高速度で二等賞、離着陸では三等賞を受賞。二等操縦士試験の受験準備中で、航空局へ体格検査に赴く前日の大正一一年八月六日、カーチス式九〇馬力の伊藤式二六号機に友人田代泰蔵氏を同乗して飛行中、三〇メートルの低空で急旋回を行ったため錐もみに陥り海中に墜落、田代氏は重傷を負ったが一命をとりとめ、氏は即死。享年28歳。

吉原　清治（佐賀県）一等飛行機操縦士。伊藤飛行機研究所で南部信鑑の教えを受く。報知新聞に入社、昭和五年八月、ベルリン—東京一万キロ連絡飛行に成功。昭和六年二月一一日、報知新聞社「報知日米」号で太平洋横断飛行を計画したが新知島で遭難したため計画は中止。

吉田　重雄　一等飛行機操縦士。日本軽飛行機倶楽部卒。昭和一四年八月、毎日新聞世界一周「ニッポン」号の副操縦士。昭和一九年一二月二三日、九七式重爆で南太平洋を空輸中、敵弾を受け墜落殉職した。

吉田　志郎（高知県）二等飛行機操縦士。大正九年、白戸飛行場に入り、高橋信夫氏の指導を受けていたが、のち津田沼の伊藤飛行場に転じ、米国のエアーサーカス団バーの一行が残していったカーチス式複葉機を高橋今朝治氏と共に練習、大正一一年に三等操縦士免許を取得すると高知に郷土訪問飛行の際、誤って見物席に突入して数名を傷つけたので、引退を声明、名古屋に出てカフェー・トラクターを経営していたが、再び飛行界にカムバックして名古屋飛行学校教官となり、昭和二年春、代々木の三等飛行大会で四等に入賞、同年夏二等操縦士となった。

昭和三年一月五日、日本中央飛行学校の教官をしていた吉田は、甲式三型機で練習中着陸を誤って地上に激突、眉間に重傷をうけ浜松市池谷病院で加療中、五日目の一月九日死亡した。

吉村　豆意　三等飛行機操縦士。伊藤飛行研究所卒（大正一一年五月―卒業証書第二四号）。

横山　豊馬　三等飛行機操縦士。伊藤飛行機研究所卒。

四宮　清　一等飛行機操縦士。

渡辺　信二（兵庫県）一等飛行機操縦士。大正一二年、日本航空輸送研究所に入り操縦術を習得。大正一五年四月六日、定期郵便機横廠式ロ号甲型機を操縦して大分に向け出発、神戸市外駒ケ林の上空を飛行中、発動機から火を発したので直ちに横滑りで着水しようとしたが、飛行眼鏡をかけていなかったため、焔に眼をなめられ操縦できなくなり海中に墜落死した。享年27歳。

第五章　戦前の民間飛行学校

明治三六年（一九〇三）一二月一七日、アメリカのライト兄弟が、初めて動力飛行に成功し、日本でも徳川好敏工兵大尉と、日野熊蔵歩兵大尉がフランスやドイツから購入してきた飛行機で、日本初飛行を行ってから、日本でも飛行熱が高まってきたことは先にも述べた。

明治四四年（一九〇四）、かつて臨時軍用気球研究会の委員であった海軍造兵技工（大尉＝今の一尉）奈良原三次（のち男爵）が手づくりの飛行機で我流の操縦で空を飛びはじめたのが民間航空の始まりだが、彼は男爵ということもあって親戚一同から空を飛ぶことを反対された為に、彼の門下生だった白戸栄之助や伊藤音次郎などが、大正元年（一九一二）秋に、わが国最初の飛行研究所（民間航空訓練所）を開所し、多くの鳥人を育て始めた。

その後、次々と個人経営による飛行訓練所が増えてきたので、本格的操縦士の養成を目的に帝国飛行協会が陸軍に依託して民間航空の操縦士養成を大正四年（一九一五）六月から始めたが、これは第三期生まで終った。

その後、民間航空が益々発達することが予想されたので、航空局が陸軍・海軍に依託して国費で民間航空の操縦士を養成することになった。

こうして陸軍系は大正一〇年一月六日から昭和一三年一一月三〇日、第一八期生まで九九名が、海軍系は大正一一年一二月一日から、昭和一三年一二月二〇日、第一六期生まで六四名、合計一六三名が二等操縦士として巣立った。この間、航空機関士の養成も大正一三年（一九二四）一〇月から始められ昭和一五年までおよそ一六〇名が養成された。

昭和一三年（一九三八）航空局直轄の「航空機乗員養成所」が発足することになって、これらの乗員養成の課程は閉幕したのである。

その間、全くの個人経営同様の民間飛行学校が設立され、多くのパイロットを養成したが、それらは次に挙げる学校（訓練所）である。

奈良原三次（男爵）　海軍大技士（大尉待遇）を退官後、自ら「奈良原式2号機」を完成、明治四四年（一九〇四）五月五日、所沢飛行場で、純国産機で民間人として日本で初めての飛行をしたが、その後、白戸栄之助、伊藤音次郎、山縣豊太郎などの日本飛行機の先覚者たちを多数育てたのであった。

日本飛行学校　大正五年（一九一六）一月四日相羽《あいば》有《たもつ》が、主任操縦教官に玉井清太郎を迎えて、羽田に日本飛行学校を開校、多くの鳥人を育てた。

白戸飛行練習所　大正六年（一九一七）一月四日、奈良原三次の第一の弟子だった白戸栄之助が千葉町寒川で白戸飛行練習所を開設して多くの鳥人を育てた。

赤羽飛行機製作所　大正六年一二月、医学博士岸一太が出資して、校長に井上武三郎を迎え、赤羽飛行機製作所を設立し、操縦士の養成をした。

羽田飛行機研究所　大正七年（一九一八）一二月、相羽有と共同経営していた日本飛行学校を辞め、羽田飛行機研究所を設立、所長玉井藤一郎（のち照高と改む）。

福長飛行機研究所　大正八年（一九一九）、伊藤飛行機研究所卒の福長朝雄が、弟四郎、五郎と共に静岡県磐田郡掛塚町の天竜川河口の河原で、福長飛行機研究所を設立して操縦士の養成を始めた。

粟津飛行研究所　大正八年五月、粟津実が粟津飛行研究所を設立。

小栗飛行学校　大正九年（一九二〇）六月、アメリカ帰りで万国飛行機操縦士の免許を持つ小栗常太郎が小栗飛行学校を設立。

中央飛行学校　大正六年一一月、フランスで万国飛行免許を習得した馬詰駿太郎が中央飛行学校を設立。

水田飛行学校　陸軍予備中尉で一等飛行機操縦士の免許を持つ水田嘉藤太が、大正一三年（一九二四）水田飛行学校を設立。

御国《みくに》飛行学校　大正一四年（一九二五）五月、山階宮《やましなのみや》武彦王殿下が、伊藤酉夫《とりお》を校長に迎えて御国飛行学校を設立。学費無料、衣食住に心配なしの条件で多くの操縦士を養成した。皇族が飛行学校の経営に当られた戦前戦後の時代を通じて唯一の事績である。

佐村飛行学校　米国・シラー飛行学校を卒業して大正二年、万国飛行免許状を持つ佐村福槌が、しばらく母校の助教授を勤め、帰国後、佐村飛行学校を興した。

中島飛行練習所　大正一〇年（一九二一）頃群馬県太田町に中島飛行機製作所社長中島知久平が開所。

安井飛行研究所　大正一三年（一九二四）頃、民間航空の長老として帝国飛行協会から有功章を受けた二等飛行機操縦士の安井荘次郎が安井飛行研究所を設立して多くの後輩を育てた。

西田飛行研究所　大正一五年（一九二六）頃開所。

東亜飛行専門学校　大正一五年頃、川辺佐見が東亜飛行専門学校を設立。

名古屋飛行学校　昭和二年（一九二七）四月、御原福平が名古屋飛行学校を設立、多くの鳥人を育てたが、昭和一四年（一九三九）四月、帝国飛行協会に寄付して閉校した。

鈴木飛行研究所　昭和三年（一九二八）頃開所。

日本軽飛行機倶楽部　昭和四年頃、伊藤音次郎が設立。奈良原三次を校長として多くの子弟を育てた。

安藤飛行機研究所　昭和四年六月五日、のち衆議院議員となった一等飛行機操縦士の安藤孝三が開所した。

日本学生航空連盟　昭和五年四月二八日開所。大学生を中心に操縦士養成を行った。

亜細亜航空学校　帝国飛行協会依託三期操縦生卒業の飯沼金太郎が昭和八年（一九三三）五月一九日、亜細亜航空学校を設立。

田中飛行学校　昭和八年一一月三日、田中不二夫が田中飛行学校を設立。田中は戦後、つばさを失った鳥人たちの連帯感と親睦を深める為、「鶏明社」を興し、鳥人たちの集いの場として民間航空の復活に尽力した。

帝国飛行学校　昭和九年（一九三四）頃開校。

堺水上飛行学校　昭和一〇年（一九三五）四月一日、日本航空輸送研究所を経営していた井上長一が水上機の操縦士養成を目的に開校した。

天虎飛行研究所　昭和一〇年六月二日、逓信省海軍依託第一一期操縦生卒の藤本直が滋賀県大津市馬場の琵琶湖畔に、水上機の操縦士養成を目的とした天虎飛行研究所を開所、昭和一三年（一九三八）逓信省航空局が仙台乗員養成所を開設するや、天虎分教場となる。

阪神飛行学校　昭和一三年六月一〇日、陸軍航空大佐・藤野市之亟が、大阪府中河内郡大正村字太田（現在の八尾飛行場）に阪神飛行学校（阪神航空協会経営）を開校したが、間もなく航空局米子乗員養成所阪神分教場となる。

その他、第一航空学校（宗里悦太郎校長）、東洋飛行学校（坂本寿一校長）、東京飛行学校（遠藤辰五郎校長）、各務原飛行学校、大阪盾津飛行訓練所、片桐飛行機製作所、東京航空練習所（藤縄英一所長）等々、幾多の民間飛行学校があった。

しかし昭和一四年頃になると、民間航空界も軍事色が強くなって、自主経営ができなくなり、有力な民間飛行学校には陸軍将校が派遣されて、ついに軍統制の予備校的な性格に変わっていった。さらに戦争が激しくなるにつれて、ついに民間飛行学校として自立することが困難になった。

こうして昭和一四年ごろから民間飛行学校が次々と姿を消していったが、この中で、昭和一四年四月、阪神飛行学校は航空局米子乗員養成所阪神分教場、同年七月には天虎飛行研究所が米子乗員養成所天虎分教場、その他日本飛行学校、名古屋飛行学校、亜細亜航空学校、堺水上飛行学校等は、逓信省航空局指定練習生の教育にあたった。

これは航空局陸軍依託操縦生制度が大正一〇年（一九二一）に発足し、昭和一三年（一九三八）六月、仙台と米子に航空機乗員養成所が開設されることになったので、陸軍依託第18期九九名、海軍依託第16期六四名、計一六三名が巣立ったところで打ち切りになり、そのつなぎ的意味合いから航空局民間依託制度がもうけられたためである。

第六章　民間航空揺籃期に日本で学んで活躍した朝鮮（韓国）人たち

日本陸軍省航空局（当時）が実施した第一回操縦士免許試験を受け、みごと日本国操縦士免許第二号を取得した安昌男《アンチャンナム》は朝鮮・京城《けいじょう》（現・ソウル）の出身で、津田沼の小栗飛行学校で学んだ学生である。彼は、大正一一年（一九二二）一二月、母国訪問飛行に成功して、民族的英雄と大喝采を受け、彼に刺激を受けた青年たちが、鳥人を夢みて相次いで玄海灘を渡って、日本の飛行学校に学んだ。しかし、彼は不幸にして昭和五年（一九三〇）四月、中国で殉職した。

次に挙げる朝鮮半島の人達は、のちに逓信省航空局松戸高等航空機乗員養成所機関科第三期生で、卒業後は南方戦線で活躍し、昭和二〇年（一九四五）八月一五日の終戦後は、独立した韓国に復員して、韓国民間航空の創設期に縦横の活躍をして、昭和五九年（一九八四）金斗煥大統領から名誉ある「産業勲章」を受けた宋錫禹《ソンスグウ》氏（日本名・上原武三）が韓国で発行した「韓国草創期民間航空史話『雲雀《ひばり》の証言』」の日本版（藤田武明監修・杉山均校閲）から引用し、さらに宋錫禹氏、杉山均氏から新たな資料を入手して、戦前日本国内で操縦教育を受け、日本政府の操縦免許を取得、或いは日本の民間航空会社に奉職していた当時の朝鮮（韓国）出身者の活躍状態である。

安《アン》　昌男《チャンナム》　一等飛行機操縦士。朝鮮京畿道京城府長沙洞二一三の出身。大正一〇年（一九二一）春、飛行家を志して上京、東京・洲崎埋立地の小栗飛行学校でカーチス式トラクターで操縦術を習得し、同一一年一一月、帝国飛行協会主催の東京―大阪間郵便飛行に参加し、みごと往復を完了して賞金を獲得した。同年一二月には母国訪問飛行を行い、その見事な飛行振りが朝鮮の若者たちの心をゆすぶり一躍英雄として羨望の的となった。その為、彼にあこがれて日本の飛行学校で学ぶ朝鮮の青年たちが増えた。その後彼は、母校・小栗飛行学校の教官として多くの練習生の教育指導に当っていたが、大正一二年（一九二三）九月一日午前一一時五八分に、相模湾《さがみわん》を震源として発生した関東大震災で同校が焼失廃校となり、その為安は支那《しな》（中国）に渡り西北軍に加わり活躍した。しかし、昭和五年（一九三〇）四月九日、突如支那太原で墜死したとの報せが届いたのみで前後の事情は一切不明である。享年30歳。

張《チャン》　徳昌《ドクチャン》　一等飛行機操縦士（日本名・華山徳昌）朝鮮・京城《ソウル》出身。伊藤飛行機研究所第一期生卒。昭和二年（一九二七）六月二日、一等飛行機操縦士の免許取得後、日本民間航空の草分けともいうべき井上長一に師事し、井上長一が創立した大阪府堺市の日本航空輸送研究所に勤務中、井上の娘順子と結婚、昭和一四年（一九三九）、大日本航空に入社してからは機長として活躍、第二次世界大戦（大東亜戦争）末期には陸軍「猛作戦」の要員として京城《ソウル》で勤務中終戦となる。大日本航空福岡支所で機長として勤務中、昭和一九年（一九四四）五月一三日、ダグラスDC―三型（米国製）で福岡から那覇経由で台北に向う東支那海上の航程半ばで右発動機（ライトサイクロン）からオイルが洩れ油圧低下して警報灯が点滅したので片発飛行となり、約三〇分で尖閣列島の魚釣島近海に不時着水し、遭難した。彼は水上機が専門だったので、着水操作は見事なもので、幸い乗員六名、乗客五名の全員が無事に魚釣島手前の北小島という無人島に泳ぎ着いた。この中に松戸高等航空機乗員養成所機関科三期卒の杉山均機関士もいた。昭和二〇年（一九四五）八月一五日、日本は敗戦に終り、同時に朝鮮も南北に二分されたあと独立して韓国政府が樹立されたが張は韓国に復員して新しくできた韓国空軍に入り、空軍中将として第四代空軍参謀総長まで栄進した。昭和四七年（一九七二）七月一一日病没。ソウル市、韓国軍人将官墓地の一角に夫婦揃って墓碑が建っている。朝鮮出身者で最も出世した人物の一人である。

謝《サ》　文達《ムンダル》　三等飛行機操縦士。伊藤飛行機研究所卒。

洪《ホン》　雲中《ウンジュン》　三等飛行機操縦士。伊藤飛行機研究所卒。

李《イ》　基演《ギヨン》　三等飛行機操縦士。大正一二年（一九二三）津田沼の伊藤飛行機研究所に入所、杉本信三に師事。大正一二年一二月一九日、祖国訪問飛行を行い、その後もしばしば朝鮮各地に飛んだ。大正一五年（一九二六）京城航空事業社を設立。昭和二年（一九二七）六月一日、朝鮮慶尚北道永順江の川原を臨時飛行場として、中島式五型機に友人の韓臺錫氏を同乗させて宣伝飛行に飛び立ったが、高度一〇〇メートルに達した時、発動機に故障を生じたため飛行場に引返えそうと旋回した刹那、錐もみに陥り地上に激突、両氏とも即死した。朝鮮出身の飛行家中最初の犠牲者となった。享年34歳。

慎《シン》　鏞項《ヨンウグ》　一等飛行機操縦士。朝鮮・金羅南道高 弊《コウチャン》 出身。東亜飛行専門学校卒。昭和二年（一九二七）一二月母国訪問飛行。その後、朝鮮飛行学校を設立して校長に就任。満州・中国へ親善飛行を行う。終戦後、大韓国民航空社（ＫＮＡ）を設立して社長に就任した。

李《イ》　商泰《サンテ》　三等飛行機操縦士。伊藤飛行機研究所卒。

徐《ソ》　雄成《ウンソン》　二等飛行機操縦士。日本飛行学校卒。戦後、朝鮮航空協会初代会長。

姜《カン》　遇錫《ウソク》　三等飛行機操縦士。東亜飛行専門学校卒。昭和三年六月一〇日、二等操縦士受験練習飛行中、失速して海中に墜落、重傷を負った。同乗していた崔 炳 文《チョイビョンムン》練習生は即死した。

金《キム》 治瓘《チカン》 二等飛行機操縦士。伊藤飛行機研究所卒。上海で独立志士となる。

鄭《ジョン》 再燮《ジアップ》 三等飛行機操縦士。第一航空学校卒。

崔《チョイ》 炳文《ビヨンムン》 練習生。朝鮮忠清南道燕岐郡全義面小井里出身。飛行家をめざして昭和三年（一九二八）五月、鈴木飛行研究所に入所して訓練を受けていたが、昭和三年六月一〇日、同郷先輩の姜遇陽《カンウソク》三等操縦士が、二等操縦士試験を受ける準備のため、日曜日にもかかわらず練習していたので、他の友人が止めるのを押し切って同乗した。千葉県津田沼沖で気流が悪いので引返えそうと、三〇メートルの低空で急旋回した際、失速して海中に墜落。崔《チョイ》は即死した。享年22歳。操縦していた姜《カン》三等操縦士は後部座席に居たため重傷は負ったが健康を恢復することができた。

朴《パク》 敬元《キョンウオン》 （女性）二等飛行機操縦士。本名を願桶《ウオントン》と云い、朝鮮慶尚北道大邱《テク》徳山町六三の出身。昭和三年（一九二八）七月二〇日、日本飛行学校卒。翌二一日に二等飛行機操縦士（第八四号）を、更に八月一六日、二等飛行機操縦航空免状第八一号の交付を受ける。その後、母校の助教官として大空を飛ぶこと九年。日本の多くの女性飛行家は、大抵二、三年永くて四、五年で航空界を去っていく中で九年もの永い間、鳥人としてその生命を保持していた。昭和八年（一九三三）、郷土朝鮮と満州訪問飛行を計画、同年八月七日、サルムソン式（二三〇馬力）2A二型機に機関士を同乗せず、単独で東京羽田飛行場を飛び立ち、途中大阪、太刀洗、蔚山、京城を経て新義州に着陸の予定だった。ところが途中から悪天候となり箱根の難所を通過後音信がとだえた。捜索隊が探したところ静岡県多賀郡多賀村（現・熱海《あたみ》市上多賀）の山中で遺体が発見された。享年32歳。

金《キム》 東業《ドンオプ》 二等飛行機操縦士。日本飛行学校卒。朝日新聞航空部の整備員。昭和八年（一九三三）一一月、母国訪問飛行を行う。先輩の慎鏞頊《シンヨンウグ》一等飛行機操縦士が、朝鮮飛行学校を設立したので、招かれて操縦士兼整備責任者として就任。昭和二〇年（一九四五）八月一五日終戦、朝鮮が独立したので、韓国空軍の創設と共に空軍に入隊。

金《キム》錬器《ヨンキ》　二等飛行機操縦士。御国飛行学校卒。

李《イ》貞喜《ジョンヒ》（女性）二等飛行機操縦士。日本飛行学校卒。戦後、韓国空軍に入隊して女子航空隊長となる。

金《キム》栄浩《ヨンホ》　二等飛行機操縦士。名古屋飛行学校卒。

田《ジョン》相國《サングク》　二等飛行機操縦士。日本飛行学校卒。卒業後母校の助教官。

尹《ユン》昌鉉《チャンヒョン》　二等飛行機操縦士。日本飛行学校卒。昭和一〇年（一九三五）一〇月、母国訪問飛行を行う。

戦後、朝鮮航空協会会長に就任。

呉《オ》成玉《ソンオグ》（女性）二等飛行機操縦士。東亜飛行専門学校卒。

趙《ジョ》成珣《リンスン》　三等飛行機操縦士。名古屋飛行学校卒。

朴《パク》奉祉《ボンジ》　一等飛行機操縦士。日本飛行学校卒。昭和一〇年（一九三五）一〇月、母国訪問飛行を行う。慎鏞頊《シンヨンウグ》が設立した朝鮮航空事業社の機長時代、昭和二〇年（一九四五）五月、海南島の沖合上空で、連合国空軍の攻撃を受け、南支那海の藻屑《もくず》と消えた。享年36歳。

尹《ユン》公欽《ゴンハム》　二等飛行機操縦士。日本飛行学校卒。

申《シン》載佑《ジヤウ》　二等飛行機操縦士。日本飛行学校卒。

李《イ》繼煥《ケファン》　一等飛行機操縦士。第一航空学校卒。卒業後母校教官。

李《イ》起煥《キファン》　二等飛行機操縦士。第一航空学校卒。卒業後母校助教官。

表《ピョ》明鎬《ミョンホ》　二等飛行機操縦士。亜細亜航空学校卒。朝鮮航空事業社教官。

李《イ》永三《ヨンサム》　一等飛行機操縦士。各務原飛行学校卒。

姜《カン》 世基《セギ》 三等飛行機操縦士。朝鮮忠清南道出身。日本飛行学校卒。昭和三年（一九二八）四月一八日、陸軍から払下げを受けて整備した乙式一型機の練習飛行を行うため、先輩の安武長右衛門一等操縦士に同乗してもらい、埼玉県入間郡富岡村を離陸、五〇〇メートルの高度で旋回したところ大波状を描き、同乗の安武一等操縦士は機体から振り落され真逆《まっさか》さまに墜落、即死した。姜《カン》も畑に墜《お》ち、地下一メートルあまりもめり込み、現形もとどめず無残な死を遂げた。享年23歳。

金《キム》 聲鎭《ソンジン》 二等飛行機操縦士。日本学生聯盟卒。

崔《チョイ》 鎭祥《ジンサン》 二等飛行機操縦士。第一飛行学校卒。

姜《カン》 興周《フンジュ》 二等飛行機操縦士。名古屋飛行学校卒。

金《キム》 永修《ヨンスウ》 二等飛行機操縦士。名古屋飛行学校卒。昭和一四年（一九三九）一一月、日本陸軍から払下げられた九五式三型一機を朝鮮に持ち帰り、大邱東村飛行場に「朝鮮航空研究所」を設立して操縦士の養成を始めたが、昭和一二年（一九三七）七月、日中戦争（支那事変）が起り、さらに昭和一六年（一九四一）太平洋戦争と日増しに戦局が激化するにつけ、燃料の確保が困難となったため、昭和一九年（一九四四）一〇月、研究所を閉じた。しかし、昭和二〇年（一九四五）八月一五日、日本が戦に敗れ、韓国解放の直後、再び操縦士養成の再開を決意して昭和二三年（一九四八）四月、同じ場所で「韓国航空学校」を開校した。

鄭《ジョン》 正基《チョンキ》 二等飛行機操縦士。（昭和九年＝一九三四＝五月三〇日付、免許番号第四一七号）、帝国飛行学校卒。

韓《ハン》 鐸昇《タクソン》 二等飛行機操縦士。（昭和一二年＝一九三七＝七月二二日付、免許番号第七一五号）、日本飛行学校卒。

劉《ユ》　炳勲《ビョンフン》　二等飛行機操縦士。（昭和一二年一〇月四日付、免許番号第七三八号）、帝国飛行学校卒。
金《キム》　榮教《ヨンキョ》　二級滑空士。（昭和一二年七月二四日付、免許番号第七号）、帝国飛行協会講習会終了。
李《イ》　龍三《ヨンサム》　二級滑空士。（昭和一三年六月二八日付、免許番号第一二七号）、名古屋飛行学校卒。
金《キム》　光漢《クワンハン》　昭和八年（一九三三）堺水上飛行学校に入校、同一一年、二等飛行機操縦士並に二級滑空士免許取得、昭和一六年（一九四一）生駒山頂にてソアラー（みずの三〇一号）で日本滞空新記録（公認一一時間四〇分）を樹立、特級滑空士となる。昭和二六年（一九五一）韓国陸軍航空隊に入隊、ロングキムのニックネームで有名。昭和六一年（一九八六）「蒼空萬里」という自叙伝を出版した。

こうして戦前、日本の民間飛行学校で学んだ幾多の朝鮮人たちが、戦後、独立国家となって韓国民間航空草創期の普及発展のために尽瘁していたのであった。

その他次に揚げる朝鮮籍の人たちが、それぞれ日本の民間航空で、あるいは機関士（整備も含む）、あるいは通信士、あるいは事務員として活躍していた。

〔機関助手〕　鄭《ジョン》　昌吉《チャンギル》　（日本航空輸送研究所）
〔通信士〕　金《キム》　鐘遠《ジョンウオン》　（大日本航空京城支所）
〔傭　員〕　朴《パク》　廷鎬《ションホ》　（日本航空輸送・蔚山支所）
　　　　　金《キム》　聖穆《ソンジク》　（同　　・同　　　）
　　　　　高《コ》　準植《ジュンシク》　（同　　・京城支所）
　　　　　洪《ホン》　帝範《ジェボム》　（同　　・新義州支所）
〔技術傭員〕　金《キム》　俊助《ジエンジョ》　（大日本航空・東京支所）

金《キム》次者《ヤンジャ》（同・同）
李《イ》相敏《サンミン》（同・大阪支所）
崔《チョイ》琴童《グムドン》（同・京城支所）
梁《ヤン》斗鴻《ドホン》（同・同）
任《イム》金龍《グムヨン》（同・大邱出張所）
金《キム》明一《ミョンイル》（同・平壌出張所）

〔技術見習〕

申《シン》教翼《キョイク》（同・京城支所）
朴《パク》龍照《ヨンジョ》（同・同）
鄭《ジョン》熙采《ヒチエ》（同・同）

〔事務雇員〕

胡《ホ》相録《サンロク》（同・同）
玄《ヒョン》寿康《スガン》（同・同）
金《キム》性煥《ソンファン》（同・同）
金《キム》亨沅《ヒョンウオン》（同・京城営業所）
李《イ》炳甲《ビョンカプ》（同・新義州出張所）

尚、戦時中、日本の逓信省航空局、高等（又は地方）航空機乗員養成所で学んだ朝鮮人たちもいたが、その分は第二編・戦中編で述べることとする。

第七章　民間航空草創期に羽ばたいた女性飛行家たち

明治、大正の女性はおとなしく、しとやかで優雅な立ち居振るまいをするものと定義づけられていた。従って、女性が自転車に乗ったり自動車の運転をしたりすれば、あれは「お転婆だ」、「男まさりだ」「嫁のもらい手がないぞ」などと云われた時代であった。

昭和七年（一九三二）一二月一六日、午前九時すぎ、東京・日本橋の白木屋呉服店四階の玩具売場から火災が発生、火は三時間にわたって燃え続け、三九八二坪を全焼、死者一四人、重傷者百十数人を出す大惨事がおこった。当時の女性はほとんど着物姿で仕事をし、従って下着をはいていなかった。この時の死亡者一四人中、一三人は和服だったので消防署員が下に幕を張って飛び降りるよう指示したが、飛び降りる時着物のすそが開くのを気にして逃げおくれたために犠牲者が増えたのだった。

これを機に日本の女性も外で働く者は洋服を着、下着を身につけるようになったのである。

そんな時代背景の中でも多くの女性が空にあこがれ、飛行家になる夢を抱いて羽ばたいていったのである。

女性飛行家第一号　兵頭　精《ただし》

大正一一年（一九二二）三月二四日付で三等飛行機操縦士（免許番号第三八号）の免状を取得、日本における女性飛行家第一号になったのが兵頭精《ただし》である。

精は、明治三二年（一八九九）四月六日、愛媛県北宇和郡東仲村二五番戸（現・広見町東仲）において兵頭林太郎、同民子の四女として出生した。

父林太郎は田舎には珍らしい読書家で、明治二〇年代に早くも空を飛ぶことを夢見て絵図面などを書いていたが、明治四三年六月三日、満五三歳で亡くなった。精一一才の時である。精はそういう父の血を受けたのか、母民子から話を聞いていたのか、とにかく自分も飛行家になりたいという淡い希望を抱いていた。

大正四年（一九一五）一二月、アメリカのチャールズ・ナイルスという女性飛行家が来日して青山練兵場で宙返りを披露した。また翌五年一二月には、キャサリン・スチンソン嬢が同じ場所で宙返り飛行をしてみせた。当時、松山市・斉美高等女学校に在学していた精は、この話を聞いたり新聞で読んだりして「女性でも飛行家になれるんだ」ということを知り、ますます飛行家になりたいという夢がふくらんでいった。

兵頭精（右・21歳）と市原翠
大正９年５月津田沼にて

父亡きあと、姉のカゾエが父親がわりに一家を支えていたが、精の飛行家希望に対しては「女だてらに飛行機乗りになろうとは」と猛烈に反対した。精は止むなく女学校を卒業すると安原医院に薬剤師見習として働くようになった。しかし大空への夢は忘れられず、合間をみては東京の相羽《あいば》有《たもつ》が経営する日本飛行学校発行の『飛行機講議論』をとり寄せ独学していた。それを知った姉カゾエは精の思い込みに根負けして「そんなに飛行機が好きならやってみるがいい。」と大枚二千円を援助してくれた。カゾエは、精のいわば自分と共通した男性的路線を生き抜こうとする姿勢に共鳴し、期待し、応援することにしたのである。

精はこの金を持って二〇歳の年の一一月一五日上京した。ところが期待していた日本飛行学校（校長相羽有）では、二年前の大正六年（一九一七）一〇月一日の台風で、東京・羽田穴守にあった飛行場は水びたしになり、たった一機の玉井式二号キャメロン機が流され、更にその半年前の五月、操縦教官の玉井清太郎が墜死するという大打撃を受け、相羽は飛行機事業から手を引いて自動車部だけしかなく、『飛行機は『講議録』を発行するだけで、飛行機操縦など何一つ教えてはいなかったのである。

止むなく精は赤羽飛行機製作所（岸一太医学博士が経営し、井上武三郎陸軍予備役中尉が操縦教官）を訪ねたが、ここでは「女では駄目だ」と断られてしまった。

精が途方にくれていたところ、ある人から伊藤音次郎が経営する津田沼（現・千葉県習志野市津田沼）の伊藤飛行機研究所を教えてもらった。早速訪れて音次郎に入学を願ったところ、どうせ一時の出来心で長続きはしないだろうが、大金を持ってやってきた相手が男であろうと女であろうと拒《こば》む理由はないと、直ちに入学を許可した。所長の伊藤音次郎はこの時、まだ二八歳、飛行家として実力、人気ともに上昇中で、精が訪れた頃は、設計者に稲垣知足、操縦教官に山懸豊太郎を据え、新機の製作と共に操縦士の養成に専念中でありました。彼は多くの鳥人を育て、奈良原三次に次ぐ民間航空育ての親ともいうべき人物であるが、昭和四六年（一九七二）一二月二六日、八〇歳でこの世を去った。

こうして入学した精《ただし》は、フランクリン式16馬力の地上滑走機、日野式2サイクル・エンジンを搭載した伊藤式滑走機等で初級課程を終了して中級課程に進む。

中級課程では、日野熊蔵大尉が設計製作したエンジンを搭載した伊藤式地上滑走機で、ティル上げはもちろんのこと、ジャンプ飛行まで練習する。しかしこの飛行機は、大体一六貫（60キロ）位の体重の人を基準に一応飛ばないように設計された地上滑走専用の飛行機であった。

ところが、小柄な精は一一貫弱（41kg）の計量だった。大正九年（一九二〇）五月二〇日の練習で、精はいつの間にか操縦桿を手前に引いたのか、不意に七、八メートルの高度まで飛び上ってしまった。もちろん着陸操作は習っていないし、驚きと恐怖感で一ぱいだったが、無我夢中で操縦桿を押し、一度車輪が地上にふれたが、バウンドして再び宙に浮き上り左斜前方にドスンと投げ出され、降着装置が後方に折れたまま胴体着陸してしまったのだ。

本人にけがはなかったが、この事故による機体の損害金は四百円で、これは前納金の中から差し引かれた。

翌日から彼女は、毎朝三〇杯の冷水を浴び、気を引き締めることにした。女であるがゆえの未熟さが体内にあるとすれば、水ごりを取ることによって排除しなければならないと考えたからである。と同時に、これからの練習飛行は単独ではなく、最初の間は教官同乗の上で教育すべきだと、その必要性を訴えたのだ。他の練習生もこれに同調したので、これから教官同乗で飛行練習が行われるようになった。

大正九年（一九二〇）六月一七日、精は後藤勇吉客員教官と同乗飛行中、高度一五〇メートルで不意にエンジンが停止して、海上に不時着水してしまったが、この時は教官と同乗中ということで損害賠償はしなくてすんだ。

大正一〇年（一九二一）一一月二九日、精は無事卒業（卒業番号一五番）することができた。その時、同時に卒業した加藤正世（卒業番号二一番）は、のちにセミの権威者として理学博士になったが、ライト兄弟が世界で初めて空を飛んだというニュースの直後、陸軍省で、日清戦争当時、陸軍に提出して却下された二宮忠八の「軍用飛行器考案之儀ニ付上申」した申請書を発見して、雑誌「帝国飛行」に紹介した人物であった。

兵頭精は卒業後の一二月に三等飛行機操縦士の国家試験を受験したが着陸に失敗して不合格になった。

その時の実地試験の内容は航空法によると次のようなものであった。

一、高度三百メートル以下ニ於テ長径千メートル、８字形ノ旋回飛行連続二回ノ後、着陸又ハ着水。

二、高度千メートルヨリ発動機ノ運転ヲ停止スルコトナク着陸又ハ着水シ、試験官ノ指定スル長サ一五〇メートル、幅百メートルノ圏内ニ停止。

三、高度五百メートルニ於テ発動機ノ運転ヲ停止シ、旋回降下ノ後、着陸又ハ着水。

ともかく、試験科目の一項と二項は無事終了したのだが、三項で失敗してしまった。規則では高度五百メートルとなっているが、この時の岡楢之助試験官（騎兵大尉）は、制限地着陸がしやすいようにその試験官の温情で千メートルでエンジンを停止するよう指示した。ところが接地予定地点に、盛土のような小砂丘が横たわっている。しかし国家試験だから自分の判断でやり直しはきかない、と決心し、そのまま直接進入したところ車輪が小砂丘を蹴とばして、機体はもんどりうって転覆してしまったのである。

第一回目の国家試験に失敗した精は、翌大正一一年（一九二二）三月二四日、二度目の試験に挑戦し、今度はめでたく合格して、大正一一年三月三一日付で、三等飛行機操縦士（免状番号第三八号）の免状が交付された。正に日本における女性鳥人第一号の誕生であった。

このとき精を含めて六人が合格したがその中に、戦後、韓国空軍司令官となった張徳昌《チャンドクチャン》もいた。精の免状には「曲技飛行を行うことを得ず」という「効力の制限事項」が記してあった。

大正一一年六月二日・三日の両日、千葉県四ツ街道の下志津陸軍飛行場で、帝国飛行協会主催の三等飛行機操縦士だけの飛行競技会が催され、精は速度競技に参加して第一〇位となり、協会から慰労金一二〇円、航空局から参加賞金一〇〇円が交付された。

こうして精がマスコミにクローズアップされるようになったが、同時に弁護士富田数男との不倫が面白おかしく報道された為に、自ら飛行機を降り、行方不明になってしまった。

実は弁護士の富田数男は伊藤飛行機研究所に入所する時、精の身元保証人になった郷土の先輩だったが、妻子があり、更に精の姉であるカゾエのパトロンでもあったのだ。もちろん、精はそんなことは知らずに富田の女になって妊娠したのだったが、ある日、二階から足を踏みはずしてころげ落ちた時に流産してしまった。

その後、本妻のちよみと別れた富田と同棲して再び身籠り、娘峰香が生まれた。しかし富田にまた別の女ができた為、彼と別れて一人で娘を養育したのであった。

その娘は、いま井筒万喜という芸名で、井筒流小唄の五指に数えられる師匠になり、その娘嘉子は昭和五四年（一九七九）からドイツ・ルフトハンザ航空のスチュワーデスになって、国際線を飛び廻り精を喜ばせた。

昭和五五年（一九八〇）四月二三日午前一〇時四〇分、兵頭精は二年越しで入院中の東京都杉並区の救世軍ブース記念病院で老衰のため波乱多き人生の幕を閉じた。八一歳であった。

看護婦から飛行家を志したが、志半ばで挫折した　市原　翠

兵頭精より半年おくれて伊藤音次郎の門下生になった市原翠は、精の花やかな新聞記事に刺激され、高知県で勤めていた看護婦を辞めて入所した。精より二歳年上だった。

彼女もなかなか練習は熱心であったが、フランクリン式16馬力地上滑走機、伊藤式地上滑走機で合計一時間位の練習をしたものの初級課程も終らないうちに足が遠いてしまい、それっきり練習に来なくなってしまった。

当時、大学出の初任給が三七、八円だった頃、一回の滑走練習が三分たらずで、一分間二円という練習費だったので、彼女は一二〇円にものぼる資金を消費し、練習費が払えなくなったためである。

アメリカで修業した佐村（旧姓南地）よね

日本における女性飛行家第一号は兵頭精だが、それより九年も前に、アメリカの空を羽ばたいていた日本女性がいた。

その名は南地よね。和歌山県西牟婁郡串本町字串本浦で、明治二三年（一八九〇）一一月二四日、父南地福松、母あきの長女として出生した。

幼い時に両親と共にアメリカに渡り、ロスアンゼルス裁縫学校を卒業、ロスアンゼルス市北サンピドロー街六七二番で洋裁業を営んでいた。

その頃第1回飛行大会が開かれ、そこで飛行機の昇騰《しょうとう》を目の前で見て深い印象を受け、更に第2回飛行大会を見物して飛行機に大きな関心を抱くようになる。

同じ頃、アメリカで万国飛行免状（大正元年＝一九一二）第一二〇号を取得した日本人飛行家の近藤元久が、ニューヨークで惨死、また同じ万国飛行免状の武石浩玻が京都で事故死、さらに日本でも木村鈴四郎、徳田金一両中尉が大正二年（一九一三）三月二八日、所沢飛行場附近で墜落死、日本における最初の空中事故の惨禍を風聞したよねは、このことに発憤して、二三歳でシラー飛行学校に入学、大正二年四月一三日、同校を卒業した。しかし、技倆的には万国飛行免状をとれるところまで達していたが、機を逸して遂に免状はとれなかった。

シラー飛行学校在学中は、助教授の佐村福槌（万国飛行免状第二二五号）の指導を受けロスアンゼルスの空を飛び廻っていたがこれが縁で、大正三年（一九一四）九月一四日、晴れて佐村福槌と結婚、姓も佐村よねと変わった。そのうち長男正一をみごもったのを機に飛行機から降りて、洋裁業に専念することになった。

大正一二年（一九二三）夫婦揃って日本に帰国、下関で関門高等洋裁女学院を創立、学院長に就任し女子教育に挺身した。

夫福槌は昭和五四年（一九七九）九月五日、百歳で病没、よねは一年後の昭和五五年（一九八〇）一一月三日、入院先の東京渋谷セントラル病院で死亡した。九〇歳だった。

女性初の二等飛行機操縦士　西原（旧姓今井）小まつ

今井小まつは、女性飛行家第一号の兵頭精と同年で、航空界に入ったのもほぼ同じ頃であった。兵頭精がわずか三年でスキャンダルの為航空界から引退したのに、小まつは兵頭精に次いで女性飛行家として二番目に三等飛行機操縦士の資格を取得（大正一二年＝一九二三）以来、昭和五年（一九三〇）までの一一年間を大空に羽ばたいていたのだった。

小まつは、明治三二年（一八九九）八月一三日、京都府下福知山町で代書業を営む今井健一郎、同與志枝の二女として出生した。

惇明尋常小学校五年生のとき、「人智の進歩」と題し、「西洋には空中飛行機というものができて、人がそれに乗って飛ぶそうです。人智の進歩はこれから先、空で荷物をはこぶようになるかも知れません。」という作文を毛筆で半紙に書いて、担任の先生に提出している。

彼女が五年生というと明治四四年（一九一一）、一一歳か一二歳の頃の話である。

大正五年（一九一六）一二月一五日、一九歳のアメリカの女性飛行家キャサリン・スチンソン嬢が来日して、東京・青山練兵場で夜間飛行を公開し、翌一六日、宙返りを披露した。スチンソンはその後、神戸、名古屋で公開飛行を行い、更に中国に渡り、再び日本に来て神戸・横浜で決別《けつべつ》飛行をしてアメリカに帰国した。大正六年（一九一七）五月一〇日のことである。

スチンソンより二歳年下で一七歳になっていた小まつは「毛唐《けとう》の女にやれることなら私にだってできる」と、飛行家になる決心をしたのである。

ところが母の與志枝が「女のくせに、そんな軽業師《かるわざし》のような者になったら、ご先祖様に申し訳が立たない」と猛烈に反対したので、小まつは無断家出をすること三回、遂に母から「勝手にしなさい」と背を向けられてしまった。

中島式５型複葉機と今井小まつ（24歳）大正12年夏

小まつは仕方なく無一文で操縦術を習得する方法はないかと考え、伊藤音次郎の門下生で福長飛行研究所の福長淺雄所長を訪ね、「私は練習費用がありませんが、そのかわり何でもやりますから置いて下さい」と熱心に頼み込んで、福長所長の許可を得た。

こうして助手として研究所の雑用を勤め、その合間に飛行機の練習をして遂に大正一二年兵頭精に次いで女性として二番目に三等飛行機操縦士免許を、更に昭和二年（一九二七）一一月一二日付で女性としては最高の二等飛行機操縦士（第六九号）、航空士免状（第六八号）を取得しました。

その間、一時教官だった根岸銀蔵一等飛行機操縦士と同棲し、魚群探知飛行などやっていたが、女性はたとえどんなに技量にすぐれていても一等飛行機操縦士にはなれないことから、昭和五年（一九三〇）六月、空に別れを告げたのだった。

その後、味の素の社員細見某と結婚して長男博をもうけたが、間もなく離婚し、実姉の由久枝が昭和六年二月一八日病没したので、その夫の亀三の後添《のちぞ》いになった。

後年、昭和三三年（一九五八）から四〇年（一九六五）までの七年間、「日本婦人航空協会」の理事長をつとめていたが、引退後は、帰郷して静かに隠居生活に入った。昭和五九年（一九八四）三月一九日、八五歳で病没している。

男装の麗人飛行家　木部シゲノ

一生を独身で通し、常に男装で過ごした異色の女性飛行士。それが木部シゲノである。シゲノは、明治三六年（一九〇三）一一月一二日、福岡県築上郡八屋町大字八屋一〇四六番地（現・豊前《ぶぜん》市大字八屋《はちや》）で、父、木部幾松、母タキの間に生まれたが、父幾松が魚屋、小料理店、雑貨商、呉服商など色々手がけたが何れも失敗したので、シゲノ三歳の明治三九年（一九〇六）一旗揚げようと朝鮮平安南道鎮南浦（現・南浦《ナムポ》）に一家転住して、ここで魚の仲介人を始めた。

大正六年（一九一七）九月、シゲノが鎮南浦公立尋常高等小学校高等科二年生の時、アメリカ人曲芸飛行家アート・スミスが、一三日に釜山《プサン》で、一六日京城《ソウル》、一七日群山《クンサン》での飛行大会を開いた新聞記事を読んで、自分も飛行家になろうと決意した。

大正七年（一九一八）三月高等科二年を卒業したシゲノは、母のすすめで女らしくなるようにと町内の裁縫練習所に通ったが、飛行家になる夢が忘れられず、五年後の大正一二年（一九二三）三月三日、朝鮮の鎮南浦から単身上京して、二ヵ月位、東京・蒲田の日本自動車学校（相羽有《あいばたもつ》校長）航空科で、飛行の原理を学

木部シゲノ（19歳）と甲式３型
（ニューポール式24Ｃ１型）練習機
大正12年初夏　鶴見・潮田飛行場にて

んだ。

同年五月五日、二年前に閉鎖した赤羽飛行機製作所の機体製作技師長だった宗里悦太郎が校長として、神奈川県橘樹《たちばな》群潮田《うしおだ》末広町（現・横浜市鶴見区末広町）に開校した第一航空学校に、開校の当日入学した。練習生一〇人、アブロ式５０４Ｋ型二機で発足したのであった。

シゲノは、のち川西・日本航空㈱定期航空操縦士となり一等飛行機操縦士になる亀井五郎三等飛行機操縦士（当時）を教官として操縦の手ほどきを受けた。

彼女は大正一三年（一九二四）一二月、第一航空学校を卒業、翌一四年二月、三等飛行機操縦士の国家試験に合格した。この時帝国飛行協会から操縦士奨励金五〇〇円を支給されたが、今までの借金しての操縦練習だったので、手もとには一銭も残らなかった。

更に、二等飛行機操縦士の昇格試験に備えその練習費用を稼ぐため、四国であろうと北陸であろうと航空ページェントがあれば積極的に出かけて行って飛行をした。公開飛行では一回二〇円くらい、東京上空の遊覧飛行なら一周三〇円位を稼いだ。

そんな最中の大正一五年（一九二六）一月、潮田末広町の埋立地が、工業地帯として開発されることになり、その為立退かなければならなくなったので、鶴見から千葉県船橋海岸に第一航空学校は移転した。

昭和二年（一九二七）八月二二日、シゲノは見事に二等飛行機操縦士技倆証明書第六四号を取得した。二四歳の夏のことである。本当なら一等飛行機操縦士を目指したかったが、この頃の女性飛行家は二等操縦士までしかなれず、女性は職業操縦士になる資格がないと決めつけられていたのだった。

そこでシゲノは、せめてアート・スミスのように鮮やかな曲芸飛行の技術を習い覚えたいと考え、軍隊を利用することを考えたのである。大正一〇年から逓信省（現・国土交通省）航空局が民間航空界育成操縦士を養成するため国費をもって、陸軍や海軍（大正一二年から）に依託する制度ができたことを知ったからだ。

シゲノは思いつくと早速実行に移し、霞ヶ浦海軍航空隊の司令に会い、突拍子な虫のいい申し出をしたが、女性ということも幸いし、特別に一〇日間の仮入隊が許可された。男社会の軍隊に例え一〇日間といえども女性が入隊して男性と一緒に訓練を受けたという事は後にも先にもない全く異例のことである。

この一〇日間でアブロ式５０４Ｋ型陸上練習機で曲技飛行をひと通り修得して航空局の実地試験に合格、晴れて二等飛行機操縦士技倆証明書に「曲技飛行ヲ行フコトヲ得」と加筆されたのであった。

シゲノは、自分の晴れの勇姿を両親に見せたいと、昭和二年（一九二七）一一月三日の「明治節」に朝鮮・鎮南浦のかつて、アート・スミスが飛行演技をみせた広場で、父母兄弟らをはじめ、二万の群衆の見守る中、得意の曲技飛行を披露した。初めての女流パイロットの、朝鮮での初飛行とあって、全府民が感激の涙の中での歓迎であった。

さらに、それから九ヵ月後の昭和三年（一九二八）八月、今度は生れ故郷の福岡県築上郡八屋町で二度目の郷土訪問飛行を行った。ここはシゲノ三歳のとき一家そろって朝鮮に移住したところである。この郷土訪問飛行も大成功で福岡県民挙げての大歓迎だった。

飛行家になった者は誰でも一度は郷土訪問飛行を行って、郷里に錦を飾りたいと願うものだが、朝鮮と、福岡の二ヶ所に郷土訪問飛行が実現できたことはシゲノにとって最大の幸せであった。

昭和八年（一九三三）、シゲノ三〇歳のとき、父幾松が亡きあとの家業を助けなくてはならなくなり飛行機を降りて鎮南浦に帰り、トラック運送業やタクシー業を営んでいたところ、昭和一二年（一九三七）七月、日中戦争が勃発してガソリンの入手が困難になってきたので昭和一三年秋、中国の北京市へ移住することとなる。幸い中華航空総裁・安辺浩（大分県）の協力を得て、グライダーによる青少年の航空教育をはじめたが、これも三年後、戦争のため中止せざるを得なくなった。

昭和二一年（一九四六）終戦の為、福岡に引揚げ、昭和二四年（一九四九）上京、航空再開とともに二七年（一九五二）、社団法人・日本婦人航空協会の創立に参画し、理事として東京国際空港内の事業部の運営を担当した。

シゲノが男性用背広に鳥打帽をかぶり、皮の編上げ長靴をはき、左手に飛行機のソリッドモデル、右手に安物のメガネといういでたちで、空港内のガイドをつとめて一躍有名になったのも、この頃である。

昭和四一年（一九六六）四月二九日、六二歳になったシゲノは航空功労者として勲六等宝冠章を授与され皇居に参内した時も、ふだんと同じ男性用背広姿であったので、侍従から「この方が宝冠章を着けているのは、一体どうしたことですか。」と訊ねられ、係官が閉口したという話がある。即ち男性ならば「瑞宝章」でなければならないからだ。

この叙勲を機に、シゲノは日本婦人航空協会を去って生まれ故郷に引き上げ、隠居生活を送っていたが、昭和五五年（一九八〇）七月二九日、ひっそりと七七年の生涯を終りました。

看護派出婦で苦学しながら飛行家になった旦代（旧姓米山）イヨ

北海道初の女性飛行家になった米山イヨは、明治四〇年（一九〇七）一月二九日、稚内町《わっかない》北浜通り一二丁目（現・稚内市）で米山家の女四人、男二人の兄妹《きょうだい》の三女として出生した。大きな漁場を持っていた父がイヨ九歳の折亡くなったので、母は六人の子女をかかえ相当の苦労をした。

イヨは、愚癖ひとつこぼさず、健気《けなげ》に働き続けている母の姿を見ているうちに、一日も早く独立して母を楽にさせてあげなければと考え、稚内尋常高等小学校尋常科六年を卒業すると、札幌市大通りにあった斉藤医院の手伝いをしながら夜学に通って勉強し、五年たらずで看護婦と産婆（助産婦）の資格をとり、そのまま同病院の看護婦として働いていた。

大正一四年（一九二五）五月一三日、北海道で初めて十勝国音更《おとふけ》村に「音更《おとふけ》飛行場」が完成して、この飛行場開場式の折、「飛び初《ぞ》め式」が行われることになった。

その日、千葉県津田沼の東亜飛行専門学校教頭の永田重治一等飛行機操縦士が、アプロ式５０４Ｋ型複葉機で公開飛行を実施して道民の大歓迎を受けた。

永田は長野県出身で、大正一〇年九月航空局陸軍依託第一期操縦生の課程を卒えたばかりの二四歳、新進気鋭の青年飛行家であった。

音更《おとふけ》飛行場の開場式が終ると、航空思想普及の目的で、東亜飛行専門学校主催、北海タイムス社後援で宣伝飛行を行った。これを知った米山イヨは、なんとしても自分も一度飛行機に乗ってみたいと、はげしい欲求にかられ永田操縦士に直接会って、胸中の熱い願いを必死になって訴えたところ、特別に許可してくれた。

　こうして、イヨが十分たらずの札幌上空の遊覧飛行を体験したのは七月六日であった。この短時間の飛行がイヨを夢心地にし、飛行家になることが私の天職だと思うようになった。イヨ満一八歳五ヵ月余りのときのことである。

　その三ヵ月後の大正一四年（一九二五）一一月、イヨは東亜飛行専門学校に入学した。東亜飛行専門学校は、伊藤音次郎が伊藤飛行機研究所練習部として経営していたものを、大正一三年一一月不況のため、株式会社を解散して伊藤飛行機製作所と改め、伊藤音次郎の個人経営に切り替え、同時に練習部を分離して、東亜飛行専門学校と命名して後輩の川辺佐見を校長に任命して経営一切をまかせたのである。

　しかし、イヨは入学はしたものの練習費が出せないので、学校の無給助手として雑用をするかたわら暇をみて乗せてもらうので、他の練習生よりも練習する回数が少ない。更に生活費も稼がなくてはならないので、東京まで出かけて臨時の看護派出婦になって働いた。

　その努力の甲斐があって、二年がかりの昭和二年（一九二七）一二月二日付で三等飛行機操縦士と技倆証明書第二一号を取得したのであった。

　この頃、かつてイヨが勤務していた札幌の斉藤医院の斉藤政之助院長は、イヨの涙ぐましい精進ぶりに感銘を受け、卒業祝いに費用を全額負担して晴れの郷土訪問飛行をさせてやりたいと計画していた。

　しかし、五月三一日に卒業はしたものの、まだ正式に三等飛行機操縦士試験も受けておらず、従って無免許ということになる。試験が一一月、一二月となると、仮に操縦士試験に合格しても、大雪のこの時期、北海道での飛行は甚だ困難になる。そこで斉藤院長は苦肉の策として一計を案じたのである。それは、卒業祝いと免許取得の前祝ということで、誰か正式の操縦士を付添いにつけて、こちらも身内や知人だけという内輪だけの観衆にするということであった。

川辺校長もこれに協力することになり、東亜飛行専門学校のアプロ式５０４Ｋ型練習機を貸与、そして助教の旦代《たんだい》次雄二等飛行機操縦士を付添いとして派遣してくれることになった。

予定通り八月二九日にみんなの見守る中場周経路を一周した時、着陸に失敗して機首を地面について逆立ちになり、プロペラを大破するというハプニングもあったが、伊藤音次郎の義兄で、伊藤飛行機研究所の製作主任だった大口豊吉が持ってきてくれた13式プロペラを取り付け、やり直しの郷土訪問を成功することができた。

これが縁で昭和三年（一九二八）二月、イヨは旦代次雄と結婚して旦代イヨとなる。旦代の両親が「あぶない飛行機にいつまでしがみついているのか」と反対したため、止むなく二人は樺太の両親のもとに帰った。そうして四年七月、長女の道子が生まれたが、どうしても空を羽ばたく生活が忘れられず、両親を説得して再び津田沼に戻り、イヨは東亜飛行専門学校の助教官に次雄は、昭和五年（一九三〇）七月三一日に、一等飛行機操縦士第一七〇号の技倆証明書を取得して、昭和八年（一九三三）、満州航空に定期航空操縦士として入社した。

その間イヨは昭和一〇年に次女、一一年に三女を出産、育児に追われて操縦桿を握ることはなくなった。敗戦後も急に引揚げることができず、次雄は風邪がもとで結核になり、昭和二一年（一九四六）八月一〇日死亡。イヨは三人の娘を連れて昭和二二年（一九四七）八月一三日に内地に引揚げてきたのであった。

飛行学校の助教になった近藤（旧姓鈴木）しめ

鈴木しめは、茨城県北相馬郡山王村（現・藤代町《ふじしろ》）和田において明治四二年（一九〇九）二月四日、農業・鈴木吉蔵、とくの四女として生まれた。男一人、女四人のきょうだいであった。

昭和二年（一九二七）、霞ヶ浦海軍航空隊で一般人の体験飛行をやっていると聞いたしめは、早速申し込みをしたが「女子は駄目だ」と断られる。しかし、しめはひるまず司令官にまで直接会って熱心に頼んだところ、「それほど乗りたいのなら、民間の飛行学校で練習したらどうか」と名古屋飛行学校を紹介してくれた。

名古屋飛行学校は、大正一三年（一九二四）九月一日に、予備役陸軍航空兵中佐だった御原《みはら》福平（兵庫）が創立したもので、民間とはいってもすべてが軍隊式で、規律正しく厳しく教育するところで有名な飛行学校だった。

一八歳になったしめは昭和二年四月、名古屋飛行学校に入学、寄宿舎で五人共同の自炊生活をしながら、男の練習生の中に紅一点がまじって操縦練習に励んだ。兵頭精《ただし》女史が日本の女性としてはじめて飛行家になったものの、それから一〇年の月日が流れているが、まだまだ世間から「男まさり」だとか「変り者」だとか云われても仕方のない時代環境の頃だった。

しめは、昭和三年（一九二八）三月二九日、めでたく三等飛行機操縦士第六七号を、更に昭和四年（一九二九）三月一九日、二等飛行機操縦士技倆証明書第一〇六号を取得することができた。

その年の秋、御原校長のはからいで、アブロ式５０４Ｋ型練習機を借りて単独で郷土訪問飛行を行った。

代々木練兵場から山王村の自宅上空まで真すぐ飛び（距離約五千キロ弱）、メッセージを入れた通信筒を投下、ついで母校・山王村尋常高等小学校上空でも一旋回して通信筒を投下した。前ぶれなしの郷土訪問飛行だったにもかかわらず村の有志が花火を打ち上げて歓迎してくれたのが嬉しくて、しめの眼頭がうるんだのだった。

しめは、昭和四年四月から翌五年（一九三〇）六月まで名古屋飛行学校の助教として、後輩の女性練習生に操縦を教えた。

昭和五年一〇月一五日、しめは名古屋飛行学校の機関学生だった近藤貞一と意気投合し、愛し合って結婚した。

お腹の子が四ヵ月になったとき、しめは飛行機からおりた。女性はどんなに技倆が上達しても、一等飛行機操縦士の受験資格が与えられないことも一つの理由だったようである。

女性初・大阪—東京単独無着陸飛行に成功した中村（旧姓上仲）鈴子

上仲鈴子は、明治四五年（一九一二）一月一四日、遊廓を経営していた父・上仲民之助、母よしの三女として、岐阜県大野郡大名田七日町一〇七番地（現・山岡町一丁目五番地）に於て生まれた。

少女の頃、遊廓に時々遊びに来るトラック運送業の経営者がいて、ときどきトラックに乗せてもらっているうちに運転を覚えてしまった。トラックを走らせているうちに、何時の間にか空を飛べたらもっと面白いだろうなと思うようになる。

その時、所沢陸軍飛行場が出来ており、そこに親類の人が勤めていたので、何か飛行機に乗れる手がかりはないかと昭和五年（一九三〇）その親類を頼って上京した。彼女は昭和三年（一九二八）三月、高山高等女学校（現・高山高校）を卒業して満一八歳になったばかりの時である。

その頃、千葉県津田沼、船橋海岸には幾つもの飛行学校があり、女性も数名操縦練習をしていたが、彼女は女同志の妙なわずらわしさのない日本軽飛行機倶楽部を選んで九月二九日入会した。

単身、大阪に向かって飛び立つ中村（旧姓上仲）鈴子（21歳）
昭和８年６月27日　羽田・東京飛行場

日本軽飛行機倶楽部は、奈良原三次（鹿児島）の弟子であり助手であった伊藤音次郎（大阪）が、手軽に操縦術を習得したい人のために昭和五年四月二一日に設立されたもので、自ら理事の一人になり、師の奈良原三次男爵を会長に迎えて発足したものであった。

鈴子が入会するとすぐ、かつて女性飛行家第一号となった兵頭精《ただし》を教えた安岡駒好一等飛行機操縦士について操縦練習をはじめた。安岡教官は兵頭精を育てたあと、招かれて中国に渡り、二三歳で空軍中佐として若い幹部を教え、昭和三年（一九二八）に帰国した経験豊富な教官であった。

鈴子は精進の甲斐あって初単独飛行から五ヵ月後の昭和六年（一九三一）五月一九日、めでたく三等飛行機操縦士試験に合格する。鈴子一九歳のときであった。

更にその五ヵ月後の昭和六年（一九三一）一〇月二二日、鈴子は二等飛行機操縦士試験にも合格して、一〇月三〇日、二等飛行機操縦士技倆証明書第一九六号と、航空免状が交付された。

このとき八人の二等飛行機操縦士合格者が誕生したが、その一人吉田重雄は、それから六年後の昭和一四年（一九三九）八月、毎日新聞社主催の世界一周ニッポン号の副操縦士として、世界一周飛行に成功した人物である。

昭和八年（一九三三）日本航空婦人協会から、伊藤音次郎のもとに「日満親善並びに軍隊慰問のため全日本女性の使者として満州への飛行を婦人飛行士上仲鈴子にやってもらいたい」との依頼があった。音次郎は「まだ六六時間の飛行経験しかない満二一歳の女性を、単独で満州（現在の中華人民共和国の東北地方）まで飛ばせるわけにはいかない」と断ったが、度々の依頼で、それでは本人が充分自信のつくまで練習させてからとの条件付きで引受け、サルムソン機で練習を初め、野外練習として東京―大阪間の往復飛行を単独でさせることにした。

ところが、往路は梅雨期のことで空模様が落ちつかず六月二六日は羽田を離陸したものの途中天候不良降雨の為、三方陸軍飛行場に不時着した。翌朝出発しようとしたところ、水ポンプの故障のためこの修理に三日かかってしまった。ようやく六月三〇日三方陸軍飛行場を出発したものの、再び天候不良のため明野ヶ原飛行場に不時着。目的の大阪練兵場に着陸したのは七月二日の夕暮れだった。ある婦人から「飛んでは来たが、汽車より遅い。やっぱり女性だからですネ」と冷笑されたのはこの時だった。

約一週間余り大阪に滞在して休養した鈴子は往時の名誉挽回をかけて七月一〇日午前一〇時一五分、大阪練兵場を離陸した。この日は天気も良好でエンジンの調子もよく快適な飛行を続けわずか三時間四二分の飛行で無事羽田飛行場に着陸した。

上仲鈴子二等飛行機操縦士の大阪から東京までの無着陸飛行の成功は見事なものではあったが、これはあくまでも女性として最初の無着陸飛行成功ということであって、実は男性飛行士は一五年前の大正七年(一九一八)四月一日、帝国飛行協会の後藤正雄技師が、モーリス・ファルマン式4型機で、所沢―大阪間を六時間三〇分で飛んでいた。

また、大正九年(一九二〇)四月二一日にも、伊藤飛行機研究所の山縣豊太郎(広島)が、東京(洲崎)―大阪間無着陸周回飛行に、伊藤式恵美第14型長距離機で距離八四〇キロを六時間四三分で優勝していたのだった。

ところが、鈴子がせっかく、東京―大阪無着陸飛行に成功したにもかかわらず、この満州飛行は不幸にして主催者の都合で中断されたのであった。

その後、上仲鈴子は郷土訪問飛行を計画した。東京―大阪間無着陸飛行に成功してから一年五ヵ月後の、昭和九年(一九三四)一〇月のことである。

しかし一〇月一八日、羽田国際飛行場を出発して岐阜に向う途中、静岡県志太郡高洲町の河原に発動機故障のため不時着し、その修理に三日を要し、一〇月二一日ようやく同地を離陸した。この時、船橋の第一航空学校の出身で、同行の助教をしていた長山きよ(静岡)二等飛行機操縦士が、「長距離飛行の経験がないので、ぜひ同乗させてほしい。」と頼むので止むなく同乗させたところ、離陸の時河原の砂利に足をとられ、一〇メートルの高度に達したとき、突然、強い、追い風のような横風にあおられ、堤防上の松の木に左翼端を接触し、墜落大破してしまった。後席の鈴子は顔面その他に打撲裂傷を負っただけだったが、前席の長山きよは、片手、片足を骨折して一時人事不省に陥いったが、幸い命はとりとめた。不可抗力に近い事故だったとは云え、長山きよは一生飛行機に乗れない身体になったが、その後友人の馬淵テフ子さんと仲良く共同生活をすることになった。

鈴子はそのことに責任を感じながらも、どうしても郷土訪問飛行をやりたい思いと、前回の事故の「名誉挽回」をしたいとの願いで、それから一年後の昭和一〇年（一九三五）九月七日、各務原陸軍飛行場を出発して、益田《ました》郡小坂《おさか》町、吉城《よしき》郡古川《ふるかわ》町、大野《おおの》郡高山町（現・高山市）の上空から、通信筒を投下、生まれ故郷の高山上空に午後三時五〇分ごろ到着して高山在郷軍人分会員、高山国防婦人会ら大勢の人たちの頭上を、高く低く旋回を繰り返しながら、四時、郊外の上野仮飛行場に着陸した。鈴子は嬉しさの余り興奮した。父・民之助も我が娘の晴れ姿に、嬉しそうに満足の笑みを浮かべていた。

鈴子は、この日をもって飛行家としての人生に終止符を打った。それは、長山きよに重傷を負わせたことと、女性には一等飛行機操縦士の免許が得られないということにあった。

鈴子は少女時代、長唄のけいこをしていたが、飛行機を降りると、船橋で日本舞踊稽古所を経営している西川扇歳《せんざい》（本名・中村ふく）の門下生となり、やがて西川流舞踊の名取りになった。

昭和一一年（一九三六）一月、鈴子は師匠中村ふくの養女となり、以後、芸道二人三脚の生活が続いた。鈴子は西山歳造《としぞう》として高山では日本舞踊末広会を主宰し、また柏伊千歳の名で日本長唄会幹事もつとめ、高山と船橋とをかけ持ちする生活が続いた。

しかし昭和四八年（一九七三）一月三〇日、高血圧と心臓病のため高山市花岡町で急逝する。あと二週間で六一歳になるという若さであった。

教師から女流飛行家になり女性初の日満親善訪問飛行に成功した西崎（旧姓松本）キク

松本キクは、大正元年（一九一二）一一月二〇日、埼玉県《さいたまけん》児玉郡上里町《こだまぐんかみさとちょう》七本木《しちほんぎ》において農業・松本佐平・

たきの二女として出生した。女四人、男四人の八人きょうだいだった。姉の泰代は本庄高等女学校に入学し、妹の芳江もまた同校へ進学させようという話が出ているのに二女のキクの進学については誰も話題にしない。そこでキクが「私も女学校に行きたい」と訊ねますと「お前を女学校に入れると更に上の学校に進みたがるに違いない」として高等科に進ませ、その後は和裁でも覚えさせて嫁にやる方がよいということだった。

そこでキクは県費奨学金制度のある師範学校に進ませてほしいと頼み、埼玉女子師範学校の二年制（短期）に進学した。

西崎（旧姓松本）キク（21歳）
昭和９年９月　アジア航空学校で

昭和四年（一九二九）三月、一六歳で埼玉女子師範学校を卒業したキクは、生家から二キロほどはなれた神保原小学校の教師になった。

秋晴れのある日、一〇人ばかりの生徒と群馬県太田の金山《かねやま》（現・太田市金山町《かねやまちょう》）まで出かけたとき、尾島飛行場に立ち寄った。その時、テストパイロットの四宮清・一等飛行機操縦士と盛永機関士と知り合い、飛行機にさわらせてもらった。

それ以来、飛行機が病み付《やっ》きになって脳裏から離れなくなり飛行機講議録を取り寄せ読みふけるようになった。

そんなある日、四宮操縦士と盛永機関士の両名から「次の日曜日、立川陸軍飛行場で試験飛行を行うが、もし希望するならば同乗させてあげる」という手紙が届いた。

キクは天にも昇る嬉しさだったが万が一のこともあるので父に許しを乞いますと、いとも簡単に「よいだろう」と返事をし「お二人にお礼の手紙を認《したた》めるから、持っていってお渡しするように」と言って、一通の手紙を渡したのだった。

二〇分の初飛行体験だった。好天候なのに機体のゆれが激しかったが、キクはこれもテストの中で空中分解寸前のテストだろうと思っていた。

一旦着陸して、キクだけをおろそうとするので、まだ乗りたいとお願いして結局六回連続して乗った。乗るたびに随分ゆれ、更に高等飛行までやってくれたので、キクは充分堪能してますます飛行機が好きになってしまった。

実は父が二人にあてた手紙には
「うら若い娘が空に情熱を傾けるとか、生命をかけるなどということは一般常識では考えられない。そんな事態にならないよう、本人が懲《こ》りるように飛んで、なんとかあきらめさせて頂けませんか」

という願いが書いてあったのだ。

キクは、師範学校卒の義務年限二年間が終わるのを待って飛行学校に入学した。

最初は昭和六年（一九三一）四月上京して洲崎の飛行学校に入学したが練習機が一機だけしかなく、入学して三ヵ月目にたった一回、それもわずか六分間というもので、三等飛行機操縦士の受験資格最低五〇時間を飛行するなどとうてい不可能なことであった。

そこでアメリカ帰りの飛行家小栗常太郎が校長として経営していた小栗飛行学校に移籍したが、ここも同じようなもので今度は、名古屋の安藤飛行機研究所長安藤孝三・一等飛行機操縦士の元に移籍して水上機の練習飛行をはじめた。昭和七年（一九三二）に入ってからのことである。ここでは逓信省航空局海軍依託練習生出身の教官が四人いて、何れも熱心に操縦術を教えてくれた。

昭和八年八月八日、キクは二等飛行機操縦士実地試験を受け、八月一七日付で技倆証明書第三二六号と航空免状を取得した。

面白いもので誰でも飛行家の免状をもらうと郷土訪問飛行をして故郷に錦を着て帰りたくなるもののようだ。

幸い愛知県下の埼玉県人会名誉会長だった遠藤梛作・愛知県知事や、のちに衆議院議員になった在京埼玉県人会幹事・山口六郎次、在京県人会長大川平三郎ら大勢の会員で後援会を組織して郷土訪問飛行の準備を進めてくれた。

昭和八年（一九三三）一〇月一五日午前六時一〇分、キクは乗りなれた一三《いちさん》式水上機（ベンツ一三〇馬力）に山崎機関士同乗で愛知県新舞子を出発、生れ故郷の上里町に針路を向けた。

途中、三保の根岸飛行場、羽田・東京水上飛行場に着水して給油の上、新舞子―埼玉県児玉郡旭村地先き利根川間の四〇八キロを七時間で翔破、午後一時に本庄町上空を大きく旋回すると、坂東大橋に向けて次第に高度を下げ、出迎えの群衆十万余の上空を三たび旋回して敬意を表してから、あざやかに着水した。

キクは感激で熱いものが頬を流れた。中でもキクが教師時代担任だった小学二年生の生徒たちがもう五年

生になっていて、

「先生、よく勉強して頑張ったね。今日の先生は最高に素敵だったよ！　やれば出来るんだね。僕たちも頑張らなくちゃ」

と言ってくれたときキクは飛行機乗りになってよかったと心から喜びを感じたのである。

郷土訪問飛行に力を借してくれた遠藤柳作愛知県知事が、満州国の国務長官として赴任することになり、その壮行会の席上でキクが

「海外飛行の手はじめに、訪満飛行をしたいと思っております」

というと、遠藤知事は

「それはいい。若いときに大志をいだいて、まずやってみることだ。私が在職中に飛んでおいでよ。待っているから」と答えて同席の山口六郎次らに、めんどうみてやるように指示をした。

しかし満州訪問飛行となると、水上機ではなく陸上機でないと着陸できない。そのためには陸上機の練習をして、機種拡張試験（現在の機種限定変更試験）に合格しなければなりません。そこで安藤孝三所長が東京・洲崎の亜細亜《あじあ》航空学校の飯沼金太郎校長を紹介してくれた。

キクは、飯沼金太郎校長宅の一室に寝泊りして、サルムソン式２Ａ２型陸上機（サルムサソン二三〇馬力）で練習飛行を開始した。

訪満飛行の使用機は、朝日新聞社からサルムソン式２Ａ２型陸上機Ｊ―ＢＡＳＪを譲り受け、時の逓信大臣（現・国土交通大臣）床次《とこなみ》竹《たけ》二郎《じろう》（鹿児島県）から「白菊号」と命名していただいた。

全国各地から、たくさんのメッセージ、慰問文および慰問袋が集まったが、とても「白菊」号には積み切れないので、目的地へは事前に定期便で空輸し、メッセージと代表の包みおよび目録だけを持っていく

ことにした。

昭和九年（一九三四）一〇月二二日、この日は早朝から晴れわたって一点の雲もない絶好の飛行日和となった。キクは大勢の関係者の見送りを受けて颯爽《さっそう》と晴れやかに「白菊」号に乗りこんだ。そのときすでに、亜細亜航空学校の整備士・佐藤啓三が後席に乗りこんで、からだを小さくして隠れていたのだった。八時四五分、キクは右手を高くふりかざし万歳の歓呼の声に送られて、羽田・東京飛行場を飛び立ち、数機の民間機が空中歓送をしてくれた。

途中、浜松陸軍飛行場、大阪、大刀洗陸軍飛行場に着陸して給油、整備を行い、二七日午前八時一五分、秋晴れの中を飛び立って、朝鮮海峡を横断し午前一〇時五二分、朝鮮の蔚山《ウルサン》に到着した。朝鮮海峡を飛び越えた日本女性飛行家は、キクが初めてだった。

小憩の後、午後零時二九分蔚山《ウルサン》飛行場を離陸して京城《ソウル》に向いましたが京城が間近という秋風嶺《チュウブンリョウ》という中央山脈のところで燃料が少くなり、その上暗くて羅針盤《らしんばん》も見えにくく、また地図も見えなくなったので意を決して不時着した。座席から下りて見てみると、白菊号は大きな河の土手にのり上げていて、あと車輪が一回転すれば川の中に真逆様に飛び込んでいたかもしれない。全く運がよいとしかいいようがなかった。

翌日、機体整備をしている間に、キクはメッセージ伝達のため上田謙吉・朝鮮軍司令官と宇垣一成・朝鮮総督を表敬訪問した。

翌三一日、午後一時七分京城飛行場を出発して午後四時二〇分新義州に着陸、一一月一日・二日を新義州で休養、三日の明治節（明治天皇誕生日で当時四大節の一。現・文化の日）の佳日を待って午前九時新義州を出発、鴨緑江《おうりょくこう》を飛び越えて午前一一時五分、満州国奉天《ほうてん》（現・瀋陽《シャンヤン》）東飛行場に着陸、一泊した。

最終目的地、新京（現・長春《チャンチュン》）には翌四日午前一〇時四〇分に無事到着。日本の女性飛行家として初めて日満親善訪問飛行に成功したのであった。

約束通り遠藤柳作国務長官が、にこにこして出迎えてくれ労をねぎらってくれた。

翌一〇年（一九三五）三月、キクはパリの国際航空連盟から、日本女性飛行家の海外飛行第一号との理由で「ハーモン・トロフィー」を贈られ、同時に「終身会員証ナンバー三二番」が届けられた。その前の「三〇番」はなんと昭和二年に初の大西洋単独無着陸横断飛行に成功したリンドバーグだった。

訪満飛行を終えたキクは、亜細亜航空学校の助教官を勤め、女子部の教育を担当するかたわら講演会に招かれて講演したりしていたが、昭和一二年（一九三七）七月二三日、二四歳になったキクは、豊原市制祝賀飛行のために「第2白菊」号で樺太に向かった。ところが青森から津軽海峡にさしかかったところでエンジンが故障して不時着水し、貨物船稲荷《いなり》丸（富坂仁三郎船長）に救助され一命をとりとめた。

その頃、日中戦争が拡大するにつれて、民間飛行学校の存在も危くなってきた。そこでキクは、第一線の戦場病兵を、いち早く後方に空輸する輸送機の操縦士になって、お国のために尽したいと陸軍省に従軍志願書を提出した。ところが
「万一敵地で不時着か墜落でもしたとき、敵から、日本人は人手不足になって、空にまで女子を駆り出したのか」とそしられるとの理由で却下された。

キクの飛行機人生は、これで完全に終止符をうたれたわけである。

昭和一三年（一九三八）三月二五日、キクは猪岡《いのおか》達也と結婚して渡満、満州国埼玉村開拓団の一員として農業開拓にはげんでいたが、夫達也は昭和一六年（一九四一）一二月一七日腎臓炎の為死去、昭和一八年（一九四三）四月二九日、開拓団員の西崎了と再婚して長男・峻を設けたあと終戦直前の昭和二〇年（一九四五）八月四日、夫が出征し、行方がわからないうちに一五日の敗戦の日を迎えた。内地に還る不浪の旅の途中、

長男・峻は零下三〇度の奉天収容所で肺炎のため死亡した。

キクは、開拓団員一三三人と共に昭和二一年（一九四六）六月九日、内地に引揚げ七本木開拓地へ入植し、村の中学校の教師を勤めながら、一二〇アールの芝地と格闘をはじめた。

夫がシベリア抑留から帰国したのは、昭和二四年（一九四九）だった。二男・泉、三男・治と子宝に恵まれ、ようやく安定した生活にはいった昭和四一年（一九六六）一二月一二日夫が旅先で急死してしまった。

キクは七本木小学校教頭を退職後、上野町教育委員会社会教育指導員をつとめた。同時に、日本婦人航空協会理事となり、昭和五一年（一九七六）に行われた日本婦人航空協会員による日本一周飛行には特別参加して、東京—仙台間を飛行した。昔とった杵柄《きねづか》である。

昭和五四年（一九七九）一〇月六日、脳溢血のため六七歳で逝去した。

体育教師から女流飛行家になり不慮の事故で飛行機を下りた長山きよ

長山きよは、明治四四年（一九一一）七月一六日、静岡県引佐《いなさ》郡伊平《いひら》村字伊平一三番地（現・引佐町《いなさちょう》伊平）において、生まれた。生まれながらにして性剛健にして立居振舞もてきぱきとして、歯ぎれのよい言葉づかいで、一見男のような性格だった。

昭和三年（一九二八）三月、気賀実科高等女学校（現・気賀高校）を卒業して、東京の日本女子体育専門学校（現・日本女子体育大学）に入学、三年後卒業すると、広島県の高等女学校に体育教師として赴任する。

しかし、生まれながらの男性的気質から体育教師では物足らず、もっと自己を燃焼し男に伍してできる仕事はないものか、と模索していた。

長山きよ（23歳）昭和８年秋

そして、昭和七年（一九三二）一〇月、二一歳のきよは、千葉県船橋海岸にあった第一航空学校に入学した。大正一二年（一九二三）五月、元赤羽飛行機製作所の機体製作技師長だった宗里悦太郎が設立した学校で、根岸錦蔵が客員教官を勤めていた。

同校の女性の先輩には、木部シゲノ（福岡）、藤井八重（熊本）、梅田芳枝（東京）などがいた。

きよは、入学はしてみたものの、一時間四〇円という練習費の捻出に苦労した。かといって専門学校まで出してくれた両親に、今さら危険と思われている飛行機の練習費を出して下さい、とは言い出せなかったのである。

そこで彼女は若干危険は伴うけれどもアルバイトでパラシューターとして稼ぐことにした。これまた先輩に、宮森美代子、西山すみ子らがいた。一日一回の降下を限度と決め、一回降下すると二百円になったから、五時間分の練習費が稼げる計算である。

昭和八年（一九三三）九月、きよは二等飛行機操縦士の実地試験に合格、翌一〇月学科試験にも合格して、晴れて二等飛行機操縦士第三三八号の航空免状を手にすることができた。この頃、女性は一等飛行機操縦士の受験資格がなかったので、プロとして大日本航空の操縦士にはなれないので、卒業するとそのまま母校の助教官になった。

昭和九年（一九三四）一〇月一八日、きよより年は一つ若いが三年前に二等飛行機操縦士になっていた日本軽飛行機倶楽部出身の上仲鈴子と親しくなり、彼女が郷土訪問をするということで無理にお願いして同乗させてもらった。

二人は羽田の東京飛行場をアブロ式５０４Ｋ型機で飛び立ち、上仲の郷里、岐阜に向ったが、箱根の山を飛び越えてから不意に発動機が停止し、アブロはそのまま機首を下げ、志太郎高洲村築地（現・藤枝市）の瀬戸川原に不時着し、そのとき機体の一部を小破してしまった。

その修理に三日を要し、二一日、再度離陸したが、砂利に足をとられながら懸命に滑走し、一〇メートルの高度に達したとき、突然、強い横風にあおられコントロールが効かなくなり、堤の上の松に翼端が接触し、アッと思ったときは地上に叩きつけられていた。

後席の上仲鈴子は顔面その他に打撲裂傷を負ったが生命には別条はなかった。しかし前席に乗っていた長山きよは、片手、片足を骨折して不自由な体になり、涙をのんで航空界から引退しなければならなくなった。

上仲鈴子もこれに責任を感じ、一年後、郷土訪問飛行に成功したあと飛行機から下りることになったが、今一人、長山きよのため引退する女性飛行家がいた。

その人は、長山きよと日本女子体育専門学校（現・日本女子体育大学）で同級生だった馬淵テフ子（東京二等飛行機操縦士である。

彼女は、第一航空学校で体験飛行させてもらったのが病みつきになり、横浜の女学校の体育教師をやめ、亜細亜《アジア》航空学校に学び、昭和九年（一九三四）一〇月、サルムソン式２Ａ２型で東京飛行場を出発し、満州訪問飛行を行った。

満州から帰国した馬淵テフ子は、長山きよのため航空界を去り、清水市内で体育教師をしながら長山きよの面倒をみた。また、長山きよも文房具店を経営していたが、馬淵テフ子の定年退職後は伊東市に土地を買って家を新築して、二人が寄り添っていたわりながら生活していた。

昭和五七年（一九八二）から馬淵テフ子が病魔に冒され入院生活に入ったので、長山きよは献身的な看護を続けたが、六〇年（一九八五）五月二三日、七四歳で死亡した。

きよは、馬淵テフ子の養女として入籍し、その後、馬淵きよと名乗って静かな晩年を送っていた。

友情のため短い飛行機人生を送った馬淵テフ子

馬淵テフ子は明治四四年（一九一一）六月五日、職業軍人だった父・馬淵常義（東京出身）母・ナヨ（鹿《か》角《づの》市出身）の長女として父の任地・弘前市で生を受けた。四人きょうだいだった。

父が軍人で任地を転々としたので、テフ子は小学校二年の終わりから五年まで母方の祖母のもとで育ち宮麓小学校に学んだ。母は秋田県鹿角市八幡平《はちはたひら》の大日霎貴《おおひるめむち》神社の宮司・安倍悦人、ハルの娘だった。六年生のとき東京・小岩小学校へ、さらに神奈川女子師範付属小学校に転校した後、東京・新宿の府立精華高等女学校に進んだ。

五年後の昭和四年（一九二九）、日本女子体育専門学校（現・日本女子体育大学）に入学したが、彼女は身長一六八センチ、体重六二キロという当時の女性としては大柄の恵まれた体格だった。

卒業と同時に横浜のフェリス和英女学院に体育教師として勤めた。翌昭和七年（一九三二）ロサンゼルスで行われるオリンピックの最終選考会で、円盤投げ代表の選にもれたのがショックで、体育教師に自信を失ってしまった。

その時、かつて日本体育専門学校時代の同級生だった長山きよが第一航空学校で学んでおり、

「飛行機に乗ってごらんなさいな。鬱《うつ》なんかいっぺんに吹っ飛んでしまうわよ」

と言って、第一航空学校の練習機に同乗させてくれました。テフ子はこの一度の体験飛行ですっかり大空の魅力に取りつかれ、教員を辞めて亜細亜航空学校に入学した。

昭和九年（一九三四）三月三一日、テフ子は二等飛行機操縦士技倆証明書第三九八号を交付された。東京—大田原（栃木）間一四五〇キロ往復の野外飛行を一時間二〇分で翔破《しょうは》して合格したのである。

二等飛行機操縦士になったテフ子は、祖母のいる秋田の空を飛び、永い間精神的、経済的に支援してくれた祖母に、この晴れ姿を見てもらいたいと郷土訪問飛行を考えた。

昭和九年八月一〇日午前九時一〇分、テフ子はサルムソン式2Ａ2型二三〇馬力練習機に一等飛行機操縦士の鎌田毅教官を同乗させ、洲崎飛行場を飛び立ったが、天候不良のため、仙台・宮城野練兵場に泊まり、一四日、午前一一時一八分菩提野臨時着陸場に着陸した。二万五千人の郷土の人が待ち構えて大歓迎をしてくれた。

この中に、友情応援のためテフ子より十ヵ月早く一等飛行機操縦士になっていた長山きよが、パラシュート降下をやって花を添えようと、はるばる汽車で先行して来ていた。

午後二時四〇分に離陸して鹿角郡各町村を空から表敬訪問し、三時四五分宙返りから爆弾投下の空中操作まで鮮やかな銀翼を輝かせ二万五千余の観衆をうならせた。

わずか五、六十時間の飛行経験しかないテフ子に高等飛行（曲技飛行）など出来る芸当ではないので、おそらくこれは鎌田教官が披露したものだろう。

さらに、午後五時、テフ子は長山きよを同乗させ、高度三〇〇メートルからパラシュート降下をして見せた。初めて見るパラシュート降下に劇的シーンを見せられて観衆は夢見る心地で興奮した。

郷土訪問飛行が成功裡に終ると今度は訪満飛行を計画する。この飛行には、長山きよが同行する予定だったが、出発直前の一〇月二一日航空事故をおこして飛行機に乗れない身体になったので、京城出身で一等飛行機操縦士（免許番号第二八三号）の朴奉祉《パクポンジ》教官が同乗した。

テフ子の「黄蝶」号は昭和九年（一九三四）一〇月二六日東京飛行場を出発して、浜松、大阪、大刀洗、蔚山《ウルサン》、京城《ソウル》、平壌、新義州と飛び続け、一〇日目の一一月五日午前一一時二五分新京（現・長春《チャンチュン》）に着陸した。

馬淵テフ子はこの訪満飛行の成功を機に飛行機人生に終止符を打った。それは彼女が飛行家になった動機ともいえ、訪満飛行を二人で行おうと思っていた友人の長山きよが、飛行機事故で半身不随になったのを助けるためで、元勤務していたフェリス和英女学校（横浜・山手女学校）に教師として復職し、清水市で文房具店を経営する長山きよの経済援助を行った。

昭和四一年（一九六六）一月一〇日定年退職したテフ子は、伊東市に家を新築し、きよを養女として入籍し同居していたが、六〇年（一九八五）五月二三日、七四歳で病没した。

天翔ける鳥人・女優になった田中（旧姓西村）皐子《あつこ》

西村皐子《あつこ》は、埼玉県川越市南町の地主・西村悟桜、クニの二女として、大正三年（一九一四）一月二六日に生れた。

昭和五年（一九三〇）三月、皐子は川越高等女学校を卒業して上京、東京文化服装学校に学び、八年（一九三三）九月に卒業した。

その頃、田中飛行研究所で事務員を募集していたので、好奇心もあってこれに応募し入所を許された。田中飛行研究所は、伊藤飛行機製作所練習部最後の卒業生（卒業証書番号第五九号＝昭和三年七月）であった田中不二雄が、昭和八年一一月三日、洲崎埋立地に創立したものである。この時彼はすでに三一歳だった。彼は操縦適性が余りなく、三等飛行機操縦士の技倆証明書を取得したのは卒業後一年経った昭和四年（一九二九）七月三〇日であった。

田中（旧姓西村）皐子（22歳）
昭和11年４月　松竹大船撮影所にて

従って、田中飛行研究所は、同門の先輩後輩の中から一等飛行機操縦士二名を採用、その他数人の一、二等飛行機操縦士を講師として招いて開所したものである。機材はいずれも払い下げ機で、サルムソン式2A2型三機、アブロ式504K型四機、アンリオ式28型一機、ニューポール式24型一機、ニューポール式81型二機の計一一機を所有していたが殆んどが宣伝用の中古で、実際に使えるのは半数以下であった。

創立早々、事務員として採用し

たのが、一九歳の西村皐子《あつこ》だった。若くて美人ですこしもすれておらず、頭脳も明晰だったので、よくこんな良い娘が来てくれたと田中は感動していた。

事務員の西村皐子は、みかけはおとなしい女性でしたが、なかなか芯が強く、行動力もあった。練習生が毎日飛ぶのを見ているうちに自分でも乗ってみたいという衝動にかられてきた。田中はそれを知って「よし、この美少女を一人前の飛行家に育てて、田中飛行研究所の看板にしよう」と思いつき、昭和九年（一九三四）一月から、事務の傍《かたわ》ら操縦練習をはじめた。

しばらくすると東京日日新聞の記者が、聞きつけて取材に来た。そしてサルムソン式2型機と一緒に写した写真をのせ、昭和九年二月四日の新聞に載せた。

「大空にかける乙女心《おとめ》」

乙女の心は大空へ飛ぶ―最近洲崎の田中飛行研究所へ愛らしい断髪の少女が入所してか弱い腕に操縦桿を握りながら毎日大空への躍進の精進をつづけている。女流飛行家といえば何れも女丈夫揃いの中にあってこれはまた『和製エミイ・ジョンソン』と呼ぶにふさわしい美少女である。この少女の名は西村あつ子さん（一八）といい中央放送協会に勤めている川越市南町西村淑氏の妹、川越高女を卒業してから女流アマチュア飛行家をめざして今春漸く洲崎へ入校したもの、近く三等飛行士の試験を受けるのだという、三日午後雪に埋もれた飛行場へ西村嬢を訪れると『ワイフ・ビジネスには向かないお転婆ですからせめて飛行機を夫にしたいとの念願から飛行家を志したのです』と紅い気焔をあげた。

事務を片手の練習だから、他の練習生よりも時間がかかり、彼女が二等飛行機操縦士の技倆証明書第五四三号を交付されたのは、昭和一〇年（一九三五）一一月二六日だった。

皐子が二等飛行機操縦士になったとたん、田中校長は、友人の日活プロデューサー・中田晴康に彼女を女優として売りこませた。

その結果、新進の女流飛行家・西村阜子の主演映画『翼の世界』が製作された。共演は二枚目俳優の島耕二、脇役は井沢一郎がかため、逓信省航空局と日本航空輸送㈱が後援として名をつらねた。

映画や芝居など全くの素人《しろうと》だったのに勘がよいというのか、未経験者とは思えない演技力で、周囲の人たちを感心させた。そのため色々な映画会社から声がかかるようになり、航空と関係のない普通映画に二本ほど出演した。

しかし阜子が有名になればなるほど、田中校長は自分の手から阜子が逃げてしまうような錯覚におそわれ、強引に阜子を妻にしてしまった。

昭和一二年（一九三七）一〇月、西村阜子は田中姓になった。同時に映画からも遠ざけられ、飛行機からも降ろされてしまった。操縦指導のほかに宣伝飛行や遊覧飛行などで、アブロ式504型に八六時間、サルムソン式2A2型に二五時間、計一一一時間の飛行時間を要し、今が一番飛ぶことが面白くてたまらない時期だったが、空の生活から降りて、飛行学校長夫人になるしかなかった。阜子二三歳、田中不二雄三五歳の時だった。

お嬢さん飛行家・横山（旧姓久岡）秀子

他の女性飛行家が苦労に苦労をかさねて飛行練習をしている中で、目の玉が飛び出しそうな高額の練習費を無雑作にぽんと支払って、気易く練習できる久岡秀子は、他から見て腹立たしく羨しい存在で「お嬢さま芸」だと陰口をたたかれたものだった。

秀子は東京銀座でフランス料理で有名な風月堂社長・久岡松楠の長女として、大正八年（一九一九）三月二九日、神田で生れ、京橋区銀座五丁目二番一号で育った。

銀座の泰明小学校六年生のとき、健康優良児に選ばれ、その上美貌で学業成績も優秀で真に恵まれた環境の中で昭和六年（一九三一）三月小学校を卒業すると、東京府立第六高等女学校に入学した。

秀子は好奇心が旺盛で、何でもやってみないと気のすまない性格だった。球技にはじまり乗馬、射撃、柔道と色々手を出していた。もちろん家庭の経済に恵まれていたからできたことだろう。その彼女が急に空を飛びたいと女学校四年生の昭和九年（一九三四）一二月満一五歳のとき、洲崎埋立地の東京飛行学校（校長・遠藤辰五郎一等飛行機操縦士）に籍を置いて、操縦練習をはじめた。

しかし東京飛行学校は一等飛行機操縦士の教官が一人、二等飛行機操縦士の助教官二人という貧弱さで、飛行機の機数も少なかったので、わずか半年で、翌一〇年（一九三五）七月六日、高女五年生のとき羽田・東京飛行場にある日本飛行学校（校長・相羽《あいば》有《たもつ》）に移籍した。

横山（旧姓久岡）秀子（17歳）
昭和11年　羽田・東京飛行場で

ここは一等飛行機操縦士の教官が六人も居り、飛行機も六機そろっていた。教官も男の練習生たちも、一六歳の美貌の少女を大切にして教えてくれた。お蔭で昭和一一年（一九三六）一〇月一六日付で二等飛行機操縦士技倆証明書第六三二号を、一一月四日付で同航空免状第六三七号を交付された。満一七歳だから、最年少の女性二等飛行機操縦士の誕生であった。このあと一一年九月三〇日、日本飛行学校操縦科を卒業。その前の三月、高等女学校も卒業していた。

ところが秀子は陸上機だけではあきたらず、水上機の免許もほしくなり、日本飛行学校を卒業するとまもなく、つまり一〇月一三日に、愛知県新舞子の安藤飛行機研究所に入所した。ここは、三年前に松本キクが卒業し、「日本最初の女流水上飛行家」誕生と喧伝された飛行学校だった。

久岡秀子はすでに陸上機で

アブロ式５０４型　七二時間三七分

サルムソン式２Ａ２型　六時間三三分

計七九時間一〇分

の飛行経験があり、基礎ができていたので、安藤飛行機研究所では、13式水上機で練習と拡張試験をあわせて八時間四四分の練習で拡張試験に合格できた。

翌一二年（一九三七）七月七日、日中戦争が始まり、戦局の拡大につれて、父の経営するフランス料理専門の銀座風月堂も材料の仕入れが困難になり、営業も窮屈になってきた。

当然、民間航空業界も燃料の配給がなくなり、昭和一三年末には、どの民間飛行学校も国策に沿って閉鎖しなければならなくなった。秀子も、もはや飛ぶことのできない時代になったのである。

昭和一四年（一九三九）七月四日、一九歳になった秀子は一三歳年上の三二歳の横山巖と結婚した。彼は北海道釧路の生れで、中央大学商科を卒業して昭和四年に特殊製鋼㈱に入社し、わずか六年後に独立して、特殊製鋼㈱を創立して、新進気鋭の青年社長に就任していた。いわゆる秀子は社長夫人に収まったということである。

昭和一六年（一九四一）一二月八日、大東亜戦争（太平洋戦争）が勃発、終戦直前の昭和二〇年（一九四五）一月二七日、B29の集中的な空襲で、父の経営していた銀座風月堂も消失してしまった。父も亡くなっており母は風月堂の権利を秀子夫妻に譲渡し、自分は病身の長男とともに銀座裏通りに「満月」という小料理屋を開業した。

再建された銀座風月堂は、喫茶店を中心にした洋菓子製造販売店に変ったが、場所がよいのと甘い物に飢えていたこともあって繁昌した。

昭和二六年（一九五一）九月八日対日講話条約が締結されると、日本航空㈱が設立された。ノースウエスト航空に運航依託という変則的な会社ながら、敗戦から六年たって初めて日本人が日本の空を飛べる「平和のつばさ」がよみがえったのだった。

横山秀子は、運輸省航空局調査課の航空図書館に通い始め、戦後のアメリカ式飛行方式を勉強した。その甲斐あって昭和二八年（一九五三）五月二五日、まず三等航空通信士第七〇号の免許を、ついで同年九月二二日、ユニークなV型尾翼をもつビーチクラフト式35型ボナンザ単発機で、事業用操縦士技能証明書第二九五号を取得して、戦後の女性パイロット第一号になった。更に同年一一月二八日、二等航空士免状第二八一号の交付も受けた。

そのころ元大日本航空の機長で南方航空路を飛び廻っていた水野哲夫が、仲間とセスナ170型単発機を購入して「中央航空㈱」を設立したが資金不足のため、秀子の夫の横山巖に出資してもらい、横山巖が社長で水野が運航部長ということで新発足した。秀子も取締役に就任したが、世間では秀子の自家用機だと噂されていた。

秀子は、風月堂の仕事の合間を見て、調布飛行場の大和《だいわ》航空（現・伊藤忠航空輸送㈱）でトラベルエアJ

A5071号機で訓練を受け、昭和三五年（一九六〇）一一月一一日、陸上多発の機種限定変更試験に合格して、女性最初の双発機（多発）パイロットの誕生だった。

そんな秀子が、まだ日本復帰ならず米軍の支配下にあった沖縄に、那覇市政四〇周年記念祝賀と第二次大戦の先没将士および民間人の慰霊を兼ねて、昭和三六年（一九六一）五月一九日、双発機で訪問飛行を行い、米空軍司令官エドワード・P・フォート大佐をはじめ地元の盛大な歓迎を受け、三日後の五月二二日、午前八時四五分那覇空港を離陸し、一六時間四五分、無事調布飛行場に帰国した。

沖縄から帰って二ヵ月後の三六年九月には、単発機の教育証明第一六五号を、同一〇月に計器飛行証明第三三八号を取得したから、もはやお嬢さま芸などというものではなかった。

中央航空の基地だった船橋は、競馬場や市街地が近くて、かといって狭くとも拡張ができず航空事故が相ついで発生したため、昭和四四年（一九六九）閉鎖せざるを得なくなり、夫の巖と秀子常務は航空事業から一切手を引き、引退声明を発表した。秀子五〇歳だった。

パイロット・エアガールを経験して日本婦人航空協会理事長に就任した乃位《のぞき》ヤエ

戦前、戦後を通じてある時は女性パイロット、ある時はエアガール（スチュワーデス）、そして今はパイロット兼日本婦人航空協会理事長として一生を飛行機に捧げた女性がいた。その名は乃位《のぞき》ヤエ。

ヤエは秋田県山本郡鵜川村（現・八竜《はちりゅう》町）において大正五年（一九一六）九月一一日、秋田県営林局勤務の父・乃位政吉、母・キサの長女として生まれた。

大正一三年（一九二四）四月角館《かどだて》小学校に入学したが父の職業柄、転勤が多かったので大正一五年（一九四〇）山形県鶴岡市朝陽《ちょうよう》第四尋常小学校三年に転入学した。近所に二、三歳年下の阿部佐太郎という少年が住んでいたが、彼が模型飛行機を作っているのに刺激され、ヤエも見習って模型飛行機を作って佐太郎少年と飛ばせっこをして遊んでいた。

昭和五年（一九三〇）四月、ヤエは山形県立鶴岡高等女学校（現・北高校）に入学したが、佐太郎少年は家が貧しくて中学進学ができないので、高等小学校を卒えてから海軍の少年航空兵になった。それを知ったヤエは自分も空を飛ぶ飛行士になりたいと夢を抱くようになった。更にその頃、外国の女性パイロットが、アメリカやヨーロッパから飛来して日本の新聞を騒がせていたので、外国の女性にできることが日本の女性にできないことはないと空飛ぶ熱望が益々強くなってきた。

しかし、それには山形に居たのでは実現不可能である。やはり東京に出てチャンスをつかまなければと思いながら父に「飛行機乗りになりたいから上京させてほしい」とは言い出せないでいた。

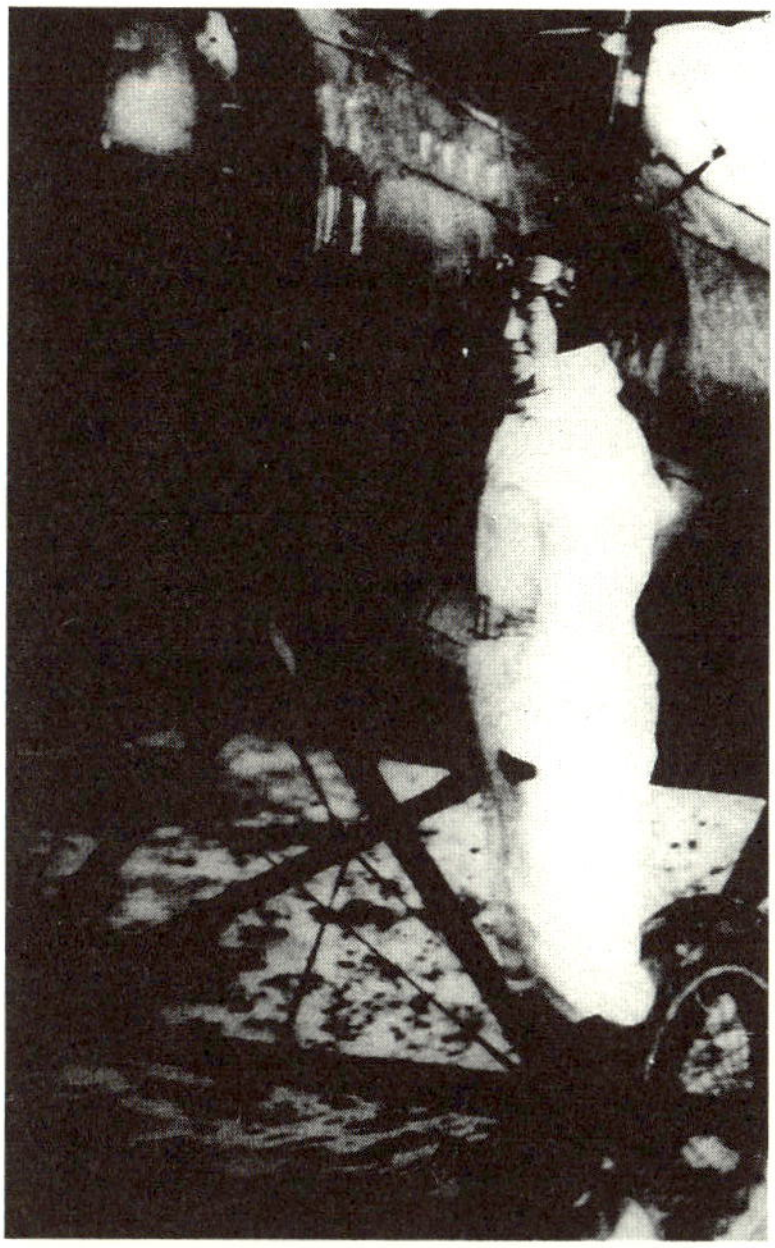

乃位ヤエ（20歳）
昭和12年春・第一航空学校

幸いに卒業間近になった頃、担任の先生から、東京・本郷にある大給《おおぎゅう》子《し》爵邸《しゃくてい》に二年間行儀見習に行かないかと話があったので、「機会」は向こうからやってきたと内心飛び上って喜んだ。両親も、おてんば娘にはいい薬だとでも思ったのか、喜んで賛成してくれた。

大給子爵邸には行儀見習の女性が一二、三人いて、朝から晩まで、掃除や洗濯をするにも帯をきちんと太鼓に結んで衣服をととのえておらねばならない窮屈な邸だったが、ヤエはその合間をみて民間航空界の情報入手に努めたのだった。

父は、そんなヤエに結婚して家庭をもつことを勧めた。そのために若干の結婚資金も用意してある様子が伺われた。ヤエはその結婚資金をぜひ前借させてほしいと懇願し、遂に父も飛行学校への入学を許可し、子爵邸にも暇を出してほしいと願い出、その上毎月百円ずつ千五百円まで学費を出してくれることを承諾してくれた。この頃の千五百円というのは楽に小住宅が二軒は建つ大金だったのである。

昭和一二年（一九三七）一月、青木松次一等飛行機操縦士が校長として経営していた第一航空学校に入学した。

ヤエがアブロ式５０４Ｋ型練習機で初単独飛行を許可されたのは、一三時間三分練習してからだった。飛行時間が五〇時間に達した昭和一二年（一九三七）九月下旬、二等飛行機操縦士の実地試験に合格、一〇月一五日付で二等飛行機操縦技倆証明書第七三七号が交付された。

昭和一二年七月七日、日中戦争（支那事変）が勃発、拡大していくにつれて、純民間飛行学校の存在も次第に影が薄くなってきた。それは今まで航空局が陸海軍に依託して、計一五〇余名のパイロットを養成していたが、これだけでは第二軍としての勢力が弱いので、軍は逓信省航空局に大量の乗員養成を要請したからである。逓信省は昭和一三年六月に、仙台と米子に地方航空機乗員養成所を設立、更に一六年四月熊本、印旛と新潟（整備士養成）に、一七年四月京都、古河、岡山、都城（以上陸軍系）、長崎、愛媛（以上海軍系）そして一八年四月、福山、筑後に、二〇年四月山梨（整備士養成）にと一四ヶ所に地方航空機乗員養成所（二等操縦士養成）を設置していった。なお上級として昭和一五年三月松戸に、同一八年四月福山（機関士養成）に、二〇年六月古河に高等航空機乗員養成所（一等操縦士養成）を設立して終戦までに三千数百人の民間操縦士を養成した。しかし民間操縦士とは名ばかりで、ほとんどが第一線に駆り出され、中でも百八十名位が特別攻撃隊で戦死、その他多くの戦死者を出したのだった。

そういう非常時の時代背景の中で思いがけなくも乃位《のぞき》ヤエに郷土訪問飛行の話が持ち上がった。それは教官の好意で一般国民の寄付金で造られた献納機「学生」号の披露を兼ねて郷土訪問飛行をやらないかということだった。もう少し後にずれていれば、とても郷土訪問飛行などできなかったであろう。

昭和一三年（一九三八）七月一〇日、ヤエは木下豊吉教官に同乗してもらい、献納機13式陸上練習機（ベンツ一三〇馬力）で真室川の練兵場を飛び立ち、鶴岡市上空に達した。母校・鶴岡高女の上にくると、高度を百メートルまでに下げた。東北電力鶴岡支店ビルの屋上には、人文字で日の丸を描いて歓迎してくれた。懐しいわが家の上では、高度数十メートルで旋回した。地上では両親が懸命に手をふっている。あんなに反対していた両親が今では喜んでくれているなーと思うと嬉しくて目頭が熱くなってきた。ヤエが生涯を大空とともに過ごそうと決意したのは、この日の両親の姿をみてからだそうだ。

郷土訪問飛行から帰ったヤエは、母校・第一航空学校の助教として後輩の指導に当たった。しかし六月になって逓信省航空機乗員養成所が設立されると、純民間飛行学校には燃料も部品も配給されなくなったので、やむなく昭和一三年末には、国策に沿って第一航空学校も閉鎖しなければならなくなった。

乃位《のぞき》ヤエは、その後大日本飛行少年団でグライダーの指導に当ったり、大日本航空婦人会の仕事を手伝ったりしていましたが、もはや女性が操縦桿を握ることなど考えられない時代になっていた。

昭和一四年（一九三九）七月、ヤエは大日本航空㈱に女子乗務事務員（エアガール）として入社した。大日本航空㈱は国策に沿って前年一二月一日、日本航空輸送㈱と国際航空㈱とが合併してできた会社であった。

エアガール第一期生五人の採用は昭和一二年七月で、実際に乗務を始めたのは翌一三年一〇月からであった。ヤエは彼女たちより八ヵ月後れて入社したが、第一期生のメンバーに編入され、ダグラス式DC―3型旅客機（乗員四人、乗客二一人）に乗務するようになった。しかしこれも束の間で、昭和一六年（一九四一）一二月八日大東亜戦争（太平洋戦争）が勃発する少し前に、旅客機は軍に徴用され、「時局柄、エアガールなど乗せて機内サービスするなど不適当」との理由で、エアガールは全員、地上勤務に配置替えになってしまった。

戦後、ようやく日本人も飛行機に乗れる時代が来た。昭和二七年（一九五二）五月二四日、ヤエはアメリカの女性パイロットの草分けであるルース・ニコルス指導の下に、日本婦人航空協会の創立に参加。同時に、世界婦人航空協会日本支部としての活動を開始した。ヤエ三五歳のときである。

同年七月一五日、航空法が公布された。ヤエは航空局国際課、調査課などに勤務しながら、航空従事者資格試験の受験勉強を始めた。戦後は戦前取得した操縦士の免許は全く役に立たなくなってしまったからだ。

二八年（一九五三）四月二日、三等航空通信士第三六号、同年五月四日、二等航空士第一〇二号、三一年（一九五六）一月五日、事業用操縦士技能証明書第五〇〇号を取得して、ようやく戦後のパイロットとして一人前になった。

事業用操縦士になって一〇ヵ月後の昭和三二年（一九五七）一〇月二七日、ヤエは二度目の郷土訪問飛行を実施した。

更に一〇年後の昭和四二年（一九六七）五月、日本婦人航空協会理事長に就任したヤエは、六月一一日、大韓航空協会婦人部長・金環梧女史を東京国際空港に出迎え歓迎した。その答礼に今度はヤエが七月二四日、韓国へパイパー式PA―28型チェロキー軽飛行機で京城《ソウル》に向った。途中、大阪経由で小倉に一泊、あくる二五日午後三時四六分、ソウルの金浦空港に到着した彼女を、金環梧女史が出迎え、二人でテレビに出演するなどして大歓迎を受けた。

翌四三年九月、ヤエは今までの航空界への貢献に対して、運輸大臣（現・国土交通大臣）から航空功労章を授与される栄誉に浴した。

昭和四八年（一九七三）四月二一日、日本婦人航空協会と韓国女性航空協会が姉妹提携したのを記念して一〇月、ヤエは会員二〇人と共に懇親のため韓国を訪問した。更にこの姉妹提携を機に、翌四九年八月七日、両協会共催で、四〇年前のこの日、伊豆、玄岳《くろだけ》に激突して非業の死をとげた韓国人女性パイロット、朴敬元《パクキョンウオン》二等飛行機操縦士の慰霊祭を熱海市の医王寺で盛大に営んだ。これらはすべて乃位ヤエと金環梧女史の功績である。

昭和五〇年（一九七五）七月、ヤエは、カナダ在住の協会会員村上千代子と二人で、婦人年を記念して開催されたアメリカ大陸横断レースに参加した。五八歳一〇ヵ月の時である。カリフォルニア州リバーサイドを起点に、アリゾナ、テキサス、オクラホマ、ネブラスカ、イリノイ、オハイオを経由してミシガン州ボインホールまでの五千キロ翔破《しょうは》スピード競争である。結果は百五機参加の中で七五位という成績だったが、不慣れの地形での初参加としては見事なものであった。

今度は、日本婦人航空協会創立二五周年を記念して日本一周飛行を計画した。東京―仙台―函館―札幌―秋田―新潟―福井―出雲―北九州―鹿児島―奄美―那覇―奄美―宮崎―広島―高松―八尾―名古屋―調布のコースを五一年（一九七六）七月二五日から八月二日まで実施した。八機の飛行機で一四人の会員がリレー式に乗りつぐのだが理事長であるヤエは完翔した。

更にヤエは昭和五三年（一九七八）一一月二五日から三週間にわたって、東南アジア親善交換飛行を計画実施した。ヤエは六二歳になっていたが、最初から最後まで飛んだ。使用機は双発のパイパー式PA―31型ナバホ（乗員二人、乗客八人）であった。

乃位ヤエは昭和六一年（一九八六）四月二九日、藍綬褒章を受章した。

第八章　戦前の民間航空会社

明治三六年（一九〇三）一二月一七日、ライト兄弟が、米ノースカロライナ州キティホークでフライヤー一号の動力付き飛行機の初飛行に成功（時間一二秒・距離三七メートル）、明治四三年（一九一〇）一二月一九日、徳川好敏大尉のアンリ・フォルマン機と、日野熊蔵大尉のハンス・グラーデ機が代々木練兵場で動力付き飛行機によるわが国初飛行に成功してから、日本でも俄然《がぜん》飛行熱が高まってきた。

しかし何分にも飛行機は高価なものなので、民間では仲々容易ではない。陸・海軍の飛行機が次々と発展していくなかで、伊藤音次郎の門下生であった井上長一が、大正一一年（一九二二）六月四日、日本航空輸送研究所を設立、同年一一月一五日、横廠式水上機と伊藤式飛行艇を堺―徳島、高松へ定期航空第一便として飛ばした。

これが日本の民間定期航空の最初であり、これに続いて、続々と民間航空による輸送が始まったのである。

日本航空輸送研究所　伊藤飛行機研究所出身の井上長一は大正一一年（一九二二）六月四日、堺市大浜海岸に日本航空輸送研究所を設立し、水上機で堺―徳島間の定期航空を開始した。使用機は海軍払下げの横廠式水上機と伊藤式飛行艇だったが、路線は今治、高松、別府へと延ばし、郵便、貨物を輸送していた。後にユンカースF―13全金属製水上機二機、スーパーマリン、サザンプトン型飛行艇（一九人乗り）を運航して旅客輸送を始めた。

大正一四年（一九二五）三月の暴風で壊滅的打撃を受けたが、よく再建して、より充実したものに発展した。昭和六年（一九三一）三月五日、日本初のエア・ガール（スチュワーデス）三名を採用して乗客のサービスに勤めた。

昭和一〇年（一九三五）堺より大阪に本社を移し、同年四月一日、堺水上飛行学校を開校して乗員の養成も始めた。

昭和一三年（一九三八）一二月、国策会社大日本航空㈱の設立と同時に吸収合併させられた。井上は戦後、極東航空㈱（現・全日本空輸）を創設した。

東西定期航空会　大正一二年（一九二三）一月一一日、朝日新聞社が東西定期航空会を設立した。飛行機は中島式五型を六機、白戸、伊藤の両飛行場から各一機の提供を受け、操縦士も両飛行場から八名の参加を得て、毎週水曜日に大阪と東京（洲崎）の両地から郵便物等の航空輸送を実施した。

大正一二年九月一日、関東大震災で洲崎格納庫が飛行機もろとも二度も焼失した。そこで基地を立川飛行場に移し、以来昭和四年（一九二九）三月まで、毎週三往復の定期航空を実施した。この間、使用機もドルニエ・コメット三機、川崎KDC旅客機二機、三菱MC―1、愛知AB―1などの国産輸送機も使用した。

しかし昭和四年三月三一日、国策会社日本航空輸送㈱の創業に伴い、大阪～福岡間定期路線の権利を日本航空輸送㈱に無償で譲渡し、発展的解消をとげた。

日本航空㈱（川西）　大正一二年（一九二三）四月、川西機械系の日本航空㈱（社長川西清兵衛）が資本金二〇〇万円で設立、海軍から払下げを受けた横廠式ロ号甲型水上機、川西式水上機を使用して、大阪―別府―福岡の定期航空を開始した。なお、川西機械製作所で製作したマイバッハ二六〇馬力エンジンを装備した飛行機は、乗員二名、旅客二名の搭載能力で、最高速度二二〇キロ、巡航速度一七〇キロと、一挙にスピードアップされたので、大正一三年から郵便旅客輸送を始めた。当時、東京―大阪間の汽車賃が六円の時代に、飛行賃は大阪―福岡一三〇円、大阪―別府八〇円だったから、とても普通の人には乗れない高嶺《たかね》の花だった。昭和四年（一九二九）三月三〇日、国の方針に従い、大阪―福岡間定期路線権を日本航空輸送㈱に譲渡して会社は解散した。

東京航空輸送社（後に東京航空㈱と改名）　大正六年ごろから東京の羽田穴守海岸で飛行士の養成を行なっていた日本飛行学校（校長相羽有）が、昭和三年（一九二八）九月、資本金二〇万円で創設、東京・大森―下田間に毎週一回の水上機による定期航空を始めた。

昭和一一年春から、相羽有の令兄相羽芳造ら一族の出資により資本金を八〇万円に増額して東京航空株式会社と改称した。東京航空で特記すべきことは、昭和六年に三人、昭和一一年に二人のエア・ガールをわが国最初に採用したということである。昭和一四年（一九三九）三月二七日、時局の緊迫による民間航空輸送事業の整理統合の国策に従い、大日本航空に吸収合併された。

その後は飛行機生産事業に力を入れることになり、相羽式ツバメ一〇型練習機などを生産しながら終戦まで努めた。

日本航空輸送㈱　大正一一年（一九二二）二月八日、航空局長官に就任した星野三郎陸軍中将は、航空輸送事業に対して特に大きな関心を持った。当時、井上長一主宰の日本航空輸送研究所、朝日新聞社の東西定期航空会や、川西の日本航空㈱などによって内地主要地域相互間の定期航空の路線はあったが、欧米諸国に比較すれば、赤子《あかご》のママゴトみたいなもので、著しい遜色があった。そこで政府主導によって本格的な民間航空輸送事業に伸展させ、内地よりもむしろ日本の植民地（朝鮮・満州・台湾）に航路を拡げるべきだと考えたのである。

昭和二年（一九二七）九月二八日、特殊法人日本航空輸送㈱設立準備調査委員会（会長・子爵・渋沢栄一）が設けられ、昭和三年六月二三日、東京会館で設立準備調査会が開かれ、同年一〇月二〇日、日本工業クラブで日本航空輸送㈱創立総会を開催、初代社長には財界より西野恵之助、常務取締役に官界より最所文二（逓信省経理局長）が、そして取締役に大橋新太郎、大川平三郎、根津嘉一郎、稲畑勝太郎の諸氏、監査役に橋本圭三郎、川西清兵衛、松永武吉氏が就任した。

会社資本金は一〇〇〇万円（二〇万株）とし、八万株を発起人および賛成人で引受け、残り一二万株を一般に公募とした。募集数の一四〇倍に達する申込みがあり申込受付開始即日これに達した。

さらに、昭和三年五月、第五五回臨時帝国議会で、航空輸送補助のため、昭和三年度以降一一ヵ年にわたって総額、一九九七万円支出の件が議決された。

しかし会社の事業開始前に先進欧米諸国の航空輸送会社の状況を視察することと飛行機購入の目的で昭和三年一一月一日から社長西野恵之助は運航主任安辺浩、柴入春吉、大橋武雄、社長令嬢ら五人を伴いドイツ、フランス、オランダ、イギリス、アメリカをまわって翌四年三月一日帰国（四ヵ月）した。

運航は昭和四年四月一日から、と定めてあったが、発注した飛行機が到着しないので、陸軍で偵察機として使用していたサルムソン二A二型機を代用機として払下げを受け、同一機種を東京飛行機製作所や日本電報通信社から借り受けて合計一八機を準備することができたので、四月一日から東京―大阪間毎日二往復、大阪―福岡間毎日一往復、蔚山―京城―平壌―大連間週三往復のダイヤをもって郵便物および貨物のみの航空輸送業務を開始した。

そのうち、かねて外注中であった待望のスーパーユニバーサル機も遂次到着したので、昭和四年（一九二九）七月一五日を期して東京―大阪―福岡間に毎日一往復の旅客輸送を開始した。続いて同年九月一〇日から、福岡―蔚山―京城―平壌―大連間も週三往復のダイヤで旅客輸送を実施するようになった。

その後、飛行艇を輸入して大阪―上海線を運航する予定だったが、支那（中国）との国交情勢が悪化してきたので、これを中止し、台湾行きに変更した。

このように、官民の強い要望によってわが国初の本格的な航空輸送事業として発展してきたが、昭和六年の満州事変に続いて、昭和一二年（一九三七）の日支事変へと日本の戦時体制が進むに従って、その重要性が増大し、政府の支援体制も強化されて、昭和一三年一二月一日、国際航空㈱と共に、国策会社大日本航空㈱に移行したのである。

満州航空㈱　昭和六年（一九三一）九月一八日、奉天《ほうてん》（今の瀋陽《しんよう》）郊外での柳条湖《りゅうじょうこ》事件（張作霖《ちょうさくりん》爆殺事件）が起り中国東北地方を占領した日本が、昭和七年、満州出身の旧清国《しんこく》の幼帝であった薄儀を擁立して同年三月一日（満州国年号を大同元年とする）、蔣介石総統の中華政権より独立して満州国の独立を世界に宣言した。

昭和七年八月七日、満州国を代表して鄭孝胥国務総理、日本を代表して関東軍司令官本庄繁将軍との話し合いで満州航空㈱を設立することになった。その両者の協定は、

一、甲（満州国）及乙（日本）は双方合意の上満州国に於ける旅客貨物、郵便物の輸送並に之に附帯する事業を経営せしめる為航空会社を設立する。

二、航空会社は満州国法律に依る日満合弁の株式会社とし其《その》資本金は三五〇万円とす。将来の事業の拡張に伴ひ之を増額する必要を生じたときは甲乙合議の上決す。

というものだった。

資本金三五〇万円の内容は、満州国が飛行場その他の諸施設を金一〇〇万円に評価して現物出資し、満鉄会社が金一五〇万円、住友合資会社が金一〇〇万円出資ということで決まった。

更に満州国は大同元年（昭和七年）銀四〇万円、大同二年、銀一〇〇万円、大同三年、銀一四〇万円、大同四年以降銀一七〇万円を満州航空に対して補助金を支出することになった。

こうして昭和七年九月二六日、日満合併による資本金三五〇万円の満州航空㈱が誕生したのである。

創立当初の役員は、社長に栄源、副社長児玉常雄、常務取締役麦田平雄、取締役石本憲治、川田順、楊史緒、根橋禎二、安辺浩、監査役に大屋敦、佐久間章、周倍炳の各氏が就任した。

昭和七年一一月三日（明治節、現文化の日）の佳き日を選んで、スーパーユニバーサル旅客機を主力として、新義州（現朝鮮民主主義人民共和国北西部の工業都市）―奉天（中国）―新京（現中国長春市）―ハルビン（中国黒竜江省の省都）―チチハル（中国黒竜江省西部の工業都市）間週三往復のスケジュールで運

航を始めた。
その後、新京を中心に四方に航空路を延伸するほか、航空写真測量、航空機工業（機体、発動機等の応急修理作業）にも手をのばし終戦まで続いた。

国際航空㈱　昭和一二年（一九三七）八月全額満州航空㈱の出資（資本金五百万円）で国際航空㈱が設立された。南方航空路たる印度経由線はすでに英・仏・蘭の三国で実施しており、北方航空路たるシベリア経由線はソ連邦（ロシア）の介在によって阻《はば》まれているので、日満独の連絡航空路は、わずかに蒙古《もうこ》新疆を横断する中央経由線しか残っていなかった。そこで昭和一二年、満州航空㈱取締役永淵三郎とドイツ・ルフトハンザ社長との間に、本経由線による相互乗入れの話がもたれ、新会社を設立して、東京を起点とし、ベルリンを終点として、その間、新京（現中国吉林省長春市・当時は満州の首都）—安西—カブール（アフガニスタン共和国の首都）—バグダッドおよびロードス（ギリシア東部）を経由地とすることになった。

本社は新京に置いたが、折り悪しく日華事変（日中戦争）が勃発し、その戦火は華北から各方面に拡大された為、中国領内の予定寄航飛行場の使用は不可能になり、また一方ではヨーロッパの情勢もドイツをめぐって次第に険悪化してこの計画はゴビの砂漠の彼方に泡沫と消えてしまった。特記できるのは昭和一三年四月二三日より二九日にわたって、ドイツで購入したハインケルＨｅ一一六型輸送機二機のベルリン—東京間の南回りコースによる空輸を企画し、幸いイギリス政府の了解を取り付けることができたのでこれの実現を見たことである。

昭和一三年一一月、日本航空輸送会社と合併して、大日本航空㈱が誕生したのである。

恵通航空公司　昭和八年（一九三三）五月三一日、日本の関東軍と、国民政府軍事委員会北平分会との間に「塘沽停戦協定」が結ばれ、日華両軍はそれぞれ所定の位置まで後退し、挑戦的な行為に出ることを互いに固く禁ずる旨を約束した。

これに基づき、昭和一一年（一九三六）一〇月一七日、北支那駐屯軍が仲介斡旋の労をとって、在天津《てんしん》堀内総領事と河北の防共自治政権である冀察政務委員会の宗哲元委員長との合意が成立し、満華合弁の航空会社を設立することとなり、昭和一一年一一月七日、満州航空㈱と冀察政務委員会の共同出資によって資本金四〇〇万元の恵通航空公司（本社天津、昭和一三年一月から北京に移転）が設立された。そして直ちに同年一一月一七日から天津—大連線、北京—錦州線、天津—承徳線の三路線に運航を始めた。

しかし、この恵通航空公司の設立については国民政府（蔣介石《しょうかいせき》総統）は、日本の強圧により冀察政務委員会が屈服したものと断じ、日本の対華侵略政策の拡大であると激しく非難、強くこれに反対して、抹殺しようと工作した。

この困難な情勢下、恵通公司は隠忍を続けてよくわが国の航空権益を死守していたが、日華事変（日中戦争）が勃発したので、昭和一三年一二月一六日設立した中華航空に併合された。

中華航空㈱　昭和一二年七月七日夜半、北京郊外蘆溝橋《ろこうきょう》畔付近で日本と中国の軍隊が衝突、これが日中戦争のきっかけとなる。昭和一三年一二月一六日、中華民国臨時政府より王蔭泰、張爾康、呉仲賢の三氏、同維新政府より江洪杰ほか一二氏、蒙彊《もうこ》自治政府より金井章三、杜運宇、伊藤祐の三氏、大日本航空（この年一二月、日本航空輸送は国際航空と合併して社名を改称していた）側から斉藤武夫、森村勇の四氏、恵通航空公司より児玉常雄、辻邦助、新井三郎、秋沢穂の四氏がそれぞれ設立発起人となって会社設立の具体化のための発起人総会を開き、同月一七日、資本金六百万円で中国法人（日華合弁）としての中華航空株式会社の誕生を見たのである。出資は

中華民国臨時政府	一八〇万円
中華民国維新政府	二〇〇万円
蒙彊連合委員会	二〇万円
大日本航空株式会社	一〇〇万円（現物出資）
恵通航空公司	一〇〇万円（現物出資）

設立後の中華航空は、北は蒙彊、華北より、南は華中、華南に及ぶ広大なわが占領地域の要衝を結ぶ航空路を設定した。その後発展を続けたが、中国における航空輸送事業の基盤を画期的に強化するため、昭和一四年（一九三九）九月一一日、資本金を一躍五〇〇〇万円（元）に大増額した。

大日本航空株式会社	二九〇〇万円
中華民国維新政府	一〇〇〇万円
中華民国臨時政府	一〇〇〇万円
蒙彊連合自治政府	一〇〇万円

こうして特殊法人となった当初の役員は次の諸氏だった。

総　裁　児玉常雄
副総裁　辻邦助、胡祁泰
常務理事　安辺浩
理　事　新井三郎、秋沢穂、吉田忠郎、于景陶、中山頼道、張爾康、謝文達、杜運宇、斉藤武夫
監　事　森村勇、呉仲賢、祝伊才、伊藤祐
顧　問　小池筧

中国大陸の運輸交通は広大な地域において道路・鉄道等は、抗日ゲリラ部隊によってしばしば破壊され、交通の動脈としての役割は期待できず、また一般の治安状況も決して良好ではなかった。このような事情下航空輸送こそがもっとも適切な交通手段であった。かくして中華航空は終戦まで目ざましい活躍を続けたのである。

大日本航空㈱　わが国をめぐる国際情勢の推移とともに航空輸送はますますその重要度を加えてきたので、日本航空輸送㈱ではすでに日満両首都を結ぶ特急便をはじめ、北京、上海、南京等の中国枢要都市での連絡便として、新鋭旅客機のダグラスDC－2型、ダグラスDC－3型をはじめ、ロックヒード14WG3型や中島AT－2型機等を投入して、その輸送力の増大を図っていたが、日本航空輸送はもともと私法人組織で経営されていたので、この切迫した非常態勢の中ではもっと軍部の意志に沿った航空会社を設立して、これに国家援助を集中的に加え得る体制の必要性がとなえられる時代になった。

そこで昭和一三年（一九三八）一〇月五日、逓信省は、従来の航空輸送事業の面目を一新し、これを一元統合化し、事業の基礎を一層強固にする必要があると発表し、従来の日本航空輸送株式会社と国際

航空株式会社を統合併させ、大日本航空株式会社を新発足させることになった。

新設の大日本航空㈱の資本金は二五五〇万円とし、このうち現物出資として、日本航空輸送一〇〇〇万円、国際航空五〇〇万円、計一五〇〇万円のほか、日本航空輸送が現金一〇〇〇万円を引き受け、端数の五〇万円は一般から募集することになった。こうして、昭和一三年一〇月二〇日、東京会館で第一回発起人会を開催、続いて一〇月二八日、第二回発起人会を開き、一一月二八日、飛行会館で創立総会を開いた結果、取締役会長に大谷登（元・日本航空輸送）、取締役社長に斉藤武夫（元・日本航空輸送社長）常務取締役に片岡直道の三氏が選任され、昭和一三年一一月三〇日設立登記が完了した。

更に大日本航空株式会社法が制定され資本金を一億円とすることになり、そのうち三七二五万円を政府自ら出資し、一般から三七二五万円を募集して特殊法人となり昭和一四年（一九三九）八月三一日付をもって登記が終り、ここに改めて特殊法人大日本航空株式会社が発足の第一歩を踏み出したのである。そのため「総裁及副総裁ハ勅裁ヲ経テ政府コレヲ命ジ、ソノ任期ヲ五年トス」と定款に定められ、最初の役員には次の人々が就任した。

総　裁　中川　健蔵
副総裁　斉藤　武夫（大日本航空社長）
総務理事　片岡　直道（大日本航空常務）
常務理事　有地十五郎
同　中川　泰輔
常任監事　長谷川孝治

こうして新しく発足した特殊法人・大日本航空株式会社は国内線はもとより満州・台湾・中国の一部に組織を拡げていった。

東京支所（東京工場・青森出張所・名古屋出張所・長野出張所・仙台出張所・新潟出張所）

横浜支所

大阪支所（大阪営業所・大阪工場・徳島・鳥取・高知・松江・金沢・米子・富山各出張所）

福岡支所（福岡営業所・福岡工場・那覇出張所）

札幌支所

京城支所（京城営業所・新義州・大邱・咸興・平壌・清津各出張所）

大連支所（大連営業所・大連工場）

台北支所（台北営業所・屏東・宣蘭・台南・花蓮港・台中・台東・馬公各出張所）

上海支所（上海営業所・漢口・南京各出張所）

パラオ支所（サイパン出張所）

このように民間航空の発達と、太平洋戦争の陸・海軍部に多大な協力と功績を挙げながら敗戦とともに約一七年の歴史にその幕を閉じたのである。

第九章　戦前のエア・ガール

昭和の初め頃、日本ではモダンガールとか、マネキンガール、バスガールというように、何々ガールという言葉が流行《はや》っていたので、航空会社の「女子乗務事務員」のことを「エア・ガール」と呼んだ。今の「スチュワーデス」のことである。

わが国最初のエア・ガール

東京航空輸送社（後の東京航空株式会社・社長相羽有）では、その経営する東京―下田―清水間の定期水上旅客機にエア・ガールを昭和六年（一九三一）四月一日から乗組ませる目的で、わが国最初のエア・ガール三人を募集した。ところが二月五日午後二時から東京市芝区本郷町（当時）の飛行館鳩の間で行われた採用試験には、なんと一四一名の美女が集まり関係者を驚かせた。

審査委員席には長岡外史将軍、松永日本学生航空連盟会長、北村兼子女史、婦人飛行家朴敬元《パクキョンウオン》嬢、井上長一日本航空輸送研究所長、道永帝国飛行協会主事などの有名人がズラリと並んで、この日は第一次試験として一〇人を選んだ。

三月五日第二次試験が東京市外大井町鈴ヶ森海岸の中島水上格納庫で行われ、この日は体格、注意力、研究心などについて厳密な検査が行われ、その結果、次の三嬢が合格した。

本山英子（一九才）、横浜フェリス高等女学校を三月卒業予定。

和田正子（一九才）、東京府立第一高等女学校を三月卒業予定。

工藤雪江（一九才）、本郷綿秋高等女学校を三月卒業予定。

採用された三人は早速三月下旬から一〇日間、鈴ヶ森海岸の中島水上飛行場で旅客機に乗って実地訓練のうえ、四月一日から定期水上旅客機に乗務することになった。

しかし今のスチュワーデスのように、機内で食事や飲み物のサービスをしたりすることはできない。なにしろ当時の飛行機は航空局貸下げの愛知AB一型四人乗り旅客機ですら、客室内に通路もなければ、茶菓のサービス設備もありません。ただ客席に相乗りして笑顔で「女の子がニコニコして乗っているのだからこの飛行機は安全なのだな」と乗客に安心感を与え、同時に地上の風景を説明するのがエア・ガールの仕事であった。

当時の逓信大臣小泉又次郎（昭4・7・2〜昭6・12・13、現総理大臣小泉純一郎氏祖父）も、このエア・ガールの案内で、東京上空を遊覧飛行した。

東京航空輸送社が従来の相羽《あいば》有《たもつ》の個人経営から資本金八〇万円の東京航空株式会社と改組されてから昭和一一年（一九三六）四月三〇日、四〇名の応募者の中から、小野田陽子（二〇歳）、加藤芳枝（一九歳）の二人をエア・ガールとして追加採用した。

この頃は、今のように女性が職場に進出して目ざましく活躍する時代ではなかったので、ジャーナリストたちに「空駈《あまか》ける天女」ともてはやされ、乗客たちから「サイン」を求められたり、若い女性の花形職業として、脚光を浴び、あこがれのマトとなった。

日本航空輸送で本格的にエア・ガール採用

国は本格的に航空機による旅客輸送を考えていたが、その為には従来のような客室四名という小型飛行機では採算面からも航続力からも無理であった。したがって昭和一三年の暮頃までに日本航空輸送㈱と国際航空㈱を合併させ、大資本による大型旅客機の時代に移行し、幹線航空路を拡張したいと計画した。しかしそうなると乗客への機内でのサービスが必要となる。そこで会社は、これに応じた女子による機内サービスの制度を設け、東京・福岡及び台北の各支所に配属して大型機に乗務させることにした。

合併に先き立って昭和一二年（一九三七）七月、エア・ガールの募集が行われ、二〇〇〇人余りの応募者から九人を採用、正に東大入試以上の難関である。

昭和一六年（一九四一）には大日本航空福岡支社でエア・ガール三期生を募集して一五〇名の中から五人採用され、愈々外国航空路にも飛行する陣客が整った。

当時のエア・ガールの乗務配置内容は、（大日本航空社史「航空輸送の歩み」）によると

◎東京支所　東京―福岡。東京―米子―京城（ソウル）―新京（長春）。

（　）は結婚後の姓。

関口かほる（小　林）、矢島　照子15年死去

保坂嘉祢子（和久田）、乃位《のぞき》　野衣《やえ》

岩田　佳子（西　田）、飯島　綾子（池　田）

山本　芳江（佐　藤）、加藤千代子（中　村）

植松喜代子（伊　藤）、藤井　瑞枝

◎福岡支所　北京―青島―福岡―上海―南京。福岡―那覇―台北。福岡―京城（ソウル）―新京（長春）。

立石　信子（岡　村）、藤尾はるゑ　20年死去
鈴木千代子（徳　田）、天本まり枝（比良松）
平井　保子（黒　木）、松岡　節子（杉　山）
岡部　熊代（江　島）、毛利百合代（森　元）
原　　恵子（江　守）、平井　幸枝（河　原）
進藤　みや（高　崎）、20年死去、小樋喜久子
滝口キミエ、福地猪代子
牟田　峰子（相　田）、20年死去、篠原　郁子（宅　島）
関口　春子、岩尾登茂枝（高　瀬）平成11年死去
戸次紀久子、20年死去、印藤千枝子

◎台北支所　台北―那覇―福岡。

波多　美和、渡辺　信子
村田　千鶴

◎大連支所　大連―京城。

難波智恵子、　　　　　繁　　豊子

等であった。

エア・ガールの仕事

当時のエア・ガールの仕事は、現在のスチュワーデスのように、制服姿で颯爽《さっそう》と飛行機に乗り込むわけではない。地上での仕事もなかなか大変だった。一人ずつ体重と手荷物を測る。手荷物は一〇キロまで無料で、行く先別に荷札をつける。

その頃の大型機と云っても、ダグラスＤＣ—二型機で乗員四名、旅客一四名というもので、現在のローカル便並みだが、当時としてはこれが大型機だったのである。高度は二〇〇〇から三〇〇〇メートル、最大速度三二〇キロメートルというもので気流が悪くよく揺《ゆ》れた。そこで機内では、はじめに耳綿とカルミン（清涼錠剤）を配った。また飛行機に酔った乗客が居れば、嘔吐《おうと》用の袋や薬を持って走らなくてはならない。

その頃の機内は騒音が激しく耳綿をしてもあまり利き目はなく、お客の耳もとに口を近づけてアナウンスする始末だった。

とにかく彼女たちが落ついて微笑を浮かべながら、新聞、雑誌の配布、食事から茶菓のサービス、機上からの景観の説明や税関の手続等に至るまでの日本女性特有のきめ細かいサービスを機内で行なったことは、空の旅の魅力を大きくしたうえに、乗客に安心感を与えていたのである。

エア・ガールのエピソード

（その一）

第一期生の関口かほるは、羽田発、六時三〇分の一四一便で福岡便に搭乗するには午前三時半には家を出なくてはならなかった。国電で蒲田駅まで出て、そこから会社の車で羽田に行くのだが、家から駅まで三〇分の道を歩かなければならなかった。街の灯も霞んで見える霧の濃い朝のことである。人通りのない道を歩く怖さと、一番電車に乗り後れてはならない気忙しさで無中で歩いていると、「オイ、コラ」と声をかけられた。振り返ってみると巡査が立っている。昔のお巡りさんは、このように威嚇的であった。（実は発足当時の警官は鹿児島県出身者が多く、オイ、コラというのは鹿児島弁だった）まさか私のことではあるまいと思った関口がなおも急いで歩くと、「オイオイ、コラコラ」と腰のサーベルをカチャカチャと鳴らしながら追いかけてくる。若い娘がこんな時間に一人で歩いているのだから、保護監督の必要があったのだ。

エア・ガール１期生の関口かほる

「大日本航空の女子乗務事務員でこれから旅客機に乗務するのです」と答えてもすぐに理解ができない。証明になるような身分証明などを見せても、霧の中のお巡りさんは近眼の上、まだ外は暗いので、なかなか信じてもらえない。ようやく分って「すまん、すまん」と詫びられて解放されるまで、随分と手間がかかってしまった。

（その二）

乗客の体重は七〇キロが計算基準だったが、百キロのお相撲さんでも運賃の割増しはなかった。そのかわり、小柄で体重の軽い人の中には、その分だけ手荷物を増やしても良いでしょう、と駄々をこねる人もいて、それを宥《なだ》めて説明するのが大変だった。

（その三）

今のように、航空知識が普及していなかった時代なので、乗客から見れば、駅のホームに入ってきた汽車のように、目の前にあるのが自分の乗る飛行機だと思ってしまう人がいた。中継地だった福岡で、ずらりとDC―三型が並んでプロペラが回っていたりすると、慌《あわ》てて、案内放送など耳に入らず、目の前の飛行機に乗り込んでしまうのだ。

（その四）

あるとき、福岡から東京への便で、飛行機が大阪上空を過ぎてから、「私は大阪で降るのに、飛行機は通過してしまった。」と、どなっている客がいる。この人は大阪行きと、東京直航便とまちがえて乗ってしまったのだ。止むなくこのお客には東京見物をしてもらって、翌日の便で大阪へ送り返すこととなった。

（その五）

先にも記したように、機内では、はじめに耳綿とカルミンを配った。乗客の中には飛行機に乗った一生一度の思い出にと、この耳綿とカルミン、そして機内で配られる食事やお菓子にはいっさい手をつけず、紙コップまでも記念に持って帰る人もいた。

（その五）

エア・ガール植松喜代子が乗務したときのことである。機内で食事を配っていると、品の良い老紳士が、彼女を呼んで名前を聞いた。そして矢立てを出して、色紙にすらすらとしたためてそれを渡してくれた。みると、

植えられし、松も栄ゆる喜びを

千代につたえん大和撫子

と、植松喜代子の名前が歌い込んであった。

（その六）

福岡支所の原恵子の乗務中の話である。

すでに日華事変中だったので、乗客の大半は軍人か軍属で、民間人は三分の一ぐらい。その中に渋い着物姿で、一見、商家のご隠居さん風の人が、伊勢の上空にさしかかると、履物を脱いで、きちんと座席に座りなおした。伊勢神宮の上を下駄履きでは失礼になるというわけである。

（その七）

あるとき、飛行機に乗るのは始めてだと言って、よろしくお願いします。と恐縮するほど丁寧に挨拶をしたその人は、新京行の航空券を持っている。ところが、突然「急に用事を思い出しましたので、済みませんが大阪で降ろして下さい。」と言うなり、汽車で途中下車するようにいともさりげなく、すぐにも扉を開けようとしますので、エア・ガールは飛びあがらんばかりに驚いて、懸命になってそんなことはできないのだと説明して、やっとわかってもらったが、汗びっしょりで笑うどころの話ではなかった。

このエア・ガールの中には、二等飛行機操縦士の資格を持ちながら国策により女性なる故に飛行機に乗れなくなった為にエア・ガール第一期生になった乃位野衣《のぞきやえ》も入っていた。彼女は、戦後もいち早く自家用操縦士の資格を取得して、日本婦人航空協会理事長になり国内は勿論、アメリカの上空も飛び廻った人である。

また、この頃の飛行機は事故もたくさんあったが、DC—三型にエア・ガールが乗っていての事故は不思議と一度もなかった。乗客の中には「君たちマスコットが乗っているから絶対安全だ」と笑って握手を求めてくる人もおり、また乗員の中にも彼女らに「不時着娘」とあだなをつけ「エア・ガールとフライトすれば絶対に落ちない」というジンクスまで生まれた。

しかし、この乙女たちのやさしいサービスも、永くは続かなかった。折からの日華事変は拡大し、戦争の黒雲が日一日とわが国の空を蔽うようになると、軍の方から、エア・ガールなど乗せて機内サービスをするなど時局がら不適当であると会社に対してエア・ガールの搭乗を中止するよう強い示唆を受けることになる。日航もやむなく彼女たちの機内勤務を昭和一六年（一九四一）一二月で中止し、地上勤務に変更してしまった。

満州航空でもエア・ガール誕生

昭和一三年一一月、エア・ガール募集の新聞記事を見て、百名余りの応募者の中から、木村澄江、新井文子、清野マス子、平山文の四名が合格、その数ヶ月後に横山美佐子、中西千代子、普久嶺貞子の三名が入社して合計七名で大連の周水子飛行場から一週間の内二日乗務、五日間地上勤務をするようになった。その間、ハルピン管区の先輩伊藤澄子、上村キヨ子、奉天管区の永元節子、佐々木らから機内サービスの指導を受けた他に永田重治一等操縦士（逓信省陸軍依託第一期生卒）らから機上員としての教育を受けたのである。

満航が使用していた旅客機は、ドイツ製のユンカース八六型一〇人乗だった。現在のジェット旅客機から見ればオモチャのようなものだが、当時としては最新鋭の飛行機で一朝事あれば、直ちに爆撃機に改装できるものだった。

約一年後、新京（長春）から奉天（瀋陽）、京城（ソウル）、福岡へ飛ぶコースができたため、新しく池尻、湊、佐藤ら数名が採用されたが、結婚して辞めていく者、事故で殉職する者など悲喜こもごもの中に終戦を迎え、飛行場も飛行機もソ連軍に占領されてしまった。

戦後の翼友三路会

昭和16年夏、南京飛行場での松岡節子

エア・ガールの中には操縦士と結婚する者、乗客から求愛され結婚する者、軍人と結婚する者など色々あった。何しろ才色兼備《さいしょくけんび》（すぐれた才知と美しい容姿をもっている）の上に、時代の先端をいく女性であこがれの職業なので、引く手あまただったことは想像にかたくない。
戦後、それぞれ別々の道を歩くようになったわけだが、旧大日本航空の社員の親睦会が年一回各地で開かれ往時をしのんでいる。
陸路、海路に次ぐ三番目の路、空路にちなんで三路会と名づけられていたのである。
去る平成元年（一九八九）六月一八日の父の日に、ＪＲ博多駅前のホテルで開かれた翼友三路会には、かつての操縦士、機関士、航空士、通信士、エアガール、整備士、事務員などが集り、往時をしのびながらお互いの境遇を語り合ったが、この会の縁で新しいカップルが生れ、みんなの祝福するなかで、ささやかな結婚の披露があった。

新郎は、元逓信省松戸高等航空機乗員養成所機関科三期生卒で、一等航空整備士、航空機関士として大日本航空福岡支所に勤務していた杉山均、そして新婦は同じく大日本航空福岡支所にエア・ガール三期生として上海、南京、京城（ソウル）を飛び回った一宮（松岡）節子。共に六〇歳を過ぎての再婚ながら四五年ぶりに結ばれた〝空の仲間〟のおめでただった。

第十章　逓信省陸・海軍依託航空機操縦生制度

第一部　帝国飛行協会依託練習生

大正元年（一九一二）秋に、奈良原三次男爵の門下生であった伊藤音次郎（大阪）が、東京湾に面した千葉県稲毛海岸が干潮時に広大な面積の干潟となるのに目をつけ、わが国最初の飛行研究所（民間航空訓練所）を開所して、航空発祥の基を開いた。その後、次々と個人経営による飛行訓練所が増えてきたので大正元年一一月二五日設立の日本航空協会と合併して同志により大正二年四月二三日、「帝国飛行協会」が設立されたのだった。

そして同協会主催によって、飛行競技大会などを催して航空思想の普及に努めたが、なにしろ今までの民間航空は自作の飛行機で、教えてくれる教官もなく我流で操縦していたので、協会として本格的操縦士を養成しようということになった。

方法は陸軍に依託して所沢飛行場で陸軍飛行教官の指導によって、一〇ヵ月間訓練するというものである。

大正四年（一九一五）六月に入所した第一期生は、のちに参議院議員、日本航空協会副会長、戦後は日本航空㈱取締役、阪急航空会長等を勤め、民間航空の黎明期から戦後の民間航空の発展に寄与した尾崎行雄と、訓練中プロペラの木くずが飛んできて右目に突き刺さり失明のおそれがあったため途中で退所した陸軍中尉扇野竹次の二名であった。

大正五年（一九一六）入所の第二期生は、モ式ルノー七〇馬力で東京―大阪間を無着陸で飛行した後藤正雄陸軍少尉と、大正八年（一九一九）東京―大阪間郵便飛行に中島式ホールスカット一二〇馬力で優勝し、同一〇年（一九二一）津田沼飛行場で自家用機「アキラ号」で宙返り飛行練習中墜落死した佐藤要蔵の二名。

大正六年入所の第三期生は、のちに亜細亜《あじあ》航空学校を興して校長として多くの人材を育てた飯沼金太郎、日本最初の一等飛行機操縦士の資格を取得、太平洋横断飛行の訓練中、佐賀県で墜落惨死した後藤勇吉、そして田中六郎の三名。

しかし、この帝国飛行協会の依託練習生制度は、資金の関係でこの三期生までで終了となった。

第二節　逓信省陸・海軍依託航空機操縦生制度始まる

民間航空の将来的な発達が予想され、大正九年（一九二〇）八月一日、陸軍省の外局として航空局が発足、飛行機機体、発動機、プロペラー、計器類の製作指導や検査、そして民間飛行機操縦士免許（一等―三等）試験等が行われるようになった。

そこで、民間航空界育成のため国費をもって民間航空の操縦士を養成することになったが、陸軍省の一部局にすぎない航空局では到底自力で乗員を養成する資力がないので陸軍へ依託することになる。

依託操縦生の採用は陸軍系から所沢陸軍航空学校で始められ、昭和一三年（一九三八）一一月、逓信省地

方航空機乗員養成所が開所するまで続いた。（18期生まで）

大正一〇年（一九二一）一月八日、所沢陸軍航空学校に依託された一〇名は、機体、発動機の原理、構造、ニューポール83型ル・ローン80馬力エンジンの分解組立、気象学、航法等の座学実習を二ヵ月間みっちり学び、ローン80馬力エンジンのついたニューポール単葉機で滑走練習、同型一葉半、二座席の練習機で飛行練習、続いてニューポール81型一葉半で螺旋降下《らせんこうか》、垂直旋回《せんかい》の技術を習い、サルムソンA２型（二三〇馬力）で宙返り、上昇転倒、上昇反転等の高等飛行をマスターして、同年八月三一日、卒業証書と二等飛行機操縦士の免許が付与された。

従来の七、八時間で卒業させていた個人の飛行学校に比べ、実に平均練習日数一一一日、練習時間三八時間二〇分という本格的なものだった。

この第一期生の中から世界一周飛行の「ニッポン号」の機長を勤め、昭和二七年（一九五二）航空再開と共に初代の東京国際空港長になった中尾純利や、航空大学校長になった国枝実らがいた。

大正一二年（一九二三）、航空局は従来の陸軍の所管から逓信省に移され、本格的に民間化したのを機に、海軍系の依託制度も設けられ、神奈川県横須賀市に近い追浜《おっぱま》の海軍航空隊に依託されることになった。従って今まで陸軍系に一〇名が依託されていたものを大正一三年から陸軍・海軍共に五名ずつの依託に変更された。

海軍系では、横廠式イ号、ロ号水上機による訓練が始められ、陸軍系と同じく逓信省地方航空機乗員養成所が発足する昭和一三年一一月まで続いた。（16期生まで）

陸軍系九九名、海軍系六四名、合計一六三名（昭和五九年一一月二〇日付、交星会の記録より）が二等飛行機操縦士として巣立ったわけである。ただし昭和一四年度は二等飛行機操縦士から一等飛行機操縦士への教育（陸19期、海17期）が行われた。

依託操縦生は年令一七才から一九才までの徴兵検査前の未婚男子に限られ、旧制中学校三年修了程度の国語、数学、物理、化学、英語の学科試験と、体格検査、適性検査に合格した者が選ばれていた。

第三節　航空機関士養成も始まる

大正一三年（一九二四）一〇月、逓信省令によって航空機関士養成規則制定が交付され、機関士の養成も始めることになった。

この規則は、甲種工業学校機械科卒の者が受験資格を有し、合格者は二年間、東京府立工芸学校に依託され、航空機関の実技教育を受けることになった。一期生は一〇名が採用され、卒業生の中には、昭和一二年（一九三七）四月、亜欧連絡飛行「神風号」で有名な塚越賢爾、A26で長距離飛行の長崎清らがいた。

昭和一四年（一九三九）頃から戦局はますます緊迫の度を加え、毎年一〇名位の小人数養成では間に合わなくなったので、昭和一五年に第一一期の採用でこの制度に終止符を打ち（卒業生、およそ一六〇名）、高等航空機乗員養成所機関科で多数養成することになったのである。

なお、航空局はこのほか、名古屋飛行学校、阪神飛行学校、天虎飛行学校、堺飛行学校等、民間の飛行学校にも依託して若干の乗員を養成してきたが、これも昭和一三年、航空局直轄の「航空機乗員養成所」が開設されるに及んで、名古屋飛行学校は昭和一四年六月一五日付、亜細亜飛行学校は同年八月三一日付で終えんを遂げ、阪神飛行学校は昭和一四年三月の三期生から米子地方航空機乗員養成所阪神分校となったが、同一五年八月閉校したのである。

逓信省陸・海軍依託航空機操縦生一覧表

卒業人員数　陸軍99　海軍64　合計163名

陸軍

期	18	17	16	15	14	13	12	11	10	9	8	7	6	5	4	3	2	1
始業年月日	13・4・1		11・2・1	10・3・1	9・3・1	8・3・1	7・3・1	6・3・2	5・3・1	昭4・3・1							11・1・	大10・1・6
卒業年月日	13・11・30		11・9・26	10・10・25	9・10・25	8・10・25	7・10・25	6・10・26	5・10・25	4・10・16	3・9	2・12	昭2・1 15・12	14・10	13・9	12・7	11・9・15	大10・9・1
始業人員数	16	4	4	4	4	4	4	4	4	4	4	4	4	5	5	10	10	10
卒業人員数	16	4	3	4	4	4	4	4	4	4	3	3	2 2	5	5	10	8	10
記事			罷免1								※罷免1	※罷免1					殉職1 罷免1	

海軍

期	16	15	14	13	12	11	10	9	8	7	6	5	4	3	2	1	｜	｜
始業年月日	13・4・1	12・4・1	11・4・1	10・4・25	9・4・20	8・5・15	7・5・20	6・5・20	5・5・20	4・2・6	昭3・1・10	15・11・3	15・1・15	14・1・27	13・1・15	大11・12・1	｜	｜
卒業年月日	13・12・20	12・12・21	11・12・20	10・12・20	9・12・15	9・2・20	8・2・28	7・3・29	6・3・27	4・11・22	3・11・22	昭2・7・14	15・10・14	14・10・10	13・9・18	大12・7・23	｜	｜
始業人員数	9	4	3	4	4	4	4	4	4	4	4	4	3	5	5	5	｜	｜
卒業人員数	8	4	3	4	3	4	3	4	3	3	4	4	2	5	5	5	｜	｜
記事					罷免1		罷免1		罷免1	罷免1			罷免1				｜	｜

備考

1．本表は、所沢陸軍飛行学校沿革の大要（所沢陸軍発行学校編）、海軍航空沿革史（海軍航空部編）、海軍省年報（海軍大臣官房編）、日本航空史坤（航空協会編）、交星会会員名簿（注：依託操縦生の会）により馬詰太郎氏が作成したもの。
2．教育場所　陸軍：16期まで所沢陸軍飛行学校、17、18期熊谷陸軍飛行学校
　　　　　　海軍：1、2期横須賀海軍航空隊、3期以後霞ケ浦海軍航空隊
3．陸軍の始業年月日、卒業年月日、始業人員数欄中、空白は史料がなく不明。
4．※印：罷免1又は殉職1と判断される。
5．陸海軍への依託教育は、逓信省地方航空機乗員養成所の創設に伴い昭和13年度で新人に対する教育は修了し、昭和14年度は2等操縦士から1等操縦士への教育（陸19期、海17期）が行われ、以降中止された。

（この表は陸委18期・元米子地方航空機乗員養成所教官・馬詰太郎氏作成）

第四節　逓信省陸・海軍依託航空機操縦生の活躍状況

▼大正一〇年度（陸軍依託1期生＝10名）（　）は卒業後の就職先

伊藤　治郎（日航）陸軍依託操縦生第3・4期生の操縦教官。三菱重工テストパイロット。大日本航空機長。本社補給課長。第一運営局副参事で終戦。昭和三一年、日本航空協会嘱託。昭和五八年一二月八日亡。

小川　寛爾（南航）陸軍依託操縦生第2・3期生の操縦教官、日本航空輸送㈱操縦士首席。日本航空東京支所長。同徴用飛行部隊中隊長、南方航空輸送部司政官、昭和一九年二月一七日スラバヤで殉職。

加藤寛一郎（中島）中島飛行機製造㈱テストパイロット。昭和三年五月四日、太田飛行場で仏国ブレゲー爆撃機を改造した旅客輸送機の試験飛行中、火災発生、同乗八名と共に殉職。享年28才。

河内　一彦（朝日）大正一四年（一九二五）七月、朝日新聞社主催の訪欧飛行で「初風号」機長として、代々木練兵場を離陸、朝鮮からシベリヤを横断してロンドンに到着、更にローマに飛んだ。朝日新聞社航空部長（役員待遇）昭和二〇年一〇月二日亡。

国枝　實（満航）川崎航空㈱テストパイロット。日本航空機輸送㈱主任操縦士。満州航空㈱機長。戦後、航空大学校の創設に尽力初代教頭、二代校長として民間パイロットの育成に当たる。平成六年八月一六日亡。

小林佐久麻（航空局）大正一一年（一九二二）一〇月一四日、海軍払下げの英国戦闘機で郷土（佐賀県武雄市）訪問飛行を行ったとき、佐賀市の練兵場で着陸の際失速し、墜落殉死した。享年21才。

中尾　純利（日航）陸軍依託操縦生第2・3期生の操縦教官。三菱重工業㈱テスト・パイロット。満州航空㈱機長。ドイツからハインケル輸送機を日本へ空輸。昭和一四年（一九三九）「ニッポン号」の機長として世界一周飛行に成功。戦後の昭和二一年（一九四六）、日本航空が再開される前、米空軍に徴用され、朝鮮、フィリピン、台湾への人員資材空輸業務に従事。昭和二七年（一九五二）航空再開と共に初代の東京国際空港長となる。昭和三五年（一九六〇）四月二六日亡。

永田　重治（満航）台湾総督府の蕃地鎮撫飛行に従事。北海タイムス新聞社の操縦士を経て、満州航空㈱機長。後にチチハル（現・中国、黒竜江省中西部の工業都市）管区長。昭和六〇年（一九八五）一二月二日亡。

羽太　文夫（毎日）東京日日新聞航空部に入社して取材活動に従事。戦時中は陸軍嘱託として戦地と本土間の空輸に従事。航空部長となる。戦後は東京都渋谷区会議員。昭和五三年（一九七八）一〇月五日亡。

松崎　武夫　台湾総督府の蕃地鎮撫飛行に従事。昭和一四年（一九三九）飛行機から降りて戦後は商業を営む。

▼大正一一年度（陸軍依託2期生＝10名）

井上　吉雄（日航）足の病気のため操縦士をあきらめ機関学生に転じ、卒業後は陸軍航空本部に奉職した。昭和四年（一九二九）三月、日本航空輸送会社の創立と同時に入社、昭和六年六月二二日、斉藤常助一等操縦士の操縦するスーパー・ユニバーサルBCA0号に同乗、太刀洗を出発後濃霧に襲われ約三〇分山中を迷い、福岡県朝倉郡夜須《やす》村冷水峠（現・夜須町）の上空で引き返えそうと旋回中、山にぶつかり殉職した。享年29才。

大島　末雄（朝日）陸軍依託操縦生3・4期生の教官を勤め、大正一四年、朝日東西定期航空会に入り、主として東京・大阪間及び立川・仙台間の郵便飛行業務を行い飛行時間も一〇〇〇時間に達していた。大正一五年一二月二二日、片岡文三郎から譲り受けた一〇年式艦上偵察機の試験飛行中、不慣れな機種のため機首がさがり、錐もみに陥り立川飛行場附近の桑畑に墜落、機体も大破し、本人は立川衛戍病院で手当を受けていたが、六日後の昭和元年一二月二七日、25才で死去。

川久保　喬

菊地善五郎（朝日）明野陸軍航空学校に三ヵ年助教として奉職。大正一四年（一九二五）二月、東西定期航空会に一等操縦士として入り、同年三月一一日、熊本で開催中の国産共進会祝賀のため、大阪から熊本に飛び、大阪に帰る途中宣伝ビラを撒きながら別府市に来て、市街の上空を三周して低空で旋回飛行中に突風にあおられ海門寺町、藤本作蔵方の屋上に墜落、即死した。享年23才。

熊川良太郎（中華）御国飛行学校教官。読売新聞社航空部長。日本人操縦士として初の米大陸横断飛行に成功、昭和四〇年（一九六五）八月八日亡。

桑島　実（日航）朝日ヘリコプター㈱運航部長。

新野百三郎（朝日）朝日新聞社航空部長。東京―北京《ペキン》を9時間31分で無着陸飛行に成功。昭和二六年（一九五一）一二月二〇日亡。

瀬戸　龍三（海軍）横須賀工廠に勤務中、横須賀海軍工廠造兵部で建造したハンザー水上機を霞ケ浦海軍航空隊水上班で試験飛行を行ったのち、同期の堀江弘を同乗して大正一四年（一九二五）二月一一日の紀元節（神武天皇即位の日、現在の建国記念日）の朝、横須賀へ帰還の途中行方不明となり、同年四月一二日、千葉県下の海上で遺体が発見された。享年23才。

堀江　弘（海雇）横須賀海軍工廠造兵部に入り、航空兵器諸試験の傍ら水上飛行機の操縦の練習をしていた。大正一四年二月一一日、同期の瀬戸籠三の操縦するハンザー水上機に同乗、霞ケ浦から横須賀へ向う途中行方不明となり、同年七月二九日、千葉県下の海上で発見された。享年24才。

吉江　忠雄　依託操縦生として所沢陸軍航空学校で訓練中、大正一一年九月一一日最後の高等飛行を練習するため、甲式3型機を操縦して離陸、一〇〇〇メートルまで上昇して逆転を行い、次に六〇〇メートル附近まで降下して逆転をしようとしたとき墜落して死亡した。2期生の中で一番の年少者であった。享年19才。

▼大正一二年度（陸軍依託3期生＝10名）

石上　全尚（日航）昭和五〇年（一九七五）六月一三日亡。

岩佐　正男

櫛部　喜男（電通）卒業後、第一航空学校や馬詰飛行研究所、御国飛行研究所などで教官を勤めたあと日本電報通信社に入社した。昭和三年（一九二八）一一月一九日、御大礼（昭和天皇の即位の儀式）に関する写真及び原稿の空中輸送に水代藤松機関士同乗の上、一〇年式艦上偵察機を操縦して午後2時50分頃明野原を離陸して大阪に向ったが、奈良県宇陀《うだ》郡室生《むろう》村下田口の山中で濃霧のため針路を失い、山中の樹木に衝突して惨死した。享年24才。

熊野　秀福（朝日）昭和三七年（一九六二）九月八日亡。

小金澤熊雄（陸雇）陸軍航空部雇員として各務原支部附テスターをしていたが、大正一三年（一九二四）九月二四日、陸軍航空部名古屋駐在の検査官佐藤政城少佐が同乗、乙式一型二七〇号で各務原飛行場を離陸、高度六〇メートルで右急旋回をしたため墜落死した。享年21才。
酒井憲次郎（朝日）昭和七年（一九三二）九月一五日、鳥取県下に於て、D・H・プスモスで殉職。
鈴木　友茂（日航）日本航空輸送㈱機長。
中島　忠英（朝日）昭和三二年（一九五七）六月四日亡。
松下　辦二（毎日）毎日新聞社航空部操縦士の時代、日本帆走飛行連盟を創立、グライダーの訓練普及に努めた。昭和六一年（一九八六）二月九日亡。
和田喜三郎（毎日）毎日新聞社航空部長、戦後、全日本航空事業会の結成に努め、専務理事となる。昭和四五年（一九七〇）一月二一日亡。

▼大正一二年度（海軍依託1期生＝5名）
井口　實（日輸）大正一二年（一九二三）八月、日本航空輸送研究所に入り、定期飛行のほかに北陸飛行、西日本一周飛行などを行って、約七五〇時間の飛行時間があった。大正一五年（一九二六）八月三一日、堺大浜の日本航空輸送研究所の郵便飛行用横廠式ロ号甲型機の試験飛行をするため、岩崎寅二機関士を同乗し、堺の上空を数回旋回飛行したのち、大浜汐湯の上空で急旋回して着水の姿勢に入ったとき、傾斜度が強すぎたため横滑りとなり、汐湯と別館とをつなぐ廊下の屋根に墜落死した。享年23才。同乗の岩崎機関士は、三等操縦士の免状を取得するばかりになっていたが大火傷をおって一〇日後に死亡した。享年19才。
大邊　実郎
後藤　隆治

藤枝　祐夫（日航）昭和一三年（一九三八）一一月二六日、青森県下に於て、フォッカー式スーパー・ユニバーサルに同乗中殉職。
藤本　照男（日航）昭和七年（一九三二）二月二七日、福岡県下に於て、ドルニエワール飛行艇で殉職。

▼大正一三年度（陸軍依託４期生＝５名）

大森　正男（日航）日本航空輸送㈱操縦士。「大和号」でイタリアに親善飛行成功。
功刀《くぬぎ》　好蔵（陸雇）陸軍航空部研究部に雇員として奉職。大正一五年（一九二六）一二月一四日、アンリオ32型五一六号の試験飛行に三木脩二陸軍技手を同乗して所沢飛行場を離陸、東京府北多摩郡小平村（現・東京都小平市《こだいら》）の上空二〇〇〇メートルの高度で突如火を発し桑畑に墜落焼死した。享年22才。
清水　孝作（日航）昭和一〇年（一九三五）四月二六日、満州大弧山沖に於て、フォッカー式スーパー・ユニバーサル機で殉職。
月山　義男（陸雇）卒業と共に航空局技術雇員に採用され、次いで所沢陸軍航空学校教育部附操縦雇員となった。大正一四年（一九二五）八月五日、航空兵科創立祝典の飛行演習が所沢陸軍飛行学校で挙行されたとき、その盛況を空中から活動写真（映画）に撮影するため、撮影技師影沢清雇員を乙式一型五八一号機に同乗させ飛行中、気球繋留索に左翼を衝突させ、墜落死した。享年21才。同乗の影沢は重傷を負ったが一命をとりとめた。
豊島　晃（日航）戦後、伊藤忠航空整備㈱、伊藤忠航空輸送㈱顧問を勤め、日本航空機操縦士協会初代会長を勤む。昭和五一年（一九七六）八月四日亡。

▼大正一三年度（海軍依託2期生＝5名）

大場　辰男

加賀　要助（中華）

岸本　貞（日航）

阪本　近男（日航）日本航空会社、箱根土地航空部を経て昭和三年（一九二八）九月、同飛行研究所に勤務中、伊勢電鉄の同沿線の皷ヶ浦海水浴で遊覧飛行を行い、昭和四年八月一一日、横廠式ロ号甲型水上機に、神戸警察署松村政男巡査部長と、朝日村の栗田清太郎の二名を同乗して一〇〇メートルの上空で急旋回したところ同乗者の一人が恐怖の余り操縦線をつかんだため操縦不能に陥り墜落死した。享年26才。他の二名は重傷を負ったが命に別状はなかった。

田中富太郎（日輪）卒業時、優秀な成績で恩賜の銀時計を拝領した。航空局に入って第3期依託生の教育に従事していたが、大正一五年（一九二六）五月、日本航空輸送研究所に入り、大阪―大分間の郵便飛行に従事していた。昭和二年（一九二七）二月四日大分行きの郵便物を積み、堺大浜の日本航空輸送研究所飛行場を横廠式ロ号甲型機で離陸、瀬戸内海の上空で発動機に故障を生じたので山口県室津海岸に不時着水し、修理をしたが手間取り、完全な修理が出来ていないのに、大分に着いて徹底的に修理をすべしと強引に日没に離陸、大分に向かったが、国東半島沖でまた発動機が不調となったので不時着水したところ、フロートが浪にさらわれて転覆した。八日目に愛媛県西宇和郡神松名村の海岸に死体となって流れついた。凍死したものらしい。享年24才。

▼**大正一四年度**（陸軍依託5期生＝5名）

板倉　功郎（日航）昭和七年（一九三二）九月二七日、満州国興安省（現・中国東北地方）に於て、フォッカー7h―3Mで殉職。

荻野　一了（日航）昭和一四年（一九三九）二月二三日～昭和一五年一月二三日まで三菱輸送機「大和号」で、イタリア訪問往復飛行。昭和五三年（一九七八）一二月三一日亡。

小林　善晴（陸雇）

松井　勝吾（日航）昭和一三年（一九三八）四月二三日～二九日まで、ドイツ・ベルリンからハインケル一一六型「乃木号」でイラン国訪問、昭和一四年一一月二五日「大和号」でタイ国親善飛行。戦後、空港グランドサービス㈱常務取締役。

安武長右衛門（陸雇）所沢陸軍飛行学校技術部の雇員に奉職中、日本飛行学校出身の姜世基《カンセギ》三等操縦士が陸軍から払下げを受けて整備した乙式一型機の練習飛行を行うため昭和三年（一九二八）四月一八日、乞われて同乗、約五〇〇メートルの高度で旋回し飛行場の東方、松井村の上空から降下の姿勢をとったとき大波状を描き、彼は機体から振り落され真逆さまに畑に墜落死した。享年23才。機体の故障と共に姜操縦士の技倆未熟らしい。姜も無残な死をとげた。

▼**大正一四年度**（海軍依託3期生＝5名）

海江田信武（川西）昭和一一年（一九三六）六月一七日、鳴尾飛行場に於て殉職。

土橋　精一（日航）

馬場英一郎（報知）昭和七年（一九三二）九月二五日、「第3報知日米号」で太平洋横断中殉職。
藤田　三郎（日航）昭和五九年（一九八四）一〇月二二日亡。
森田　勝人（日航）昭和五〇年（一九七五）三月一一日亡。

▼大正一五年度（陸軍依託6期生＝4名）

入江　格治（毎日）昭和九年（一九三四）七月二〇日、羽田飛行場に於て殉職。
大里　正義（満航）昭和一五年（一九四〇）一月三〇日、満州奉天に於てN三一二号で殉職。
斉藤　常助（日航）下志津陸軍飛行学校の雇員に採用され、テスターとして勤務していたが、昭和五年（一九三〇）一二月、日本航空輸送会社に入社した。昭和六年六月二二日、旅客機スーパー・ユニバーサルBCA0号に井上吉雄機関士、乗客澤山寅彦を乗せて大刀洗を出発、大阪に向ったが途中濃霧に襲われ山中を迷い福岡県朝倉郡夜須村《やすむら》冷水峠附近（現・夜須町）の上空で引き返えそうと旋回中、山にぶつかり谷底へ転落、三人とも焼死した。享年25才。
富澤　兼吉（陸雇）昭和一二年（一九三七）七月天津（ティエンチン。中国河北省東部の阿港都市）飛行場に於て殉職。

▼大正一五年度（海軍依託4期生＝2名）

藤原　照夫（日航）
宮本　正義（日航）戦後、日本航空機長。昭和五六年（一九八一）七月二日亡。

▼昭和二年度（陸軍依託7期生＝3名）

酒井　菴（陸軍）陸軍士官学校卒。陸軍少佐。五式戦のテスト主務者。総撃墜機9機。昭和五六年七月二一日亡。

曽根原　真（日航）昭和一三年（一九三八）三月一七日、台湾膨湖島に於て、フォッカー式スーパーユニバーサル機で殉職。

船津　勇（陸雇）昭和一六年（一九四一）三月二八日、秋田県下於て殉職。

▼昭和二年度（海軍依託5期生＝4名）

安部　藤平（中華）昭和五五年（一九八〇）八月二七日亡。

海野　昌男（日航）昭和五一年（一九七六）八月一八日亡。

軽部　健（航空局）昭和五年（一九三〇）一月病死。

斉藤　半五（日航）昭和六二年（一九八七）八月二五日亡。

▼昭和三年度（陸軍依託8期生＝3名）

佐藤　正（南航）昭和二一年（一九四六）三月九日亡。

志知　亮（日航）昭和一〇年（一九三五）六月二二日、岐阜市内に於て、中島式P―1郵便機で殉職。

細川　優（日航）日本航空輸送㈱に勤務中、昭和一九年（一九四四）七月二二日、鹿児島県甑島に於て、MC―21―2「竜王号」で殉職。

▼**昭和三年度**（海軍依託6期生＝4名）

金丸　末義（満航）昭和五三年（一九七八）一月二七日亡。

西　　隆一（日航）日本航空輸送㈱機長。平成三年（一九九一）一〇月亡。

野寺誠次郎（日航）戦後、全日本空輸㈱機長。

村上　博英（日航）昭和七年（一九三二）一月二七日、福岡県下に於て、ドルニエワール飛行艇で殉職。

▼**昭和四年度**（陸軍依託9期生＝4名）

岡本　徳次（日航）日本航空輸送㈱機長。

日比　省三（日航）昭和一四年（一九三九）一月三一日亡。

松崎弥十郎（日航）日本航空輸送㈱機長。昭和一二年（一九三七）三月一八日、新潟県中頚城《なかくびき》郡に於て、フォッカー式スーパー・ユニバーサル機で殉職。

峰　　忠光（日航）昭和一九年（一九四四）一二月二一日、南支那海に於て、MC—20—2「赤石号」で殉職。

▼**昭和四年度**（海軍依託7期生＝3名）

織田　幸吉（満航）

山崎　成位（日飛）

山田　好雄（日航）昭和一八年（一九四三）八月二二日、セレベス島に於て、DC—3型「杉号」で殉職。

▼**昭和五年度**（陸軍依託10期生＝４名）

児玉　實久（満航）昭和一六年（一九四一）六月二一日、日本海横断中殉職。

藤沢　秀雄（陸雇）昭和五〇年（一九七五）一〇月二五日亡。

右田　潔（南航）昭和二〇年（一九四五）七月八日、シンガポール飛行場に於て、ＭＣ―20―２型機で殉職。

吉田　修作

▼**昭和五年度**（海軍依託８期生＝３名）

片山久太郎（日航）昭和二〇年（一九四五）五月二〇日、岡山県下に於て、ＭＣ―20―２型機「燕嶽号」で殉職。

黒木　正明

瀬川　貞雄（日航）東京航空輸送社で二年間魚群探知や密漁船の監視飛行を行い、昭和八年（一九三三）日本航空輸送㈱国際線機長となる。戦後、航空局参事官。昭和五一年（一九七六）八月八日亡。

▼**昭和六年度**（陸軍依託11期生＝４名）

飯沼　正明（朝日）昭和一二年（一九三七）四月六日～二一日まで「神風号」で亜欧連絡飛行に成功。昭和一六年（一九四一）一二月一一日、仏印（フランス領インドシナの略称）プノンペンで殉職。

岩橋　之夫

上原　紀夫（満航）

高橋福次郎（陸雇）昭和一四年（一九三九）二月、中国・沙洋鎮に於て、イ式重爆機で殉職。

▼昭和六年度（海軍依託9期生＝4名）

池田　安平（日航）昭和一四年五月一七日、福岡県雁ノ巣飛行場に於て、ロッキード14ＷＧ─3型機で殉職。

漆原　滋（日航）昭和一三年（一九三八）一二月八日、琉球近海（沖縄県）那覇四方に於てＤＣ─2型機で殉職。

江島　三郎（中華）戦後、日本航空㈱機長、全日本空輸機長、同取締役。日本貨物航空機長。昭和六三年（一九八八）四月一三日亡。

岡　貞文（毎日）昭和一七年（一九四二）五月一七日、サイパン（太平洋マリアナ諸島自治連邦の主島）に於て殉職。

▼昭和七年度（陸軍依託12期生＝4名）

石田　功（中華）戦後、全日本空輸㈱機長、同社専務取締役。空港施設㈱副社長。昭和五八年（一九八三）一月六日亡。

上野　博志（南航）昭和一五年（一九四〇）一月二三日「大和号」でイタリア訪問飛行。昭和二〇年（一九四五）一月一三日、仏印（フランス領インドシナの略称）北方山中に於て、ＤＣ─3型機で殉職。

長友　重光（朝日）昭和一八年（一九四三）七月七日、印度洋上に於て、Ａ─26─2型機で殉職。

本田　長雄（中華）昭和三〇年（一九五五）一月三〇日亡。

▼昭和七年度（海軍依託10期生＝3名）

大和田　斉　昭和一一年（一九三六）八月二七日大阪府下盾津飛行場で殉職。

大堀　修一（日航）戦後、日ペリ機長、全日本空輸㈱機長。平成三年（一九九一）九月九日亡。

藤原　善雄（日航）

▼昭和八年度（陸軍依託13期生＝4名）

今村　孝義（陸雇）昭和一三年（一九三八）満州国熱河省（昭和三一年＝一九五六、中国河北省となる）に於て殉職。

小俣　寿雄（朝日）昭和一九年（一九四四）七月二日～四日、新京（満州、現中国吉林省長春市）―白城子―ハルピン（中国黒竜江省）間を一九周、五七時間一一分一八秒、飛行距離一万六四三五キロメートルの記録達成。朝日新聞社運輸部長。

津本　正市（南航）昭和三〇年（一九五五）七月二一日亡。

平井　岩太（満航）昭和二〇年（一九四五）七月一〇日、山梨県黒岳山中に於て殉職。

▼昭和八年度（海軍依託11期生＝4名）

片倉　幸夫（日航）

黒瀬　寅雄（日航）昭和一六年（一九四一）二月五日、中国・広東省黄揚山に於て三菱中攻―1で殉職。

西村　大助（中華）昭和一九年（一九四四）一〇月二三日、台湾・台北で殉職。

藤本　直（日航）天虎飛行研究所長、米子地方航空機乗員養成所分教場長、戦後サンケイ新聞航空部操縦士、日本航空㈱機長、日本国内航空㈱機長、同常務取締役、日本産業航空㈱社長、昭和五九年（一九八四）二月二〇日亡。

▼昭和九年度（陸軍依託14期生＝4名）

池田　輝男（日航）昭和一五年（一九四〇）亡。

川崎　一（朝日）昭和一八年（一九四三）七月七日、印度洋上に於て、A－26－2型機で長友重光一等操縦士（陸委12期）と同乗、殉職。

諏訪　勝義（南航）戦後、日本航空㈱機長。

篠原　益登

▼昭和九年度（海軍依託12期生＝3名）

岩崎　三男（日航）昭和一四年（一九三九）亡。

福田　昌次（日航）昭和一六年（一九四一）三月一九日、父島二見港に於て、川西式大艇で殉職。

松波　義辰（日航）昭和二一年（一九四六）亡。

▼昭和一〇年度（陸軍依託15期生＝4名）

遠藤　桂次

篠原　幹雄　中国・汕頭に於て殉職。

高田　文　昭和二〇年（一九四五）八月七日、台湾・宣蘭飛行場に於てMC—20—2型機で殉職。

前地　泰雄　中国・揚子江で殉職。

▼昭和一〇年度（海軍依託13期生＝4名）

鎌田　正裕（日航）昭和一三年（一九三八）六月二五日、台湾・宣蘭飛行場に於て、エアスピードエンボイ機で殉職。

佐竹　仁（日航）戦後、日本航空㈱機長、日本アジア航空㈱専務取締役。

高木喜一郎（日航）昭和二〇年（一九四五）一月二四日、スラバヤ（インドネシア、ジャワ島北東部の商工業都市）に於て、DC—3型「陸奥号」で殉職。

麓　開作（日航）昭和一九年（一九四四）一〇月二四日、二子玉川飛行場に於て、DC—3型機で殉職。

▼昭和一一年度（陸軍依託16期生＝3名）

神田　好武（中華）戦後、日ペリ航空機長、全日本空輸㈱機長。

森田　武男（日航）昭和二〇年（一九四五）七月三〇日、名古屋市外に於て、四式重爆で殉職。

森田近司（日航）昭和一二年（一九三七）三月一八日、新潟県中頚城《なかくびき》郡に於て、フォッカー式スーパー・ユニバーサル機で殉職。

▼昭和一一年度（海軍依託14期生＝3名）

黒江陽一郎（日航）昭和一八年（一九四三）七月二一日、マカッサル（インドネシア、スラウエシ島の都市）に於て殉職。
後藤　安二（日航）戦後、日本航空㈱機長。
藤原　繁雄（日航）昭和一九年（一九四四）亡。

▼昭和一二年度（陸軍依託17期生＝4名）
奥村　十郎（南航）昭和一七年（一九四二）五月一〇日、昭南島《しょうなんとう》（現・シンガポール）カランドに於て、一〇〇式司偵で殉職。
斉藤　　久　昭和一五年（一九四〇）山西省《さんせいしょう》（中国北西部の省）路安県に於て殉職。
水野　　博（南航）昭和二〇年（一九四五）一月一三日、仏印・北方に於て、ＤＣ―3型機に上野博志一等操縦士（陸委12期生）と同乗殉職。
横山　忠生（日航）昭和三九年（一九六四）六月五日亡。

▼昭和一二年度（海軍依託15期生＝4名）
関山　哲夫（日航）戦後、日本航空㈱機長。昭和二七年（一九五二）四月三日亡。
平野　良三（日航）昭和一五年（一九四〇）一一月三〇日、朝鮮・黄海道首陽山に於て、中島式ＡＴ―2型機で殉職。
本多　　智（日航）
矢口　正寿（日航）昭和一三年（一九三八）一一月二六日、青森県東嶽山に於て、フォッカー式スーパー・

ユニバーサル機で殉職。

▼**昭和一三年度**（陸軍依託18期生＝16名）

宇野　雄風（阪神）昭和一九年（一九四四）四月一一日、台湾・台北に於て、97式重爆で殉職。

内田　武一（中華）昭和一八年（一九四三）ジャカルタ（インドネシア共和国の首都）に於て殉職。

内田隆次郎（中華）昭和二〇年（一九四五）一月二六日亡。

生沼　敏雄（日航）

木本　栄司（日航）戦後、日本航空㈱機長、昭和四八年（一九七三）一〇月、皇太子殿下ご夫妻（現・天皇・皇后陛下）のスペイン訪問の特別機長、昭和四九年九月二九日、日中航空の一番機機長。昭和天皇ご訪米のお召機機長。昭和六三年（一九八八）七月二三日亡。

小牧　敬生（日航）昭和一六年（一九四一）七月一八日、韓国・済州島附近に於て、97式重爆で殉職。

佐藤　祐助（航空局）仙台航空機乗員養成所教官。昭和五三年（一九七八）一二月二五日亡。

下薗　秋季（中華）

西房　謙一（日航）昭和一七年（一九四二）一〇月二九日、台湾・台北市大屯山に於て、MC―20―1「立山号」で殉職。

野村　光市（日航）昭和一六年七月一八日、97式重爆に同期の小牧敬生と同乗、済州島附近に於て殉職。

間瀬　一雄（日航）昭和二〇年（一九四五）一月八日、熊本県健軍飛行場に於てMC―20―2「横津号」で殉職。

馬詰　太郎（航空局）フランスで万国飛行免状を取得して帰国後、中央飛行学校を設立した馬詰駿太郎校長の嫡子で、卒業後、新しく発足した米子航空機乗員養成所教官となり多くの子弟を育てた。戦後は、米子航養会会長として永年卒業生の親睦に努めた。

前嶋　久光（中華）戦後、日本航空㈱の機長。

溝端　輝雄（阪神）

宮原　彰義（満航）戦後、日本航空㈱機長。昭和三七年（一九六二）一月、皇太子ご夫妻（現天皇・皇后陛下）パキスタン（イスラム共和国）、インドネシア（東南アジアにある共和国）ご訪問時の特別機長。

森　良一（日航）昭和一六年（一九四一）七月一八日、97式重爆に同期の小牧敬生、野村光市らと同乗、済州島附近に於て殉職。

▼昭和一三年度（海軍依託16期生＝8名）

大世戸正登（日航）戦後、日本航空㈱機長。

片岡　孝（日航）昭和三〇年（一九五五）亡。

門倉　銈造（日航）昭和一八年（一九四三）一二月三〇日、台湾・台北市大屯山に於てＤＣ―３型機「梅号」で殉職。

崎川　五郎（日航）戦後、日本航空㈱機長。

高崎　孝（日航）戦後、日本航空㈱機長。

富田多喜雄（日航）戦後、日本航空㈱機長。日本航空㈱取締役。

野尻　幹男（日航）戦後、日本航空㈱機長。

宮本　是男（日航）

日本戦前の民間航空史年表

自一七八五〜至一九四〇

年　代	事　　項
天明5年（一七八五）	岡山の表具師浮田幸吉が、自作の人力羽ばたき機で、高所から数回の飛行を行い、これが原因で機械を没収され、岡山から追放された。
天明〜寛政（一七九〇頃）	沖縄の花火師・安里周当《あさとしゅうとう》が、自作の人力羽ばたき機で、数回の飛行を行い『飛び安里』と呼ばれた。
明治24年（一八九一）4月29日	愛媛県丸亀歩兵第12連隊看護卒二宮忠八《にのみやかずはち》は鴉《からす》式、模型飛行機を考案し、ゴム動力とプロペラ推進により、丸亀練兵場で距離約一〇mの飛行に成功。
明治33年（一九〇〇）12月24日	山田猪三郎が特許を得た山田式凧式気球の一号機（全高三三m・横径七・二m・容積六九三㎥）が東京の工兵会議構内で試乗し、高度一五〇mに達した。
明治36年（一九〇三）12月17日	アメリカのノースカロライナ州キティホークで、ライト兄弟により初の動力飛行が行われた。四回の飛行のうち最良のものは距離二五一・六m滞空五九秒であった。
明治42年（一九〇九）6月	イギリスのベンジャミン・ハミルトンが東京上空不忍池畔で軟式飛行船の飛行を公開・日本における初の動力飛行。

7月30日	陸軍大臣の監督下に陸・海・民の委員を集めて臨時軍用気球研究会を設立、初代会長に長岡外史陸軍中将が就任。
10月30日	臨時軍用気球研究会委員奈良原三次海軍中技士は、自製の奈良原一号複葉機にアンザニ25np発動機を整備し、東京戸山ケ原で試験したが、滑走中わずかに車輪が地を離れたのみで終わる。
12月14日	代々木練兵場で飛行準備中の日野大尉は、グラーデ単葉機で滑走試験中高さ約一m・距離約三〇mのジャンプを、ついで高さ一〇m・距離約六〇mの飛行を行った。日本における飛行機の初飛行、さらに日野大尉は一六日にも高度五m・距離五〇mついで高度三m・距離三〇〇mの二回飛行に成功した。
12月19日	臨時軍用気球研究会の本飛行当日、徳川好敏大尉がアンリ・フォルマンの複葉機により、高度約七〇m・距離約三、二〇〇m、日野大尉がグラーデ単葉機により、高度約二〇m・距離約一、二〇〇mを飛行し、公式飛行として認められた。
明治44年（一九一一）	
4月6日	徳川大尉は所沢飛行場でブレリオ単葉機に岩本技師を同乗させ、四分五〇秒の日本初の二人乗り飛行を行った。
4月28日	伊藤中尉は徳川大尉のブレリオ機に同乗して所沢飛行場にて一七分三〇秒の飛行中、コダックカメラで地上の風物一二枚を撮影した。日本初の航空写真撮影。

5月5日	奈良原三次が、設計、東京飛行製作所で制作した奈良原式二号機が、所沢飛行場で設計者自身の操縦により初飛行し、高度四m・距離六〇mを記録した。国産機として初の成功。
5月9日	徳川大尉はアンリ・フォルマン機で、山瀬中尉を同乗させ、所沢—川越間往復四二kmの飛行に三五分で成功、日本初の野外飛行。さらに同大尉はブレリオ機に伊藤中尉を同乗させ、再び出発したが川越南方で不時着した。これは日本初の不時着事故。
9月17日	山田式三号機飛行船が、折原の操縦で大崎の工場から、芝・日比谷・品川を経由して大崎に帰着し、飛行船による初の帝都訪問飛行に成功。
明治45年(一九一二)〜大正元年 4月13日	川崎競馬場で日本初の有料飛行会を行った。 五月一一・一二日、青山練兵場で無料公開飛行、皇太子（のちの大正天皇）と三人の皇孫（のちの昭和天皇と弟宮）も台覧された。
5月下旬	千葉県稲毛海岸に初の民間飛行場が開設された。
6月1日	米国のアットウォーターが、日本発の水上機の公開飛行を行い、カーチス複葉水上機で東京芝浦埋立地から横浜市谷戸橋埠頭まで二三分で連絡、郵便一、〇〇〇通と尾崎東京市長から荒川横浜市長へのメッセージを運ぶ。日本初の郵便飛行。
10月6日	アメリカで万国飛行免状第一二〇号を取得した初の日本人近藤元久が、ロサンゼルス郊外でカーチス機により飛行中墜死。日本人初の航空殉職難者。

10月16日	千葉県稲毛飛行場で奈良原三次の愛人福島ヨネ女が白戸栄之助操縦の「鳳」号に同乗し、日本女性初の飛行体験者となった。
大正2年（一九一三） 4月23日	帝国飛行協会設立し、前年発足した日本航空協会を合併。初代会長・長岡外史中将就任。
5月4日	アメリカから新帰朝の武石浩玻は、カーチス複葉機「白鳩」号で五月三日、神戸鳴尾競馬場で公開飛行。ついで翌四日、鳴尾―大阪―京都間の初都市連絡飛行を実施し、鳴尾―大阪間は一八分、大阪―京都（深草練兵場）間は二三分で翔破したが、深草に着陸墜落し、入院後絶命。日本国内における民間航空界初の犠牲となる。
大正3年（一九一四） 6月13～14日	帝国飛行協会主催の第一回民間飛行大会が阪神鳴尾で開催され五機が参加。一等記録は高度二千米（荻田常三郎）、滑空三二分二二秒（坂本寿一）番外記録滞空一時間三四分二四秒、高度一、九四四m（磯部鉄吉）。
大正5年（一九一六） 1月8日	伊藤音次は伊藤式恵美一号で稲毛飛行場から国産民間機初の東京訪問飛行を行い、芝上空を高度五百米で飛んで帰着した。
5月20日	玉井清太郎と相羽有が東京羽田に日本飛行学校を開校羽田飛行場の起源となる。
大正6年（一九一七）	玉井清太郎操縦の玉井式3号複葉機に東京日日新聞の湯浅写真部員が同乗し、東京の空中撮影中事故のため墜落、両氏とも死亡した。新聞報道関係者として初の犠牲。

12月20日	中島知久平機関大尉は軍をしりぞき、郷里群馬県太田市に「飛行機研究所」を設立した。後の中島飛行機の前身であるとともに、わが国における民間航空機工業の始まり。
大正7年（一九一八） 4月～6月	後藤正雄は老朽機モ式4型で、四月一日に民間機として初の所沢—大阪間無着陸飛行を六時間三〇分で達成。ついで、四国へ飛び帰途は佐藤要蔵が交代して四国周辺、岡山から大阪・豊橋・所沢と、全航程往復一、八一五kmの飛行を二六飛行時間、三〇着陸で完遂して六月に帰着した。
大正8年（一九一九） 7月	帝国飛行協会がＦＡＩ（国際航空協会）に加盟。
10月13日	アメリカ・イギリス・フランス・日本等二〇か国の委員により、パリで国際航空条約（ＩＣＡＮ）を締結。この条約で領空権が確認された。
10月22日	帝国飛行協会主催の第一回東京—大阪間懸賞郵便飛行競技が行われ、三機が参加、佐藤要蔵が中島式4型で往復六時間五八分で優勝し、賞金一万円を獲得した。
11月4日	陸軍省内に臨時航空委員会が設置された。のちの航空局の母体。
12月	中島知久平と川西清兵衛の合資会社日本飛行機製作所が解散し、中島は三井物産とともに中島飛行機製作所を設立した。
大正9年（一九二〇）	前年一二月、日本飛行機製作所から手を引いた川西清兵衛が神戸に川西機械製作所を設立し

2月	た。
4月21日	帝国飛行協会主催の東京～大阪間無着陸飛行に参加した山県豊太郎は伊藤式恵美一四号で東京洲崎を出発、大阪上空で旋回し、再び洲崎まで往復九四五kmを六時間四三分で飛んで新記録を樹立した。
8月1日	陸軍省所管下に航空局が発足した。初代長官は山梨半造中将。
8月2日～3日	帝国飛行協会主催第一回懸賞飛行競技大会が州崎で開催され五機が参加した。優勝記録は速度（山県豊太郎・恵美一四号）一四二・五六km、高度（後藤勇吉・伊藤式一六号「富士」五、〇〇〇米）また曲技は後藤勇吉が優勝した。
11月21日～22日	帝国飛行協会主催の第二回郵便飛行競技が大阪―善通寺―松山―大分―久留米間のコースで行われ五人が参加。石橋勝浪がスパット一三民間型で優勝し賞金一万五千円を獲得。
大正10年（一九二一） 5月21日～25日	帝国飛行協会主催の第二回懸賞飛行大会が東京洲崎で開催され九機が参加。優勝は速度（高橋信夫、白戸五型）時速二二一・四七km、距離（後藤勇吉、川西K―I）六八四・五km。
11月3日	帝国飛行協会主催第四回郵便飛行競技（金沢―広島）が行われ、六機が参加、高橋信夫の白戸式37型が五八〇kmを四時間六分で飛び優勝。
大正11年（一九二二）	井上長一は日本初の航空輸送事業である日本航空輸送研究所を設立し、堺市大浜海岸に民間

6月4日	初の水上飛行場を開設した。
11月3日〜9日	帝国飛行協会主催の東京─大阪間郵便飛行競技が行われ、一四機が参加。八機が往復飛行に成功した。優勝は後藤勇吉で東京代々木練兵場─大阪城東練兵場間を往航三時間〇分、復航二時間三〇分、計五時間三〇分、また番外参加の加藤寛一は東京─大阪間一日往復、往航二時間二二分、復航二時間二七分の新記録樹立。なおこの期間中に東京発三、六〇〇通、大阪発五、三八一通の郵便が託送された。
11月12日	日本初の民間定期航空の運航開始。日本航空輸送研究所は伊藤式二八型で飛行艇と横廠式イ号甲型改水上機で一二日から堺大浜─和歌の浦─徳島間一五日から堺大浜─高松間の運航を開始した。
12月16日	日本航空輸送研究所は三重県水産講習所と提携して初の魚群探査飛行を実施した。
大正12年(一九二三) 1月11日	朝日新聞社を母体とする東西定期航空会は、伊藤音次郎・白戸栄之助氏らの協力により中島式5型六機を主力として、東京（洲崎）─浜松（三方ケ原）─大阪（城東練兵場）、毎週上下各一便の郵便・貨物輸送を開始した。
2月22日	東西定期航空会の白戸式二五型「朝日第一一号」が箱根明神ケ岳に墜落し、島田武男操縦士は日本定期航空の最初の犠牲者となった。
4月1日	航空局が陸軍省から逓信省に移管された。初代長官に若宮貞夫就任。

6月2日〜3日	帝国飛行協会主催民間飛行大会が千葉県下志津で行われ、距離競技では片岡文三郎が、下志津—霞ケ浦—所沢三角コースを一〇時間二〇分で七周して優勝。
7月15日	川西が設立した日本航空株式会社が、大阪木津川尻飛行場（のちの大阪国際空港）から、小豆島、高浜経由別府線の定期運航を開始した。使用機は横廠式ロ号改造水上機。大阪—別府間運賃五〇円。
7月23日〜31日	大毎の川面6型『はるかぜ』水上機は、後藤勇吉操縦士、米沢蜂樹他一人同乗で大阪（木津川）—宮崎—鹿児島—博多—金沢—秋田—北海道—青森（湊）—霞ケ浦—江尻—四日市—大阪の日本一周飛行四、三九五kmを八日一時間二九分、実飛行時間三三時間五二分で達成した。
大正14年（一九二五） 3月8日	帝国飛行協会・国民新聞社主催の日本初の航空ページェントが東京代々木練兵場で開催され、陸・海・民約四〇機が参加した。
3月21日	高崎市外佐野村の米穀商馬場源八郎は複葉グライダー『ブランコリリオ（白百合）』を製作、試飛行して、高度約一〇mの飛行に成功・日本初のグライダー飛行。
4月20日	逓信省の航空郵便輸送業務開始、東京—大阪間は東西定期航空会・大阪—福岡間は日本航空がそれぞれ受託し、週三便を運搬。なお大阪—四国線は日本航空輸送研究所により五月二〇日から開始。堺—今治線週三便、堺—高松—徳島線は週一便。
7月25日	朝日新聞社の中島ブレーゲ一九『初風』『東風』は安辺・河内両操縦士、篠原・片桐両機関士

	により代々木を出発、シベリアからパリ・ロンドン経由でローマ着、一六五五五kmを一一〇時間五六分で飛んだ。
大正15年（一九二六） 9月13日	日本航空（川西）のK—7B、K—10複葉陸上機は大阪—京城—大連線の郵便飛行第一便を運航、以後これを定期化した。
10月4日〜7日	日本航空（川西）のK—7A水上機による民間初の中国訪問飛行成功。大阪—木浦—上海間を飛んだが、出発時三機中、往航の木浦で、一機脱落。帰航で一機が五島付近で不時着沈没し、結局往復に成功したのは一機だけ。
昭和2年（一九二七） 6月1日	大正一〇年四月に、公布された航空法がようやく施行になり大東亜戦争後廃止されるまで、わが国民間航空に関する根本法規となった。
6月23日	帝国飛行協会が太平洋横断飛行計画を発表した。
7月	東西定期航空会は川西ドルニエ・コメート単葉三機（乗員二人、乗客四人）で東京—大阪間の旅客輸送を開始。
8月25日	日本航空はドルニエ・ワール飛行艇（乗員四人・乗客一一人）で大阪—別府間の旅客輸送を開始した。
昭和3年（一九二八）	帝国飛行協会の太平洋横断飛行乗員の後藤勇吉が海軍一三式艦上攻撃機により大村—霞ケ浦

2月29日	間の訓練飛行中、佐賀県下の山腹に衝突し死亡した。
4月27日	大毎新聞社機ライアンNYP2単葉機は羽太文夫の操縦で日の出から日没までの間に各務原—東京—仙台—大阪—四国—大阪の日本一周二、一〇〇㎞を無着陸で一三時間二三分で飛ぶ新記録を樹立。
7月7日	太平洋横断飛行使用機として五月完成した川西K—12『桜』号は、その後の審査の結果、実行委員会から航続力不足のため横断飛行は不可能と断定され、計画は挫折した。
10月20日	政府補助による日本航空輸送㈱創立、初代社長に帝劇社長の西野恵之助就任。これによって東西定期航空会は一部路線だけ運航。日本航空㈱は解散することになった。
11月5日	川西機械製作所飛行機部が独立して川西航空機㈱となった。初代社長に川西竜三就任。
昭和4年（一九二九）	
4月1日	日本航空輸送はサルムソン2A2で東京（立川）—大阪（木津川）間毎日二往復、大阪—福岡間毎日一往復、蔚山—京城—平壌—大連間三往復の郵便、貨物輸送を開始した。
7月15日	日本航空輸送は東京—大阪—福岡（大刀洗）一日一往復の旅客輸送を、新輸入のフォッカー・スーパーユニバーサル（アメリカ製）により開始。
9月10日	日本航空輸送はフォッカーFⅦ／三m単葉三発輸送機により、福岡—蔚山—京城—平壌—大連間週三往復の旅客輸送を開始した。

昭和5年（一九三〇）	
3月7日	日本航空輸送はドルニエ・ワール飛行艇により、福岡―上海間の試験飛付を実施。以後四月にかけて四回の飛行を行った。
4月28日	日本学生航空連盟が発足した。
5月11日	磯部鉄吉少佐が制作したプライマリーグライダーが片岡文三郎の操縦で試飛行し、ゴム索発進により高度一〇m・距離八〇m・八秒間を記録。日本初の公式滑空。
6月22日～8月31日	東善作はトラベルエア四〇〇〇複葉機でロサンゼルスを出発。東回り訪日飛行を行い、途中大西洋は海路によったが、アメリカ・ヨーロッパ・アジア三大陸を横断する一六、九〇〇km以上の大飛行を完成して立川に到着した。
7月18日	磯部鉄吉は前日、日本グライダー倶楽部を設立、使用機磯部式プライマリーは茨城県鹿島砂丘で航空局の検査を受け、滞空三〇秒、距離一八〇mで日本初の滑空機堪航証明書を取得した。
8月20日～30日	吉原清治はユンカースA50ユニオールでベルリン出発、シベリア経由で立川まで一一、〇九六kmを七九時間五八分で飛んだ。
11月6日	田中勘兵衛は川崎KD―5試作戦闘機で高度一〇、〇〇〇mの日本記録とともに、実用機としてはおそらく世界最高記録（非公式）を樹立。

昭和6年（一九三一） 2月5日	東京航空輸送（昭和三年一〇月設立）は東京（鈴が森海岸）―清水間に就航中の愛知AB―1水上機に日本初のエアガール（スチュワーデス）サービスを開始。
3月6日	日本航空輸送の東京発大阪便が鈴鹿上空を飛行中乗員の一人がドアを開けて飛び降りた。日本初の航空機による自殺。
3月6日	日野パラシュート研究所の宮森美代子（一九歳）は津田沼海岸飛行場で日本初の女子パラシュート降下に成功した。
5月4日	報知新聞の太平洋横断機ユンカースA50ユニオンオール単葉機『報知日米号』が吉原清治飛行士の操縦により羽田・海老取川口から出発した。同機は14日に根室を出発、千島新知島付近で発動機事故により不時着し、計画は挫折した。
5月20日～ 8月31日	日本学生航空連盟の熊川良太郎・栗村盛孝は石川島R―3『青年日本号』で羽田を出発、シベリア経由でヨーロッパに向かい、ロンドン・パリ経由で一三、九〇〇㎞を九五日、実飛行時間一二六時間五三分で飛んでローマに到着した。
7月15日	吉原清治の太平洋横断『第二報知日米号』は根室湾で試験中転覆大破し、計画は再び挫折した。
8月25日	東京羽田の埋め立て地に建設中の東京飛行場が完成し、日本航空輸送の定期便が発着を開始した。

9月18日	柳条溝事件勃発し、満州事変となる。
昭和7年(一九三二) 2月27日	日本航空輸送の大阪—福岡間空路の『白鳩号』飛行艇が八幡市付近上空中で吹雪中空中分解し、乗客乗員計五人が全員死亡した。
3月29日	報知新聞のシアトル—網走間太平洋逆横断飛行使用機ベランカ単葉『報知日の丸号』が試験飛行中ニューヨーク付近で墜落し名越陸軍大尉が死亡。
4月19日	報知新聞の太平洋横断飛行使用機ユンカースW33『第三報知日米号』が南関東上空を周回一九時間二分四〇秒、三、〇四〇㎞の日本記録を樹立。
5月17日	報知新聞の太平洋飛び石横断使用機サロー・カティサーク両用艇『報知日本号』はオークランド沖で試験飛行中不時着大破し、吉原清治らが重傷。
9月24日	報知新聞の太平洋横断機ユンカースW33『第三報知日米号』は馬場・本間・井下三人搭乗して淋代を出発、エトロワ島通過後消息を絶った。これにより同社の太平洋横断飛行計画は全面的失敗に終わる。
11月3日	九月に設立された満州航空㈱が大連—奉天線を開設した。
昭和8年(一九三三) 11月1日	日本航空輸送は中島P—1郵便機による東京—大阪間、毎日一往復の夜間郵便飛行業務を開始した。(ただし悪天候のため実際の業務開始は二日から)

昭和9年（一九三四）10月22日〜11月4日	婦人飛行家による初の海外飛行として、松本キク子はサルムソン2A2『白菊号』により近藤啓三機関士とともに羽田—新京間を飛んだ。
11月3日	第一回全日本学生航空選手権大会が羽田飛行場で開催され、法・早・慶・東・関西・立命・大商大の各校二五人が参加した。
昭和10年（一九三五）3月20日	朝日新聞の川崎C—5通信機は新野百三郎、塚堀賢爾の搭乗により、大阪—京城—南京間二、五〇〇kmを一〇時間一〇分で飛んだ。なお帰途には二五日、上海—大阪間一、五〇〇kmを六時間二〇分で飛び、いずれも新記録を樹立した。
4月	毎日新聞のロッキード・アルテア単葉機が大蔵操縦士らにより新京—東京間二、〇〇〇kmを無着陸で六時間一八分で飛び新記録樹立。
5月12日〜8月18日	阿野勝太郎はブリティッシュ・クレム・イーグル単葉機『青海号』でロンドン出発、南回りで一六、四七三kmを九九日間で飛び東京着。
5月	毎日新聞社が日本帆走飛行連盟を結成した。
6月18日	志鶴忠夫の九帝5型ソアラーは飛行機に曳航されて大阪盾津飛行場を離陸、大阪上空を一周後離脱して四分間滑空後着陸した。日本初の飛行機曳航。
9月8日	志鶴忠夫は九帝5型ソアラーにより阿蘇外輪山大観望を発進、斜面上昇風により四時間一二

	分の滞空日本記録を樹立。
10月18日	日本航空輸送が福岡—那覇—台北間の郵便・貨物便の運航を開始した。
11月10日〜12日	フィリピン独立祝賀のため、毎日新聞のロッキード・アルテア単葉は大蔵操縦士らの手で東京—マニラ間四、〇三〇kmを一四時間五四分で飛行。
昭和11年（一九三六）	
1月2日	日本航空輸送の福岡—那覇—台北線に旅客輸送開始。使用機はフォッカーFⅦ／三m単葉機。
1月27日	志鶴忠夫は九帝7型ソアラーにより信貴山の猛吹雪中を九時間二三分滞空日本記録を更新した。
2月10日	日本飛行機がフランスから製作権を購入した『プー・ド・シエル』（空のシラミ）の見本機が羽田で公開飛行。なお、国産型NH—1『雲雀式1型』は三月六日初飛行。
3月1日	朝日新聞の飯沼操縦士は中島AN—1通信機により大阪城東練兵場—東京羽田飛行場間四二五kmを一時間二分の記録を樹立。
3月28日	日本航空輸送がダグラスDC—2型輸送機により福岡—那覇—台北間の旅客輸送を開始。
5月27日	福岡第一飛行場・通称雁ノ巣飛行場が開港した。

	それまでは水上は名島飛行場・陸上は大刀洗陸軍飛行場の借用であった。
8月1日	日本航空輸送は台北―台中―高雄、台北―宜蘭―花蓮港の台湾島内線運航開始。
9月2日	第一回全日本グライダー大会が長野県霧が峯高原で開催され、二〇〇余人が参加した。
9月12日	国産初の近代的双発輸送機中島AT―2が群馬県尾島飛行場で初飛行した。
12月5日～6日	朝日新聞の双発飛行通信機『鵬号』は新野・長友らにより立川―台北―バンコク間四、九三〇kmを実飛行時間二一時間二六分で飛行した。
昭和12年（一九三七） 3月26日	朝日新聞の飯沼飛行士は三菱雁型通信機『神風』により大阪―東京間四二五kmを五九分で、自己の保持する日本記録を破った。また二八日には同機で東京―福岡間を往復した帰路、福岡―東京間九四〇kmを二時間二分で飛ぶ新記録を樹立した。
4月6日～10日	朝日新聞の飯沼正明操縦士、塚越賢爾機関士は『神風号』で立川―ロンドン間南回り一五、三七五kmを九四時間一七分五六秒（実飛行時間五一時間一九分二三秒）で飛び、初の欧亜連絡一〇〇時間以内飛行に成功し、日本初の国際記録を樹立した。なお帰途は五月一一日ロンドン発、二一日羽田に帰着した。
5月20日	満州航空の子会社として日独間空路開設を目的とする国際航空㈱が設立された。

5月23日〜27日	日本帆走飛行連盟と帝国飛行協会の協催で、第一回日本帆走飛行競技大会が大阪生駒山で開催され、八機一九人が参加した。
5月27日	日本航空輸送研究所の瀬戸内海空路の愛知AB―4飛行艇が堺市内の工場に墜落し搭乗者五人が死亡。
6月1日	日本航空輸送は東京―京城―新京、京城―大連―天津間の急行便を開始レ、日満両国首都を約一〇時間で連絡した。使用機は中島AT―2。なお大連―天津間は恵通公司が運航。
7月1日	福岡―台湾間航空路に初のラジオビーコン局が実用開始。
7月7日	蘆溝橋事件勃発。日華事変おこる。
11月18日	川崎造船所飛行機課が川崎飛行機工業として独立。
昭和13年(一九三八) 1月31日	航空局が逓信省外局となる。初代長官藤原保明。
2月2日	中国の恵通公司はDC―2輸送機により、北京―天津―青島―福岡線の週三往復の運航開始。日中両国首都が一日の行程となった。
2月22日〜25日	イタリア飛行クラブ主催のリビア周回飛行競技にHe一一六機で参加した加藤少佐と中尾飛行

	士は第三区間でプロペラ故障のため不時着棄権したが、日本人として初の国際飛行競技参加。
4月23日～29日	加藤・中尾両飛行士はHe一一六機を空輸してベルリンから東京まで南回り一五、三四〇kmを一四三時間四二分実飛行時間五四時間一七分で飛び、両地間の新記録樹立。
5月13日～15日	航空研究所長距離機は、藤田雄蔵、高橋福次郎、関根近吉三氏搭乗して木更津海軍飛行場を離陸、銚子―太田―平塚―木更津のコースを二九周し、六二時間二二分四九秒後に着陸。一一、六五一・〇一一kmの周回航続距離を、一〇、〇〇〇km平均速度一八六・一九二km／hのＦＡＩ公認世界記録を樹立した。
8月1日	日本航空輸送が東京―新京線にロッキード一四スーパーエレクトラ高速輸送機を就航させた。
8月24日	羽田で訓練飛行中の日本飛行学校のアンリオ複葉機と日本航空輸送のスーパーユニバーサル機が大森上空で衝突し、日本空輸機は市街地に墜落爆発、両機の乗員五人ほか計四五人死亡、一〇六人重軽傷という日本航空史上最大の事故発生。
9月30日	三井物産が輸入したＤＣ―３輸送機四機中の一号機が中島飛行機で完成初飛行した。
10月5日	日本航空輸送による東京―大阪―福岡―青島―北京線と、福岡―上海―南京線が運航を開始した。
12月1日	日本航空輸送と国際航空の対等合併により大日本航空㈱が設立された。

12月16日	日中共同出資による中華航空㈱が設立された。
昭和14年(一九三九)	
1月17日	大阪第二国際空港として兵庫県河辺郡神津村に伊丹飛行場が開港した。
1月25日～26日	大日本航空のHe一一六『乃木号』は中尾機長らにより、日本—シャム（今のタイ国）間空路開拓のため郵便物約三〇〇通を積み、立川—台北—バンコク（タイ王国の首都）間、四、八八〇kmを三四時間四〇分（実飛行時間一八時間三六分）で飛んで記録を更新した。
2月6日	小田勇は六甲二型ソアラーで生駒山上から出発し九時間三三分の滞空記録と二、六〇〇mの高度記録樹立。
3月1日	大日本航空はHe一一六郵便機二機『乃木』『東郷』号で東京—新京間無着陸定期郵便飛行を開始。
3月31日	日本航空輸送研究所、日本海航空・東京航空・安藤飛行機研究所の輸送部門が解散し、大日本航空に統合併された。
4月4日～10日	大日本航空の川西式四発飛行艇「綾波」号は南洋定期航空路開拓のため横浜磯子飛行場を出発、横浜—サイパン間二、六一〇kmを一〇時間二〇分、パラオまで一、五七〇kmを五時間一五分で飛び、一〇日横浜帰着。
4月9日～15日	三菱双発輸送機「そよ風」号はイラン皇太子ご成婚祝賀のため松井機長以下の搭乗で、東京

	からバンコク、カルカッタ経由でテヘランまで一二、〇六三㎞を実飛行時間四七時間一二分で飛んだ。
5月17日	大日本航空の福岡発京城行きのロッキード一四スーパーエレクトラ「球磨」号が離陸後失速墜落、乗員乗客一一人中五人が死亡した。同機はこれが半年間に5回の事故のため、乗務員が忌避して飛行停止となり、その後外翼縁に固定スラットを付加して解決した。
8月26日～10月20日	毎日新聞の世界一周機、三菱双発輸送機「ニッポン」号は大原使節・中尾機長以下七人の搭乗で羽田を出発、アラスカ、北米西海岸、同東海岸、中米、南米、アフリカを経由、ローマまで飛んだが、大戦勃発のため南回りで帰国。五二、八六〇㎞の世界一周を五六日間、飛行時間一九四時間で完成。この間に札幌―ノーム間、四、三四〇㎞ナタール―ダカール間三、〇三〇㎞の太平、大西両洋横断飛行に日本機として初成功。
11月30日	日本初の国際航空協定がシャムとの間に成立してバンコクで調印された。この使節を乗せた三菱双発輸送機「大和」号は二五日羽田発、台北、ハノイを経由して27日バンコクに到着した。
12月18日	日本初の学生の設計製作機、東大ＬＢ―２（トラン60hp）が羽田で初飛行した。
12月23日～31日	日独伊防共協定成立記念の独伊訪問飛行は大戦のため訪独を中止し、大日本航空の「大和」号は石川機長以下乗員、笹川良一ら使節が搭乗して羽田を出発一四、七八〇㎞を飛んで、ローマに安着した。実飛行時間五五時間四五分。

昭和15年（一九四〇） 1月19日	吉川精一は美津濃30―型ソアラーにより生駒山で獲得高度二、三二〇m、滞空九時間五七分三〇秒の日本新記録。
2月26日～28日	東京―バンコク間空路開設はフランスのハノイ寄港拒否により広東―バンコク間三、一七五kmのインドシナ半島迂回洋上飛行空路の試験のため大日本航空の三菱双発輸送機「龍風」号が松井機長以下により羽田発、新空路広東―バンコク間を八時間四七分で飛んだ。
3月2日	航空局の松戸中央航空機乗員養成所が開設した。
3月6日	大日本航空は横浜―サイパン―パラオ間定期航空路の運行を開始し、一番機川西四発飛行艇「局八号」は旅客六人を乗せて横浜を出発した。
6月10日	大日本航空は懸案の東京―バンコク間を三日間で結ぶ国際線の週一回定期運航を開始。なおフランスの敗戦により、七月一六日の第六便からハノイ帰航が可能となった。
8月15日	DFSオリンピア・マイゼ・ソアラー六機による富士五合目（標高二、六〇〇m）から発進させる帝国飛行協会主催、日本帆走飛行連盟、毎日新聞の協催による紀元二六〇〇年記念事業が行われ、小田勇が距離七一kmで優勝した。
8月23日	大日本航空はパラオ―ヤップ―オレアイ―トラック―ポナペ―クサイ―ヤルート線、サイパン―トラック線の南洋島内定期航空路の試験運航を開始。

9月20日	三菱MC―20輸送機の民間第一号機（キ五七の第四号機）が羽田で公開された。
9月28日	第一回航空日が逓信省主催、陸・海・文部各省賛同で挙行。なおこの日は各方面の都合から臨時に定められたもので、翌年から九月二〇日となった。
9月27日	日独伊三国軍事同盟調印。
10月1日	政府方針により帝国飛行協会が各民間航空団体を統合し、大日本飛行協会が設立された。
10月22日	大日本航空の「綾波」号によりパラオからポルトガル領チモール島への定期空路開拓の第一回調査飛行が行われた。この飛行は非公式飛行で当時は公表されず、以後七回の調査飛行が実施された。
11月22日～27日	大日本航空の「綾波」号はパラオ―淡水間処女空路開拓のため、横浜―サイパン―パラオ―淡水―横浜間九、二三七kmを飛行時間三七時間一二分で飛んだ。
12月5日	大日本航空はハノイ―ツーラン―サイゴン―バンコク線毎週一往復の運航を開始した。第1便はMC―21「赤城」号。
12月28日	大日本航空のMC―20「妙高」号が航空局検査飛行中千葉県姉が崎沖に墜落、乗員乗客計一三人死亡。

第二編

戦中編（黎明期《れいめいき》）

第一章　航空機乗員養成所

第一節　総　論

先の第一編・戦前編（揺藍期《ようらん》）第五章でも述べたように日本の民間航空の操縦士は阪神飛行学校とか天虎飛行研究所などで養成されていたが、これらはいずれも民間有志の飛行学校で、国家予算で養成されたものではなかった。

大正九年（一九二〇）七月、航空局の官制が公布され、陸軍省航空局が誕生したことは前にも述べたが、同年一〇月、航空機操縦生採用規則が制定公布され、応募者一一四名の中から一〇名が選抜されて、翌年の大正一〇年一月から八ヶ月間、所沢の陸軍飛行学校に依託して第一期操縦生の養成が始まった。三期生からは海軍にも依託されて霞ヶ浦の海軍航空隊で訓練が開始され、更に大正一三年（一九二四）一〇月、新たに航空機関士養成規則が制定公布されて、東京府立工芸学校で二ヵ年間航空技術教育が行われた。

昭和六年（一九三一）九月一八日、満州事変（奉天《ほうてん》＝今の瀋陽《しんよう》＝郊外での柳条湖事件を契機に始まった）に続き、昭和一二年（一九三七）七月、支那事変（日中戦争＝盧溝橋《ろこうきょう》事件をきっかけに起った日本と中国との戦争）が勃発《ぼっぱつ》して、航空要員の大量養成が求められるようになったため、いつまでも軍に依託して操縦士を養成するのではなく、航空局直轄の、いわゆる自前の操縦士養成の必要に迫られてきたのである。

従って、陸・海軍への依託を打ち切ることにして、昭和一四年（一九三九）一一月、陸軍依託は第一八期（九九名）で海軍依託は第一六期（六四名）の計一六三名、機関士養成は昭和一六年三月卒業の第一一期（およそ一六〇名）までで終焉《しゅうえん》を迎えたのである。

第二節　仙台と米子に航空局乗員養成所が開所される

昭和一三年六月、呱々《ここ》の声をあげて誕生した逓信省航空機乗員養成所は、敗戦によって昭和二〇年（一九四五）八月を以ってこの世を去った。わずか七年余の生涯であったため、陸士や海兵、あるいは陸軍の少年航空兵や海軍の予科練等の名にかくれて、多くの若者が厳しい訓練に耐え、第一線で戦い、中には特攻の一員として蕾《つぼみ》のまま国に殉じたことを知る人は少い。しかも戦後、民間航空が復活するや、その指導的立場に立ったのも、かつての航空機乗員養成所の出身者たちであったのである。

昭和一三年二月、航空局官制が公布されたのを機に、航空局は、自らの手で航空機乗員の養成に当ることとし、同年六月、仙台と米子の二ヶ所に「航空局乗員養成所」が開設され、それぞれに二〇名の若者が「第一期操縦生」として入所した。

第三節　操縦生とは

操縦生は旧制中学校三年修了ないし卒業者が受験資格で、わずか八ヵ月（のちに一年に延長）の修業年限

地上での飛行訓練

であった。これは非常時における緊急の必要性があったので臨時に設けた制度であり、一部では「臨時操縦生」とも呼ばれていた。

衣食住はすべて国庫の支出で、全員生徒舎に起床し、全く軍隊と変わらない日課で訓練を受け、卒業時は二等操縦士、二等航空士の免許を得て、直ちに軍籍に入り、六ヵ月間、軍用機による訓練を受け陸軍伍長（海軍は一等飛行兵曹）として除隊、その後は、中央（高等）航空機乗員養成所に進む者、または民間の航空会社に入社する者、あるいは母校である地方航空機乗員養成所の助教として奉職する者などに分れたのである。

その他、名古屋飛行学校、阪神飛行学校、日本飛行学校、亜細亜飛行学校、天虎飛行研究所、堺水上機飛行学校等にも合計七八名を依託した。

仙台と米子の二ヶ所に入所した第一期操縦生が巣立たないうちに、昭和一三年一〇月、第二期操縦生が入所し、一四年四月、第一期操縦生が卒業すると、第三期卒業生が入所するという、半年ごとに新入生を迎えたのである。

その後、操縦生は、定員を六〇名に増員して各養成所で大量増産されたが、これも第一四期で終焉《しゅうえん》を迎える。

昭和一九年（一九四四）七月二六日、強制的に軍籍に編入され、航空

操縦生の各養成所別在籍者概数

期	操1	操2	操3	操4	操5	操6	操7	操8	操9	操10	操11	操12	操13	操14	操縦計
仙台	20	25	27	25	42	45	49	61	49	72	50	50	49	73	637
米子	20	25	28	27	47	48	51	57	61	73	57	54	44	70	662
印旛										57	54	52	43	63	269
新潟														84	84
熊本											60	49	50	80	239
古河											50	50	53	84	237
京都												50	59	80	189
岡山														59	59
都城												60	60	80	200
筑後															
依託	78		23	20	23		10		20		20				194
愛媛											100	60	60	60	280
長崎												60	51	60	171
福山													69		69
計	118	50	78	72	112	93	110	118	130	202	391	485	538	793	3290
卒業年月	14・1	14・5	14・11	15・2	15・7	15・11	16・4	16・9	17・3	17・9	18・3	18・9	19・3	19・7	
													海軍系 19・1	海軍系 19・3	

局生徒（操縦生）の身分のまま陸軍系の生徒は「陸軍予備生徒」、海軍系の生徒は「海軍予備練習生」と呼ばれるようになった。

中でも一四期操縦生は昭和一八年一〇月入所したが、昭和一九年四月一日、陸軍飛行学校教育隊となって軍服を着せられ陸軍兵長の襟《えり》章を附け、戦斗機隊、爆撃隊、偵察機隊と分かれて訓練を受けるようになった。

昭和一九年七月二〇日、繰上げ卒業となって、卒業時は航空機乗員養成所の卒業証書、二等操縦士、二等航空士の免状のほか、陸軍飛行学校教育隊の卒業証書も授与された。卒業後は直ちに、ネグロス島、パナイ島、ルソン島からマニラや台湾の各教育隊に派遣されたのである。

この後に続く第一五期操縦生を志願して入所が予定されていた候補生は「陸軍第一期特別幹部候補生」として採用されたのである。

第四節　操縦生の動向

第1期操縦生　昭和一三年（一九三八）六月、航空局米子乗員養成所と仙台乗員養成所が設置され、それぞれに二〇名が入所、㈶阪神航空協会が阪神飛行学校を設置したので、ここにも若干名を依託、昭和一四年一月、米子と仙台が卒業、同三月阪神依託生が卒業。阪神飛行学校は米子乗員養成所阪神分教場となる。

第2期操縦生　昭和一三年一〇月、米子に二五名、仙台に二五名が入所。陸軍依託操縦生が熊谷陸軍飛行学校を卒業したので、宇野雄風と溝端輝雄が阪神に、佐藤祐助が仙台、馬詰太郎が米子の各養成所に教官として赴任する。昭和一四年五月卒業。阪神1期卒と併せて五〇名が陸軍依託として熊谷陸軍飛行学校に入校、一名が殉職。一四年一一月二七日、四九名が卒業して一等操縦士となる。

第3期卒業生　昭和一四年（一九三九）四月、米子へ二八名、仙台へ二七名、阪神へ若干名入所した。同年九月卒業。

第4期操縦生　昭和一四年六月、米子へ二七名、仙台二五名、阪神二〇名が入所した。昭和一五年二月卒業。

第5期操縦生　昭和一四年一二月、米子へ四八名、仙台に四五名、阪神に二三名が入所した。昭和一五年七月卒業。

第6期操縦生　昭和一五年（一九四〇）四月、米子へ四八名、仙台へ四五名が入所した。同年一一月卒業。

第7期操縦生　昭和一五年八月、米子へ五一名、仙台に四九名、天虎に六名が入所。米子乗員養成所阪神分教場閉鎖。昭和一六年三月卒業。

第8期操縦生　昭和一五年一二月、米子へ五七名、仙台へ六一名が入所した。昭和一六年八月卒業。

第9期操縦生　昭和一六年（一九四一）四月、米子へ六一名（二名はのち天虎へ転出）、仙台へ四九名、天虎へ一五名（のち米子から二名転入）が入所した。昭和一七年三月卒業。

第10期操縦生　昭和一六年一〇月、米子へ七三名、仙台へ七二名、印旛へ

飛行前の全員整列（区隊長に敬礼）

五七名が入所。昭和一六年四月印旛地方航空機乗員養成所設置。昭和一七年九月卒業。

第11期操縦生　昭和一六年四月、米子、仙台に続き、印旛、新潟、古河、熊本、愛媛に地方航空機乗員養成所を設置。昭和一七年四月、米子へ五七名、仙台へ五〇名、印旛へ五四名、熊本へ六〇名、古河へ五〇名、愛媛へ百名が入所した。昭和一八年三月卒業。

第12期操縦生　昭和一七年（一九四二）四月、京都、長崎、岡山、都城に地方航空機乗員養成所設置。同年九月、米子へ五四名、仙台へ五〇名、印旛へ五〇名、熊本へ四九名、古河へ五〇名、京都へ五〇名、都城へ六〇名、愛媛へ六〇名、長崎へ六〇名が入所した。長崎地方航空機乗員養成所は湿田を埋め立てた飛行場のため雨が降ると飛行場は泥沼と化して使用不能になるため、基礎教育、初練教科を終えると大村海軍航空隊の武道場に起居して大村飛行場で93式中練の教育を受ける。昭和一八年九月卒業。

操縦生の入・退所、卒業生一覧

期	入所人員	入所年月	卒業年月
1	40	13.6	14.1 14.3
2	50	13.10	14.5
3	55	14.4	14.9
4	52	14.6	15.2
5	89	14.12	15.7
6	93	15.4	15.11
7	100	15.8	16.3
8	118	15.12	16.8
9	110	16.4	17.3
10	202	16.10	17.9
11	371	17.4	18.3
12	485	17.9	18.9
13	538	18.4	19.1 19.3
14	793	18.10	19.7
合計	3,096		

これに依託生一九四名が加わる。

飛行訓練開始

第13期操縦生　昭和一八年（一九四三）四月、米子へ四四名、仙台へ四九名、印旛へ四三名、熊本へ五〇名、古河へ五三名、京都へ五九名、都城へ六〇名、福山へ六九名、愛媛へ六〇名、長崎へ五一名が入所した。昭和一九年一月、海軍系の福山、愛媛、長崎在籍者卒業、同年三月、米子、仙台、印旛、古河、京都、熊本、都城在籍者卒業。

第14期操縦生　昭和一八年一〇月、米子へ七〇名、仙台へ七三名、新潟へ八四名、印旛へ六三名、熊本へ八〇名、古河へ八四名、京都へ八〇名、岡山へ五九名、都城へ八〇名、愛媛へ六〇名、長崎へ六〇名が入所した。同年一二月、長崎は愛媛へ転属。昭和一九年（一九四四）四月、筑後地方航空機乗員養成所設置。仙台、印旛、古河、新潟、京都、米子、岡山、熊本、都城の操縦生は、仙台、岡山、筑後、都城に併設された陸軍飛行学校教育隊の航空局依託操縦生となり、米子、新潟、印旛、熊本、古河、京都の操縦生は再編成されて転属合併して操縦訓練に入り、昭和一九年七月繰り上げ卒業した。

乗員養成所操縦生は民間航空の操縦士をめざして入所し訓練を受けたのであるが、たしかに最初は日本航空、満州航空、南方航空などの機長として入社していたが、その後は民間航空に入社できる者はわずかになり、ほとんど軍務に服することになった。

太平洋戦争で活躍したのは「本科生」ではなく、この「臨時操縦生」たちであった。

養成所時代の飛行時間は約九〇時間～百時間（教育機関が八ヵ月の時は五二時間～五五時間、一〇ヵ月の時は六一時間～六三時間）であった。同時に軍人としての基礎教育も受けたのである。

しかし、一三期、一四期操縦生は乗る飛行機が少くなった上に、教官、助教も召集を受けて指導者が少ない上に、生徒数は増えてきたので、一四期操縦生の飛行時間は約六五時間で卒業している。

第五節　航空機乗員養成所と改称

昭和一五年（一九四〇）三月、勅令第八一号航空局官制の改正に従って、今までの「航空局乗員養成所」の名称を「地方航空機乗員養成所」および「中央航空機乗員養成所」と改称することになった。

地方航空機乗員養成所の卒業生は二等操縦士、二等航空士、又は二等整備士と二級滑空士の免状が与えられ、軍に進む者は下士官として入隊することになる。

中央航空機乗員養成所（昭和一九年四月から高等と改称）の卒業生は一等操縦士の免状を得て、軍に進む者は士官（少尉）候補生として入隊することになっていた。

そもそも、地方とか中央とかいう名称の発想は、どこからきたのだろうか。それは乗員養成所の発足当初の目的は民間のパイロット養成であったにもかかわらず、風雲急をつげる非常時下であったことから、準軍人としての教育が施され、陸軍幼年学校や陸軍士官学校と同じ構想で命名されたのである。かつて陸軍幼年学校を「地方幼年学校」「中央幼年学校」（のちの陸軍予科士官学校）と呼んでいたので、これに準じたわけである。

従って、地方航空機乗員養成所は陸軍幼年学校と同等で、別名「陸軍航空幼年学校」と呼ばれたものであった。

中央航空機乗員養成所普通科は陸軍予備航空士官学校と同等、同高等科は陸軍大学校と同等という考え方で組織されたものだった。

生徒の制服制帽は、帽章が違い帯剣《たいけん》をしないだけで、陸軍幼年学校の服装と全く同じ。月々支給される手当も地方の生徒は陸幼と同じ四円、高等の生徒は陸士と同じ六円である。また、飛行演習でも飛行服、飛行帽、航空手套、航空長靴も全く陸軍のものと同一である。（海軍系の乗員養成所は海軍と同じ）

尚、中央航空機乗員養成所長は陸士と同じ陸軍少将が、地方航空機乗員養成所長は、陸幼と同じ陸軍大佐（一部に少佐のところも）が就任していた。

全国に十四の地方航養と三つの中央航養が開所される

昭和一六年（一九四一）一二月八日、日本の真珠湾攻撃によって始まった太平洋戦争、その以前から日米関係が嫌悪な関係になってどうしても戦争が避けられない情勢になって益々パイロットの大量養成が急務になってきた一六年四月、仙台、米子に次いで熊本、新潟、印旛に、一七年四月、京都、長崎、古河、岡山、愛媛、都城に、一八年四月、福山、筑後に、二〇年四月、山梨にと地方航空機乗員養成所が次々と開所された。

また中央航空機乗員養成所も一五年三月、松戸に、一八年四月、福山に、二〇年六月、古河（松戸中央航養古河支所が独立）にと三養成所が発足したのである。

更に福岡県郡山と、熊本県天草にも開所予定で工事が進められていたが、何れも海軍に接収された為、乗員養成所としては開所されるに至らなかった。

①全国の航空機乗員養成所一覧

◎高等航空機乗員養成所（元中央）

	開所年月	名称	所在地	備考
	15・3	松戸高等航空機乗員養成所	千葉県松戸市	昭和19年4月から機関科を設ける
△	18・4	福山高等航空機乗員養成所	広島県深安郡大津野村	
	20・6	古河高等航空機乗員養成所	茨城県猿島郡岡郷村	

◎地方航空機乗員養成所

	開所年月	名称	所在地	備考
	13・6	仙台地方航空機乗員養成所	宮城県仙台市霞の目	航空局仙台乗員養成所として発足・昭19・8陸軍が接収して閉所
	13・6	米子地方航空機乗員養成所	鳥取県米子市両三柳	航空局米子乗員養成所として発足
	16・4	熊本地方航空機乗員養成所	熊本県菊池郡合志村	昭和19・8陸軍が接収して閉所
※	16・4	新潟地方航空機乗員養成所	新潟県北蒲原郡松ヶ崎浜村	
	16・4	印旛地方航空機乗員養成所	千葉県印旛郡船穂村	
	17・4	京都地方航空機乗員養成所	京都府久世郡御牧村	昭19・8陸軍が接収して閉所
△	17・4	長崎地方航空機乗員養成所	長崎県諫早市字小野島	昭19　海軍航空隊併設
	17・4	古河地方航空機乗員養成所	茨城県猿島郡岡郷村	松戸高等航養古河支所（のちの古河高等航養となる）併設
	17・4	岡山地方航空機乗員養成所	岡山県岡山市福田地先埋立地	昭19・8陸軍が接収して閉所
△	17・4	愛媛地方航空機乗員養成所	愛媛県周桑郡吉井村	昭19　海軍航空隊併設
	17・4	都城地方航空機乗員養成所	宮崎県都城市横市	昭19・8陸軍が接収して閉所
△	18・4	福山地方航空機乗員養成所	広島県深安郡大津野村	
	18・4	筑後地方航空機乗員養成所	福岡県八女郡岡山村	
△	20・4	山梨地方航空機乗員養成所	山梨県中巨摩郡玉幡村	

その他に福島県・郡山と、熊本県・天草に開所予定で準備が進められていたが、何れも施設を海軍に接収されて開所に至らなかった。
△印は海軍系　※は整備、機関士養成

第六節　地方航空機乗員養成所本科生

（左）十二階段からの飛び降りと、回転機（フープ）での体力づくり

航空局が、国家予算による本格的な乗員養成の目的は、中学校三年以上の修了者を採用して一年間で卒業させる「臨時操縦生」ではなく、小学校（当時の国民学校）六年卒業者を五年（実際には繰り上げ卒業で四年六ヵ月）教育する「本科生」の制度であった。（口絵10頁）

当時の航空局の生徒募集要綱によると「中等学校ト同等ノ普通学科ノ外、航空機操縦術又ハ整備術 若《モシク》ハ航空通信術ニ関スル教育ヲ授ク」とある。

即ち、本科生は国民学校初等科卒業者（小学六年生）を入所させ、全員を生徒舎に起居させ、一切の費用は官費で支弁し、さらに若干の手当（月額四円）を給与し、五年間（当分の間四年六月）の在所中に文部省の認定を得て、甲種工業学校の制度により、一般中学校程度の普通学科および航空に関係ある工業教育、即ち、航空機製作の概要、修理、整備等の技術等のほか滑空機（グライダー）及び飛行機の操縦技術とを併せて教育し、修業後は二等航空機操縦士、二等航空士、二級滑空士の免状が附与される、と定めてある。

一年生から三年生までの教育内容は、修身、訓育、国語（国文、漢文、文法、作文、書道）歴史、地理、理数科（数学1類、2類、物象、生物）、外国語（英語）、基本工学、工作、図学、通信術、滑空訓練、体操、軍事教科（学科、術科、武道）と授業を受ける。ここで面白いことは、この頃は英語は敵国語だとして一般の中学校では廃止されていたものを乗員養成所では教えていたということである。

このように三年生までは、普通学科が主体で、専門学科の力学《りきがく》も基本工学の一つであり、工作は木工、金工、板金、手仕上、冶金という工業学校機械科と同等以上の教育も施され、航空機の修理、整備の基礎として重視されていた。

三年生に進学すると滑空訓練（プライマリー）も加味され、四年生に進学するとき適性検査が実施され、その結果、操縦科と整備科に区分され、整備科の者は新潟の乗員養成所に転属、操縦科の者は滑空機（セコンダリー・ソアラー）及び三式陸上練習機（初練＝俗に赤とんぼと呼んだ）及び九三式中間練習機（中練）の操縦訓練と、座学として基本工学（力学、機械学、材料学、流体力学）、航空工学（航空構造学、航空機発動機学、航空計器学、熱力学）、電気工学、航空機操縦学、滑空術、空中航法学、航空法規、気象学、航空救急衛生学等を学ばなければならなかった。

身体検査

まず、航空機乗員養成所に入所を希望する者は心身共に強健、堅忍不抜《けんにんふばつ》の気力をもつ者でなければならない。

そこでまず身体検査が実施され、これに合格した者のみが数日おいて学科試験を受けるわけである。

参考までに入試要項による当時の基準は次の通りだった。

区別 年令(満)	身長 (米)	胸囲 (米)	体重 (瓩)	胸囲拡張 (糎)	肺活量 (立法糎)	握力左右 (瓩)	視力 (裸眼)	備考
一二－一三	一・三七	〇・六五	三一・〇	四・〇	二・一〇〇	一六・〇	一・〇	
一三－一四	一・四一	〇・六七	三四・〇	四・〇	二・三〇〇	一八・〇		
一四－一五	一・四五	〇・六九	三七・〇	四・六	二・五〇〇	二〇・〇		
一五－一六	一・四九	〇・七二	四〇・〇	五・〇	二・六〇〇	二二・〇		
一六－一七	一・五二	〇・七五	四三・〇	五・〇	二・八〇〇	二三・〇		
一七以上	一・五四	〇・七六	四六・〇	五・五	二・九〇〇	二四・〇		

註　海軍志願者の視力に付ては片眼視力のみ一・〇に達せざるも〇・八以上にして両眼視力一・二に達するものは合格とす
（この表は昭和一九年度志願者心得より）

※参考事項（平成一三年度全国平均）
中学２年生（一四歳）身長一六〇・二cm体重五〇・六kg
高校３年生（一八歳）身長一七〇・九cm

本科一・二期生の変則入所

さて、前述の通り本科生は五ヵ年修業が目的であったが、時局は五年修業という悠長《ゆうちょう》なことは言っておられない切羽《せっぱ》詰《つ》まった時代に追いこまれていた。そこで、昭和一六年（一九四二）四月、仙台、新潟、印旛、米子、熊本に入所（各六〇名）した本科一期生と、昭和一七年四月、新潟、古河、京都、岡山、都城に入所した本科二期生は、中学二年修了または高等小学校高等科卒業以上の者を、いきなり三年生として採用したのである。

従って、昭和一六年、本科一期生と同時に入所した本科三期生と、昭和一七年、本科二期生と同時に入所した本科四期生からが、本格的に一年生として採用されたのである。

パイロット養成は大量養成はできない。それは五名一組に教官または助教が一人ついて教育しなければならないからである。従って操縦生も、本科生も一養成所に六〇名を原則として採用していたが、戦局益々峻烈《しゅんれつ》を極めてくると、或る養成所に吸収合併せざるを得なくなった。

東大に入るよりむずかしかった養成所

姿勢正しく教室での授業風景

ＪＡＦ発行・航空マガジンの〝ヒコーキ野郎〟という本に「航空機乗員養成所」と題して書かれたものによると、

「戦前、日本の航空機の乗員養成所は海軍なら霞ヶ浦の『予科練』か、陸軍なら『少年飛行兵』だけと思っている読者も多いのではないだろうか!?

この乗員養成所のパイロットになるのは東大に入るよりむずかしかった。訓練費は逓信省が全額出して養成したパイロットで、華々しく散ったゼロ戦のパイロットにかくれて存在はうすいが、テストフライトや各部隊をフェリーしたりして活躍していた!

戦前、民間の操縦士の養成などの名のもとに多くの若鷲を育て上げたのが、逓信省の乗員養成所である。当時、軍一辺倒といわれがちな航空界にあって、ここだけが一応軍部の直轄から離れ、逓信省の管理下にあったのである。

航空局の募集要領による進路表

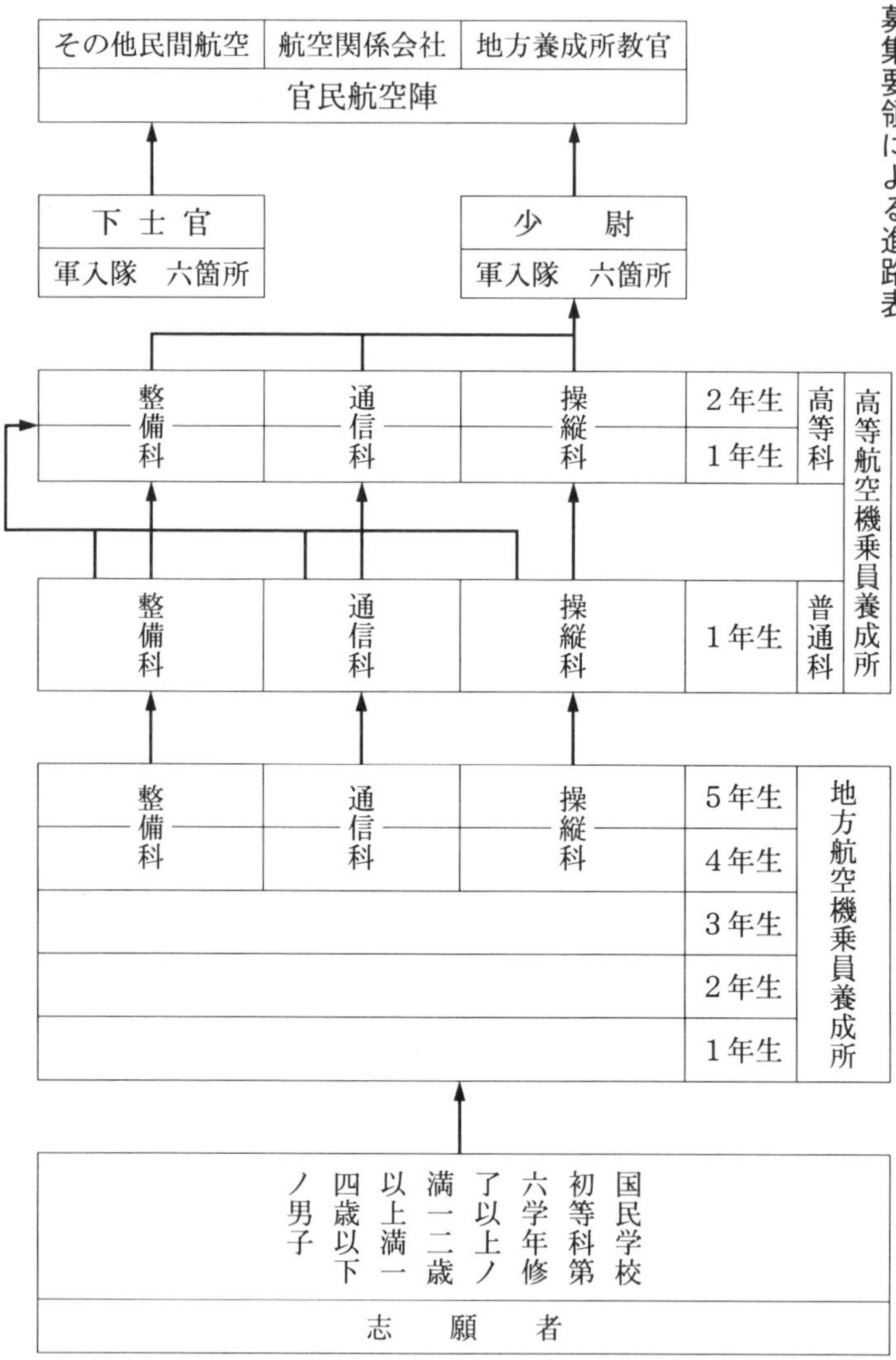

逓信省航空機乗員養成所本科生・操縦生在籍一覧表

区分	航養名	開設期間（13年〜20年）	備考	本科生 1期	2期	3期	4期	5機	6期	7期	操縦生 1	2	3	4	5	6	7	8	9	10	11	12	13	14
陸軍系 中央	松戸	4―8	19年4月1日「高等」と改称			整																		
陸軍系 中央	古河	11―8	20年2月支所→本所昇格	◌	◌ 19.11.4																			
陸軍系 地方	仙台	6月―4―	航空局乗員養成所発足 16年4月11日航空機乗員養成所	60		60	60	58	59		20	25	27	25	42	45	49	61	49	72	50	50	49	73
陸軍系 地方	米子	6月―4―8	同　上	60 25	◌ 202	60 203	60	60			20	25	28	27	47	48	51	57	61	73	57	54	44	70
陸軍系 地方	新潟	4―8	機関科要員	60	60	60	60 45	◌	60	90														84
陸軍系 地方	印旛	4―8	19年10月陸軍飛行23戦隊基地となる	60	機関科	60	59	59	59	60										57	54	52	43	63
陸軍系 地方	熊本	4―3	19年3月陸軍に接収	60		60	60	69	55	106											60	49	50	80
陸軍系 地方	古河	4―8	19年4月陸軍と併設 19年10月従前にもどる		60		60	60	188												50	50	53	84
陸軍系 地方	京都	4―3	19年3月陸軍に接収		60		60	70	60	120												50	59	80
陸軍系 地方	岡山	4―9	同　上		60		60	68	59															59
陸軍系 地方	都城	4―3	同　上		60		60	70	59													60	60	80
陸軍系 地方	筑後	4―8	同　上				◌	◌	179	120														
海軍系 地方	福山	5―8	水上機要員						97														69	
海軍系 地方	愛媛	4―8	19年海軍航空隊併設 所長航空隊司令兼務				60 整備	60	113	182											100	60	60	60
海軍系 地方	長崎	4―8	同　上				59 20	54	183	144												60	51	◌60
海軍系 地方	郡山		開設準備完了と同時に19年4月海軍に接収																					
海軍系 地方	天草		同上（水上機）																					

記事		本科生 1期	2期	3期	4期	5機	6期	7期	操縦生 1	2	3	4	5	6	7	8	9	10	11	12	13	14
18年4月1日　地方の名称がとれる（逓信省告示第361号）	入所人員	300	300	300	658	628	1171	822	40	50	55	52	89	93	100	118	110	202	371	485	538	793
19年4月1日　再び地方航養と改称（運輸通信省告示第137号）	入所年月	16.4	17.4	16.4	17.4	18.4	19.4	20.4	13.6	13.10	14.4	14.5	14.12	15.4	15.8	15.12	16.4	16.10	17.4	17.10	18.4	18.10
19年7月26日　陸軍系生徒は「陸軍予備生徒」、海軍系生徒は「海軍予備練習生」として軍籍編入。	卒業年月	19.3	19.9 (20.6)	20.9	20.12	—	—	—		14.5	14.1	15.1	15.7	15.11	16.4	16.9	17.3	17.9	18.3	18.8	19.1	19.2

だが、彼ら若鷲には、祖国のためにと、自ら大空の彼方へ消えて行った者も少なくない。

戦中を知らないで育った現代のヒコーキ野郎諸君は驚くかもしれないが、忘れないで欲しい、同年の若者が33年前に飛行機に空に魅了されて散っていった時代のことを!!

戦争の中で多くの若者が抱いた飛行機と大空への憧憬、そして多くの若者たちの『死』を!!　純粋に飛行機を愛し、大空を愛した若者たちが、33年前に歴史的現実としてあったのだ。

第七節　本科生の動向

本科1期生　三六四六名の応募者の中から昭和一六年四月、仙台、印旛、新潟、米子、熊本の養成所に各六〇名、計三百名が三年生として入所。昭和一七年九月、操縦と機関に分れ、機関要員は新潟へ集まり、新潟の操縦要員は仙台、印旛、米子、熊本へ振分けられて転出し、九五式型練習機による操縦教育が始まった。

仙台、米子、印旛、新潟、熊本の機関要員は新潟に転属、

各養成所別在籍者概数

	仙台	米子	印旛	新潟	熊本	古河	京都	岡山	都城	筑後	依託	愛媛	長崎	福山	計	卒業年月
本科1	60	60	60	60	60										300	19.3
本科2				60		60	60	60	60						300	20.10
本科3	60	60	60	60	60										300	20.9
本科4	60	60	59	60	60	60	60	60	60			60	59		658	20.12
本科5	58	60	59		60	69	70	68	70			60	54		628	
本科6	59		59	60	55	188	60	59	59	179		113	183	97	1171	
本科7		90	106	60		120				120		182	144		822	
本科計	297	330	403	360	295	497	250	247	249	299		415	440	97	4179	
															7469	

整備教育が始まった。昭和一九年三月卒業。陸軍に入って除隊して任官した同年九月、一部の者は古河高等航空機乗員養成所1期操縦生として入所した。

本科2期生　昭和一七年四月、新潟、古河、京都、岡山、都城に各六〇名、計三〇〇名が三年生として入所。新潟は間もなく岡山に転属。昭和一八年八月、岡山の操縦要員は古河、京都、都城へ振り分けられ転属。古河、京都、岡山、都城の機関要員は新潟へ転属。昭和一九年（一九四四）四月、古河、京都、都城から米子へ転属。全国の2期生二百二人が米子に集結。

同年九月、繰上げ卒業。古河高等航空機乗員養成所普通科2期生に全員入所。同年月、新潟も繰上げ卒業して、松戸高等航空機乗員養成所第2期機関生徒として全員入所。昭和二〇年六月繰上げ卒業して、全員陸軍航空輸送部隊に入り、一部は特攻教育を受けたものの、間もなく終戦となったため一人の犠牲者もなく終戦を迎えた。満一五歳で単独処女飛行、一六歳で二等操縦士、一七歳でわが国最後の一等操縦士となり、戦後も日航、全日空、日本エアシステム（旧東亜国内航空）等の機長として活躍した。

本科3期生　昭和一六年（一九四二）四月、米子、仙台、印旛、新潟、熊本に各六〇名、計三〇〇名が一年生として入所。

昭和一八年四月、新潟は全員岡山へ転属。昭和一九年四月、仙台、印旛、米子、岡山、熊本から新潟と、米子に別れて転属した。昭和二〇年四月、米子から松戸へ転属し、新潟から三重県の陸軍の基地に出向して行った。昭和二〇年九月、終戦のため繰上げ卒業。

本科4期生　昭和一七年四月、仙台、米子、新潟、熊本、古河、京都、岡山、都城、愛媛に各六〇名、印旛と長崎に五九名合計六五八名が一年生として入所、昭和一九年四月、筑後地方航空機乗員養成所

設置。同年八月、仙台、京都、岡山、熊本、都城が軍に接収されたのに伴い閉鎖。仙台、京都が古河へ、岡山が印旛へ、熊本が新潟へ合流し、都城が筑後へ転属する。昭和二〇年（一九四五）四月、古河が新潟へ、印旛と岡山、筑後が米子へ合流し、愛媛から二〇名が長崎へ転属した。昭和二〇年八月終戦のため、同年一二月繰上げ卒業。

本科5期生　昭和一八年四月、仙台へ五八名、米子へ六〇名、印旛へ五九名、熊本へ六九名、古河へ六〇名、京都へ七〇名、岡山へ六八名、都城へ七〇名、愛媛へ六〇名、長崎へ五四名、合計六二八名が一年生として入所。

昭和一九年八月、仙台が古河へ、岡山が印旛へ、熊本が新潟へ、京都と都城が筑後へ転属合流する。

本科6期生　昭和一九年四月、仙台へ五九名、印旛へ五九名、新潟へ六〇名、熊本へ五五名、古河へ一八八名、京都へ六〇名、岡山へ五九名、都城へ五九名、筑後へ一七九名、愛媛へ一一三名、長崎へ一八三名、福山へ九七名、合計一一七一名が入所した。

同年八月、仙台が古河へ、京都、岡山が印旛へ、熊本が新潟へ、都城が筑後へ転属合流する。

本科7期生　昭和二〇年四月、米子へ九〇名、印旛へ一〇六名、新潟へ六〇名、古河へ一二〇名、筑後へ一二〇名、愛媛へ一八二名、長崎へ一四四名、合計八二二名が入所した。

山梨地方航空機乗員養成所が設置され、整備専修生六八〇名が入所した。

しかし、昭和二〇年八月一五日の終戦により全国の航空機乗員養成所は閉所され、本科三期生（当時五年生）は二一年三月の卒業を繰り上げ同年九月卒業となり、本科四期生（当時四年生）も同年一二月繰上げ卒業となった。本科五期生（当時三年生）、同六期生（当時二年生）、同七期生（当時一年生）は、改めて郷里の中学校などに転校した者が多い。

本科生の卒業時の文部省告示

本科生は旧制中学校又は甲種工業学校と同等以上の教育を受けていたので、卒業後、上級学校に進学する者のために、文部省は次のような告示を行っている。

文部省告示第七百七十二号
専門学校入学者検定規程ニ依リ左記ノ者ヲ専門学校入学ニ関シテ中学校卒業者ト同等以上ノ学力ヲ有スルモノト指定ス
昭和十八年十月十二日
文部大臣子爵　岡部　長景
記
航空機乗員養成所卒業者

第八節　中央（高等）航空機乗員養成所

地方航空機乗員養成所卒業生の中から更に上級の資格を取得させる目的で昭和一五年（一九四〇）三月、千葉県松戸市に松戸中央航空機乗員養成所が設置された。

第1期生　米子、仙台、阪神を卒業した第一期から三期までの操縦生出身者から選ばれて操縦科に五〇名が入所した。同時に機関科も設けられ、今まで東京府立工芸学校に依託していた最終（一一期生）の生徒二九名が入所した。

昭和一六年三月、操縦科卒業。

機関科は昭和一七年三月卒業。

第2期生　昭和一六年（一九四二）四月、米子、仙台の第一期から第五期までの操縦生出身者から選ばれて操縦科に五〇名入所した。同時に機関科に三〇名が入所した。第二次世界大戦勃発のため操縦生は一六年一二月、繰上げ卒業、機関科生は一八年二月卒業。

第3期生　昭和一七年四月、操縦生五〇名、機関科生三七名が入所した。操縦生は同年一一月卒業。機関科生は同一九年二月卒業。

第4期生　昭和一七年一二月、操縦生入所。中央航空機乗員養成所を松戸高等航空機乗員養成所と改称。昭和一八年四月、広島県深安郡大津野村に海軍系の福山高等航空機乗員養成所開所、松戸第四期機関生、福山普通科第一期操縦生入所。

昭和一八年七月、松戸操縦生卒業。

昭和一九年三月、福山普通科第一期操縦生卒業。同年九月、松戸機関科生繰上げ卒業。

第5期生　昭和一八年八月、松戸操縦生四九名入所。昭和一九年三月、松戸並に福山の操縦生卒業。同年四月、松戸整備専修生、松戸普通科第一期機関生徒（新潟本科一期出身者）入所。松戸普通科第一期操縦生として仙台、印旛、米子、熊本地方の本科一期生の一部が入所。

同年一〇月、一時期、宇都宮陸軍飛行学校古河支所として使用していた飛行場を拡張整備して、古河地方航空機乗員養成所内に、松戸高等航空機乗員養成所古河支所（後、古河高等航空機乗員養成所）を併設した。本科一期生の一部と、本科二期生全員が松戸普通科操縦二期生として、新潟を卒業した二期生全員、松戸機関科二期生として入所した。昭和二〇年六月繰上げ卒業して、全員陸軍航空輸送部隊に入隊する。

文部省学校教育局長通牒
発学四〇二号
昭和二十一年八月三十日
航空機乗員養成所生徒の工専転入学の件
文部省学校教育局長　日高第四郎
記
一、高等科普通科在学生は、工専の機械科原動機科一年在学に相当する。

第九節　民間航空のパイロットが特別攻撃隊に参加

特攻作戦の概観

昭和一六年（一九四一）九月六日の御前会議（國家の重大事に関して、天皇の出席のもとに、重臣・大臣などが行う最高会議）において、水野修身軍司令部総長は統師部《とうすいぶ》（軍隊の最高指揮権。明治憲法下で天皇の大権と規定され、一般の国務から独立していた）を代表して「政府は戦わざれば亡国と判別された。戦うもまた亡国であるかも知れぬ。戦わざるは真の亡国であり、最後の一兵まで戦うことによってのみ死中に活を求め得るであろう」と発言した。事実この八月米国の全面禁輸（日本には鉄や油などを輸出しない）に際会した後の日本経済の前途は絶望的であった。中国からの撤兵（支那との交戦状態）によって、和平への一縷《いちる》の望みがないわけではなかったが、それは米国の主張に一方的に屈することになる。一一月五日、宮中においての御《ご》前会議《ぜんかいぎ》では「開戦」を決議した。しかし、陸・海統師部長の述べた戦略的勝負の見透しには依然として確算はない。それにもかかわらずあえて開戦を決意したのは、東條英機《とうじょうひでき》総理大臣（陸軍大将、東京生まれ。昭和一六年首相。昭和一九年総辞職。戦後、極東軍事裁判でA級戦犯とされ、絞首刑）が述べた「無為な自滅であり、決然起《た》って光明《こうみょう》を求める」（何もしないことは自然に滅びることだ。だから思いきって起ち上り一縷《いちる》の光を見出そう）という信念に、統師部、政府首脳が同意したからである。大東亜戦争（太平洋戦争）は、まさにわが国が存亡をかけた大戦争であった。

開戦劈頭《へきとう》、日本海軍はハワイを奇襲し、空母二隻などを除いて米太平洋艦隊主力を潰滅《かいめつ》した。わが損害は飛行機喪失二九機、伊号70潜水艦及び特殊潜航艇五隻であった。この時、この特殊潜航部隊のことを「特別攻撃隊」と呼称されることになった。特別攻撃隊員の救出の方途は講じられていたのだが、隊員はすべて生還を期することなく真珠湾に突入したのである。それは、若者達の祖国の安泰と繁栄にかける捨身の忠誠心の発露であった。

陸海軍の勇戦による緒戦《ちょせん》成功の間にも、日本海軍は決して敵を侮《あなど》っていたわけではなく、連続する奇襲攻撃によって敵海上戦力の台頭を抑える努力をしていたのであった。昭和一七年五月二九日、三〇日、特殊潜航艇はマダガスカル島ディィゴ・スワレス湾のイギリス艦隊を奇襲して大打撃を与え、同五月三一日〜

六月一日、オーストラリア艦隊を襲ったが、その特殊潜航艇の乗員はすべて還らぬ人となった。

昭和一七年六月、ミッドウェー海戦を境に彼我の戦勢は遂次逆転を始めた。ニューギニア東部戦線、ガダルカナル争奪戦も、ともに一七年末には惨憺《さんたん》たる敗北に終った。航空作戦の不如意《ふにょい》（思い通りにならないこと）が、その根本的な原因であった。補助戦力と目されていた航空力は、今や戦場の王者となったのである。

（特別攻撃隊、特攻作戦の概観参照）

航養出身者の霊に捧ぐ

こうして、わが国が存亡をかけた大東亜戦争においては、開戦当初から生還を期すことのない特攻作戦が決行された。陸軍九三二機（一八四四人）、海軍九八三機（二五一五人）計一九一五機（四三五九人）が突入（うち一三二機が命中）したのであるが、その中で民間機の操縦士として養成された航空機乗員養成所の出身者も陸軍系（一五二人）海軍系（四六人）合計一九八人が靖国神社に護国の神として祀られているのである。（その他空中戦によって戦死した者。訓練中に殉職した者など多数）弱冠一七、八歳から二〇歳前後の健康と才能に恵まれ、将来に洋々たる人生が約束されていたにもかかわらず、生命と肉親への愛情を断ち切り、決然として死に赴いたのは、志願によったにしても、それが初めから死を前提として、命令によって実行されたものである。その壮烈無比なこの攻撃は敵の心胆を寒からしめ、真に至高至純の愛国心の発露であり、戦後繁栄した日本の現状こそは、正に英霊各位の犠牲的精神の遺徳のおかげなのである。

「特攻」は昭和一九年（一九四四）一〇月二五日から始まり、敗戦の昭和二〇年（一九四五）八月一五日まで続けられた。

次に揚げる民間航空出身の特攻隊戦死者名簿は、各航空機乗員養成所世話人に依頼してまとめたものであるが、不明の者もあり、この数字を上回るものと想像される。

航空機乗員養成所出身　特別攻撃隊戦没者名簿（陸軍）

戦死月日順、洋数字は操縦生、和数字は本科生

隊名	戦死月日（昭和）	出撃基地	機種	戦死時階級	氏名	出身航養期別	戦死後階級	年齢	出身府県名	遺族住所
万朶隊	19・11・15	カロカン	99双軽	軍曹	石渡　俊行	仙台9	少尉			
〃	〃	〃	〃	伍長	近藤　行雄	仙台10	少尉			
〃	19・11・25	〃	〃	〃	奥原　英孝	仙台10	少尉			
飛行第208戦隊（薫空挺隊）	19・11・26	リパ	DC—3	軍曹	北　史	仙台7	少尉			
鉄心隊（第5八紘隊）	19・12・5	カロカン	99襲	伍長	長浜　清	印旛本一	少尉			
挺進飛行第2戦隊（高千穂空挺隊）	19・12・6	クラーク	MC—20	軍曹	橋本　敏良	米子4	少尉			
〃	〃	〃	〃	〃	安田　幸吉	仙台4	少尉			
〃	〃	〃	〃	〃	田村　吉次	仙台5	少尉			
〃	〃	〃	〃	〃	内藤甲子一	仙台5	少尉			
〃	〃	〃	〃	〃	五十嵐正身	仙台9	少尉			
飛行第74戦隊（高千穂空挺隊）	19・12・6	クラーク	100式重	軍曹	大西　勲	古河12	少尉			
〃	〃	〃	〃	〃	村上　与一	仙台12	少尉			
勤皇隊（第8八紘隊）	19・12・7	ニルソン	2式復戦	伍長	勝又　満	仙台10	少尉			

隊名	戦死月日（昭和）	出撃基地	機種	戦死時階級	氏名	出身航養期別	戦死後階級	年齢	出身府県名	遺族住所
飛行第95戦隊（菊水隊）	19・12・14	クラーク	100式重	軍曹	吉永　忠弘	米子9	少尉			
旭光隊	19・12・15	カロカン	99双軽	軍曹	森　辰四郎	仙台10	少尉			
〃	19・12・16	カロカン	〃	〃	丸山　芳夫	仙台8	少尉			
万朶隊	19・12・20	カロカン	99双軽	軍曹	鵜沢　邦夫	仙台9	少尉			
皇魂隊（第11八紘隊）	20・1・6	アンヘレス	2式復戦	軍曹	春日　元喜	仙台8	少尉			
護国隊（第4八紘隊）	20・1・10	マルコット	1式戦	伍長	田辺　茂雄	古河12	少尉			
独立飛行第23中隊	20・3・26	石垣島	3式戦	軍曹	岩本　光守	都城12	少尉		福岡	岩本栄作（父）
誠第32飛行隊（武克隊）	20・3・27	沖縄中	99襲	軍曹	今西　修	京都14	少尉	18	京都	左京区静市市原町三三七 今西美保子（妹）
〃	〃	〃	〃	〃	今野　勝郎	仙台14	少尉	20	宮城	加美郡小野田町味ケ袋堰の内一七 今野　義一（兄）
〃	〃	〃	〃	〃	出戸《でと》　栄吉	古河14	少尉	20	石川	金沢市涌波四-一-八 出戸　武吉（兄）
〃	〃	〃	〃	〃	島田　貫三	印旛14	少尉	19	東京	埼玉県蕨市塚越三-二一-一二 島田　節子（妹）
誠第32飛行隊（武克隊）	20・3・27	沖縄中	99襲	伍長	大平　定雄	印旛14	少尉	19	東京	新宿区若松町一八-四-一〇一 中川　幸雄（弟）
独立飛行第46中隊（赤心隊）	20・3・28	沖縄中	99軍偵	軍曹	青木　健次	米子10	少尉	22	大阪	寝屋川市北大利町一一-一三 青木　花子（母）
〃	〃	〃	〃	伍長	吉野　芳積	仙台13	少尉		宮城	仙台市宮城野区清水沼三丁目六-二〇 吉野　昌英（弟）
〃	〃	〃	〃	〃	美坂　洋男	仙台13	少尉	20	鹿児島	鹿児島市西伊敷町七-一〇-七 竹下　絹子（妹）
誠第39飛行隊（蒼竜隊）	20・4・1	新田原	1式戦	軍曹	税田《さいだ》　存郊《としお》	米子10	少尉	20	福岡	朝倉郡夜須町三並七六三 税田　専親（弟）
飛行第17戦隊	20・4・1	石垣島	3式戦	軍曹	西川　福治	古河12	少尉		兵庫	宍粟郡山崎町千本屋三九三-二 西川　芳一（兄）

誠第32飛行隊（武克隊）	20・4・3	新田原	99襲	軍曹	時枝　宏	米子14	少尉	20	大阪	大阪市東成区東中本三-一-二八-九〇二　時枝　敏（弟）
飛行第105戦隊	20・4・3	石垣島	3式戦	軍曹	石田　勝	京都12	少尉	20	岐阜	各務原市那加比洞二-九四　石田　淳（兄）
〃	〃	〃	〃	〃	小川　多透	古河12	少尉	20	福岡	（本籍）飯塚市宮下町六六〇二
〃	〃	〃	〃	〃	丸林　仙治	都城12	少尉	19	広島	
〃	〃	〃	〃	〃	山元　正巳	都城12	少尉	19	鹿児島	鹿児島市城山一-三〇-三　山元よし（母）・山元芳孝（弟）
第21振武隊	20・4・5	知覧	1式戦	軍曹	須藤　治韶	仙台12	少尉	20	東京	千葉県市川市真間二-一〇-四　須藤　せつ（義姉）
第44振武隊	20・4・6	知覧	1式戦	軍曹	向後新太郎	古河12	少尉	21	千葉	銚子市松岸町二-九三　向後　正夫（弟）
第62振武隊	20・4・6	万世	99襲	伍長	阪本　清	仙台13	少尉	18	秋田	秋田市川尻総社町一〇-五　坂本　元（兄）
〃	〃	〃	〃	〃	丹羽　修平	京都13	少尉		愛知	尾張旭市旭台三-八-八　丹羽　誠（甥）
第73振武隊	20・4・6	万世	99襲	軍曹	後藤　正一	印旛12	少尉	20	岩手	東京都台東区松ケ谷三-一九-五　後藤　孝二（弟）
誠第36飛行隊	20・4・6	新田原	98直協	伍長	岡部　三郎	青年航空団	少尉	24	香川	大川郡白鳥町西山三七九　岡部　斉（甥）
〃	〃	〃	〃	〃	細木　章	米子9	少尉	22	島根	大原郡木次町大字寺領七五三　細木　民子（姪）
〃	〃	〃	〃	〃	峰　保昌	印旛10	少尉	22	長崎	都城市都島町二一〇-六七　上笹貫保子（長女）
誠第37飛行隊	20・4・6	新田原	98直協	少尉	佐々木秀三	仙台11	大尉	22	岩手	下閉伊郡山田町大沢九-一四-三　佐々木元二（兄）
〃	〃	〃	〃	伍長	赤峰　均	米子10	少尉	22	大分	大阪府豊中市庄内幸町三-七-二二　赤峰　了（弟）
〃	〃	〃	〃	〃	百瀬　恒男	古河11	少尉	19	長野	東筑摩郡波田町三溝二二六　百瀬惣三郎（兄）
誠第38飛行隊	20・4・6	新田原	98直協	少尉	蕎麦田《そばた》水行	仙台12	大尉	21	栃木	真岡市小林七二三-一　蕎麦田公一（甥）
第46振武隊	20・4・7	喜界島	99襲	伍長	古川　栄輔	京都14	少尉	20	京都	宇治市神明町宮東七二　古川直次郎（弟）

隊名	戦死月日(昭和)	出撃基地	機種	戦死時階級	氏名	出身期別(航養)	戦死後階級	年齢	出身府県名	遺族住所
第46振武隊	20・4・7	喜界島	99襲	伍長	渡辺 博	京都14	少尉	20	千葉	安房郡鋸南町竜南一一三二 渡辺 豊(甥)
〃	〃	〃	〃	〃	堀越 進	古河14	少尉	19	栃木	宇都宮市今泉新町四番地の二〇 堀越 寛(兄)
〃	〃	〃	〃	〃	伊原佐源治	印旛14	少尉	20	埼玉	東京都練馬区北町八-一五-二五 伊原 健児(従弟)
第74振武隊	20・4・7	万世	99襲	軍曹	渡辺 信《まこと》	米子7	少尉	23	愛知	尾西市開明馬保里四-一 渡辺 登(兄)
〃	〃	〃	〃	伍長	大畠 寛	仙台14	少尉		茨城	東茨城郡内原町鯉渕九〇 大畑 直司(兄)
〃	〃	〃	〃	〃	川島 宏	仙台14	少尉	18	東京	愛知県春日井市押沢台七-一一-七 小川 綾子(姉)
〃	〃	〃	〃	〃	川島 清	古河14	少尉	19	東京	世田谷区奥沢一-五五 西田 文子(姉)
第75振武隊	20・4・7	万世	99襲	軍曹	宗像 芳郎	米子9	少尉	21	長崎	平戸市戸石川町六一三 宗像 良三
〃	〃	〃	〃	伍長	佐藤 徳司	仙台14	少尉	19	樺太	青森県八戸市小中野六-二一-一〇 佐藤 勝郎(兄)
第30振武隊	20・4・10	徳之島	99襲	伍長	横尾 賢二	仙台14	少尉	20	樺太	福島県いわき市下平窪三丁目三-五 横尾 忠雄(兄)
第74振武隊	20・4・12	万世	99襲	伍長	橋本 圭作	印旛14	少尉	20	千葉	千葉市轟町一-一三-二-四〇二 橋本 宏市(兄)
第75振武隊	20・4・12	万世	99襲	伍長	政井 柾一	米子10	少尉	21	大阪	山口県柳井市伊保庄四八七〇-三 吉岡 亀一(義弟)
第102振武隊(第1降魔隊)	20・4・12	万世	99襲	曹長	佐藤 勲	仙台8	少尉	23	岩手	東磐井郡大東町曽慶惣ケ屋敷四八 佐藤 とめの(母)
〃	〃	〃	〃	軍曹	猪瀬 弘之	印旛14	少尉	20	栃木	東京都北区滝野川六-一一八 猪瀬 栄子(姉)
〃	〃	〃	〃	伍長	原田 甲子	印旛14	少尉	21	茨城	新治郡八郷町大字半田一六八七 原田 善助(父)
〃	〃	〃	〃	伍長	小関 真三	仙台14	少尉	19	福島	須賀川市大里町五-三 小関 真三(弟)
第103振武隊(第2降魔隊)	20・4・12	知覧	99襲	軍曹	渡辺 三郎	仙台14	少尉	20	群馬	前橋市三俟町二-二-一六 渡辺 誠(甥)

第103振武隊（第2降魔隊）	20・4・12	知覧	99襲	伍長	城所《きどころ》　一郎	米子14	少尉	19	愛知	常滑市市場町四-一三　伊藤　公一（義兄）
〃	〃	〃	〃	伍長	矢島　嚆矢《こうや》	古河14	少尉	20	石川	東京都北区志茂町四丁目一二-一一　矢島　鐐（弟）
第104振武隊（第3降魔隊）	20・4・12	万世	99襲	軍曹	上林　博	古河14	少尉	21	滋賀	千葉県市川市須和田二-三一-一五　上林　光子（義姉）
〃	20・4・13	〃	〃	伍長	松土　茂	古河14	少尉	20	山梨	山梨市市川一〇九三　松土　弘（弟）
第74振武隊	20・4・13	万世	99襲	軍曹	野口　鉄雄	仙台10	少尉		愛知	稲沢市日下部中町六-六八　野口　錆一（兄）
〃	〃		〃	伍長	山本　了三	岡山14	少尉	21	高知	土佐市北地二六三〇　山本　徳孝（父）
第75振武隊	20・4・16	万世	99襲	伍長	梅村　要二	印旛14	少尉	20	東京	山梨県甲府市宝一-二三-三　梅村　正一（兄）
第79振武隊	20・4・16	知覧	99高練	曹長	佐藤　新平	仙台7	少尉	23	岩手	気仙郡住田町世田米字世田米駅六一-一　佐藤　イツ（義姉）
〃	〃	〃	〃	軍曹	川島精之助	仙台10	少尉	21	栃木	足利市羽刈町七八-三　川島　菊夫（甥）
〃	〃	〃	〃	伍長	上野　実	古河11	少尉	21	茨城	水戸市飯島町一四二二　上野　栄（兄）
第107振武隊（第6降魔隊）	20・4・16	知覧	37戦	軍曹	渡辺　市郎	仙台14	少尉		福島	郡山市愛宕町五-九　渡辺　弥市（父）
〃	〃	〃	〃	〃	細金　政吉	印旛14	少尉	20	東京	千葉市宮野木町一七五二-二〇　細金　キイ（母）
〃	〃	〃	〃	〃	間中進一郎	古河14	少尉		茨城	岩井市長須五〇〇三　間中　重夫（弟）
〃	〃	〃	97戦	伍長	新井　行雄	古河14	少尉		神奈川	横浜市中区根岸町二-八四　新井　文男（弟）
〃	〃	〃	〃	〃	平山　巌	古河14	少尉		千葉	香取郡多古町方田八二　平山　嘉市（兄）
〃	〃	〃	〃	〃	橋本　孝雄	古河14	少尉		群馬	桐生市末広町一-二　橋本　喜一（弟）
〃	〃	〃	〃	〃	降矢《ふるや》　誠二	仙台14	少尉		福島	郡山市逢瀬町河内字屋敷一一九　降矢　誠吉
〃	〃	〃	〃	〃	玉沢　和俊	仙台14	少尉		山口	下関市山手町五-二八　玉沢　貴美子

隊名	戦死月日(昭和)	出撃基地	機種	戦死時階級	氏名	出身航養期別	戦死後階級	年齢	出身府県名	遺族住所
第108振武隊(第7降魔隊)	20・4・16	知覧	97戦	軍曹	尾白文四郎	印旛14	少尉	21	千葉	鎌ケ谷市中沢一〇五七-五 尾白 喜平(弟)
〃	〃	〃	〃	〃	中村 正	印旛14	少尉	21	千葉	佐倉市上座一一三一 中村 忠治(父)
〃	〃	〃	〃	〃	白倉 聞治	古河14	少尉	20	新潟	西蒲原郡吉田町野本新田 本山 一忠(義兄)
〃	〃	〃	〃	〃	渡辺 次雄	仙台14	少尉	19	北海道	札幌市白石区青葉町四-一-一三 渡辺 英夫(兄)
第80振武隊	20・4・22	知覧	99高練	曹長	李 允範 (平木義範)	米子5	少尉	23	韓国	韓民国ソウル特別市中区 李 俊成(弟)
第81振武隊	20・4・22	知覧	99高練	伍長	鍋田 茂夫	仙台2	少尉	24	神奈川	大和市鶴間二三五一 鍋田 猪震(弟)
第76振武隊	20・4・28	知覧	97戦	伍長	中川 芳穂《よしお》	新潟14	少尉	18	新潟	新潟市本馬越一-一三-二八 中川 寛夫(甥)
〃	〃	〃	〃	伍長	鈴木 啓之《ひろゆき》	米子14	少尉	19	兵庫	神戸市垂水区多聞台三-一-一一-三〇六 鈴木 正明(兄)
第108振武隊(第7降魔隊)	20・4・28	知覧	97戦	軍曹	川又 保男	古河14	少尉	20	茨城	勝田市馬渡三七七九 川又 信一(甥)
第18振武隊	20・4・29	知覧	1式戦	軍曹	滝 亘	古河12	少尉	21	神奈川	足柄下郡箱根町小涌谷四六六 滝 征男(兄)
独立飛行第23中隊	20・5・1	花蓮港	3式戦	軍曹	有吉 俊彦	都城12	少尉	21	福岡	福岡市東区筥松二-二五-二五 有吉 敬三
第24振武隊	20・5・4	知覧	2式復戦	曹長	片柳 経《けいし》	仙台5	少尉	24	栃木	埼玉県川越市藤間一〇二四-五 片柳 隆(兄)
第76振武隊	20・5・11	知覧	97戦	軍曹	戸次《とつぐ》 政雄	米子10	少尉	21	福岡	神奈川県平塚市万田七一二-一 山藤テル子(妹)
〃	〃	〃	〃	伍長	小島 英雄	米子14	少尉	20	愛知	名古屋市天白区野並三丁目二八五 小島 正俊(兄)
誠第41飛行隊(扶揺隊)	20・5・11	知覧	97戦	軍曹	山田 泰治	仙台14	少尉	21	佐賀	福岡市西区今宿青木七三六-四 八木 芳江(妹)
誠第31飛行隊(武陽隊)	20・5・13	八塊	99襲	伍長	柄沢甲子夫	古河14	少尉	21	長野	上田市大字芳田六九七 柄沢 芳樹(兄)
〃	20・5・17	〃	〃	軍曹	五来《ごらい》 末義	古河14	少尉	19	茨城	日立市大みか町一-三〇-一五 五来 秋吉(弟)

飛行第204戦隊	20・5・20	八塊	1式戦	軍曹	田川唯雄	仙台本一	少尉	19	岐阜	東京都墨田区業平四-一〇-一〇 田川茂雄(弟)
誠第71飛行隊	20・5・24	八塊	99襲	軍曹	渡辺正美	仙台8	少尉	23	福島	安達郡本宮町仁井田西町五六 渡辺シン(義姉)
第3独立飛行隊(義烈空挺隊)	20・5・24	熊本	97重2型	曹長	長谷川道明	天虎練習生	少尉		京都	滋賀県彦根市金亀町三-四四 長谷川つね(妻)
〃	〃	〃	〃	軍曹	小林茂	仙台6	少尉		東京	調布市国領町一-一二-一二 小林潤(兄)
第70振武隊	20・5・25	知覧	1式戦	伍長	三村竜弘	岡山14	少尉	18	徳島	徳島市新蔵町三丁目 三村勇(父)
第432振武隊(第2破邪隊)	20・5・25	万世	2式高練	伍長	矢内廉造	仙台14	少尉	21	福島	福島県陣場町六-一一 矢内唯雄(弟)
〃	〃	〃	〃	〃	増淵松男	古河14	少尉	21	栃木	宇都宮市細谷町四六一 増渕光七(兄)
第72振武隊	20・5・27	万世	99襲	軍曹	新井一夫	印旛10	少尉	20	東京	八王子市八日町四-五 新井恒一郎(兄)
第70振武隊	20・5・28	知覧	1式戦	伍長	田片恒之輔	岡山14	少尉	21	岡山	笠岡市吉浜八五九 田片昭三(弟)
第213振武隊	20・5・28	知覧	97戦	伍長	蘆田慎一	米子14	少尉	20	広島	広島市南区青崎一-二〇-五一 蘆田勲(兄)
第432振武隊(第2破邪隊)	20・5・28	万世	2式高練	軍曹	瀬谷隆茂	印旛14	少尉	19	群馬	勢多郡新里村大字鶴ケ谷五九二 瀬谷富作(兄)
〃	〃	〃	〃	〃	柳田昌雄	印旛14	少尉	19	栃木	東京都目黒区柿の木坂一-二三-一五 柳田兼夫
〃	〃	〃	〃	〃	若尾達夫	古河14	少尉	21	神奈川	静岡県富士宮市上井出二三二四 若尾芳男(弟)
〃	〃	〃	〃	伍長	松本久成	古河14	少尉	21	東京	埼玉県蕨市中央六-一〇-一一 松本定之(弟)
〃	〃	〃	〃	〃	一井福治	古河14	少尉	21	岩手	二戸郡一戸町一戸本町一八 一井芳雄(弟)
〃	〃	〃	〃	〃	影山八郎	仙台14	少尉	22	福島	郡山市安積四-一五 影山菊江
〃	〃	〃	〃	〃	竹田源三	仙台14	少尉	20	北海道	上川郡愛別町金富九一 竹田孝作(兄)
第44振武隊	20・6・3	知覧	1式戦	軍曹	伊藤俊治	古河12	少尉	21	埼玉	所沢市大字城六二三 伊藤歳(甥)

隊名	戦死月日（昭和）	出撃基地	機種	戦死時階級	氏名	出身航養期別	戦死後階級	年齢	出身府県名	遺族住所
第214振武隊	20・6・3	知覧	97戦	伍長	深田末義	米子14	少尉	21	鳥取	米子市上福原一三〇九-一八 深田京子(姉)
〃	〃	〃	〃	〃	佐々木暹《すすむ》	米子14	少尉	19	島根	浜田市大金町大津四〇一-五 佐々木カメヨ(母)・敏博(兄)
〃	〃	〃	〃	〃	橋正豊次	新潟14	少尉	20	石川	鳳至郡穴水町字前波ホ-一二一 橋正次郎次(兄)
第104振武隊（第3降魔隊）	20・6・6	知覧	99襲	軍曹	宮川三郎	印旛14	少尉	20	新潟	小千谷市桜町一四九九 宮川武一(兄)
第159振武隊	20・6・6	知覧	3式戦	軍曹	伊川要三	熊本12	少尉	21	兵庫	宍粟郡一宮町安積四八三 伊川みさ(義姉)
第63振武隊	20・6・7	万世	99襲	伍長	榊原吉一	仙台13	少尉	19	福島	須賀川市守屋館一六 榊原彦二(弟)
〃	〃	〃	〃	〃	佐々木平吉	仙台13	少尉	20	徳島	神奈川県藤沢市辻堂元町一-三-一三 毛利きみ子(妹)
第214振武隊	20・6・10	知覧	97戦	伍長	金井良吉	米子14	少尉	20	群馬	群馬郡群馬町菅谷八一八-二 金井四郎(弟)
第64振武隊	20・6・11	万世	99襲	軍曹	井上清	米子10	少尉	22	福岡	福岡市中央区天神四丁目一-一三 井上タカ(母)
〃	〃	〃	〃	〃	加藤俊二	古河11	少尉	20	三重	鈴鹿市稲生町八四四東光山福楽寺 加藤成範(弟)
〃	〃	〃	〃	〃	斉藤正敏	仙台11	少尉	20	北海道	札幌市豊平区岸三条一三-一-一二一 斉藤操(姉)
〃	〃	〃	〃	〃	稲島竹三	仙台11	少尉	21	福島	千葉県松戸市北松戸三-四-一七 稲島英夫(兄)
飛行第204戦隊	20・7・19	花蓮港	1式戦	軍曹	塚田方也《まさや》	印旛本一	少尉	21	茨城	神奈川県海老名市国分寺台三-三-一六 塚田一衛(兄)
第398神鷲隊	20・8・13	相模	95中練	伍長	小松重松	仙台5	少尉			
第1錬成飛行隊	〃	〃	4式戦	軍曹	後藤季男	仙台11	少尉			

次に掲げる特攻戦死者は、正式な特攻隊隊員ではなかったが、自ら敵艦に体当りして戦死した航空機乗員養成所の卒業生である。

航空機乗員養成所出身　飛行第65戦隊・飛行第66戦隊戦没者名簿（陸軍）

隊名	戦死月日(昭和)	出撃基地	機種	戦死時階級	氏名	出身航養期別
飛行第65戦隊	20・4・12	知覧	1式戦3型	軍曹	谷口 信男	米子10
〃	〃	〃	〃	伍長	坂口 俊次	米子13
〃	20・4・20	〃	〃	〃	権藤 貞雄	熊本本一
〃	20・5・4	〃	〃	軍曹	川村 新吉	仙台10
〃	〃	〃	〃	〃	板場 保男	仙台12
〃	〃	〃	〃	伍長	西庄 三郎	都城13
〃	〃	〃	〃	〃	松本 温夫	熊本13
〃	〃	〃	〃	〃	小林 巌夫	京都13
〃	〃	〃	〃	〃	大栗 敏	仙台本一
〃	20・8・7	目達原	〃	〃	徳 義仁	京都13

飛行第66戦隊	20・3・29	万世	99襲	軍曹	島崎 昭三	仙台13
〃	20・4・2	〃	〃	〃	勝本 多資	熊本12
〃	20・5・4	〃	〃	〃	添田 実	印旛12
〃	〃	〃	〃	〃	足立 克也	都城13
〃	〃	〃	〃	〃	加美 正一	都城13
〃	〃	〃	〃	〃	村上 一好	熊本13
〃	20・5・16	〃	〃	曹長	栗本 一雄	米子6
〃	〃	〃	〃	軍曹	志村 初夫	印旛本一
〃	20・6・6	〃	〃	〃	白石 義幸	米子12

航空機乗員養成所出身　特別攻撃隊戦没者名簿（海軍）

隊名	戦死月日（昭和）	出撃基地	機種	戦死時階級	氏名	出身航養期別
第3神風攻撃隊・第1聖武隊	19・12・5			上飛曹	永島　眞	長崎12
第3神風攻撃隊・第3高徳隊	19・12・7			上飛曹	齋藤　良知	長崎12
菊水部隊梓特攻隊（ウルシー特攻）	20・3・11	鹿屋	銀河	上飛曹	早坂　裕次	愛媛12
〃　銀河隊	20・3・18	鹿屋	銀河	上飛曹	米本　米吉	愛媛12
雷撃隊攻撃251飛行隊	20・3・18				山田　克己	長崎12
菊水部隊梓特攻隊・（ウルシー特攻）銀河隊	20・3・21	鹿屋	銀河	上飛曹	佐藤　勇	長崎12
第1神風桜花特攻隊・神雷部隊桜花隊	20・3・21	鹿屋	桜花	上飛曹	山崎　重二	長崎12
〃	〃	〃	〃	一飛曹	嶋村　中	愛媛14
雷撃隊251飛行隊	20・3・31				田村初次郎	長崎12
〃　256飛行隊	20・3・31				山田甲子郎	長崎12
〃　254飛行隊	20・3・31				二宮　高士	長崎12
神雷部隊第3建武隊	20・4・6	鹿屋	爆戦	上飛曹	造酒　康義	愛媛13
〃	〃	〃	〃	一飛曹	山田　見日	愛媛14
神風攻撃隊・第18幡護皇隊	20・4・6			上飛曹	尾川　義雄	長崎12
菊水部隊天山隊	20・4・6	串良	天山	一飛曹	嘉戸　佐	愛媛14
第1護皇・白鷺隊	20・4・6	串良	97艦攻	上飛曹	山田　静夫	愛媛13
〃	〃	〃	〃	〃	福野　重敏	長崎13
〃	〃	〃	〃	〃	枡井　利夫	長崎13
〃	〃	〃	〃	一飛曹	副島　幸夫	長崎13
第3御盾隊・銀河隊	20・4・7	宮崎	銀河	上飛曹	田中　哲郎	愛媛12
第5銀河隊	20・4・11	宮崎	銀河	上飛曹	佐藤　武司	長崎12
第3神風桜花特攻隊・神雷部隊桜花隊	20・4・12	鹿屋	桜花	一飛曹	山田　力也	愛媛14
〃	〃	〃	〃	〃	富内　敬二	愛媛14

隊名	戦死月日(昭和)	出撃基地	機種	戦死時階級	氏名	出身航養期別
第3護皇・白鷺隊	20・4・16	串良	97艦攻	一飛曹	山田　真	愛媛14
菊水部隊・天桜隊	20・4・16	串良	天山	一飛曹	正木　美男	愛媛14
菊水部隊・天桜隊	20・4・16	串良	天山	上飛曹	福山　龍治	愛媛13
神雷部隊第7建部隊	20・4・16	鹿屋	機種	一飛曹	大谷　正行	愛媛14
〃　第8建部隊	20・4・16	鹿屋	爆戦	一飛曹	石田　三郎	長崎13
雷撃隊第254飛行隊	20・4・16				伊藤　正士	愛媛14
神雷部隊第9建部隊	20・4・19	鹿屋	爆戦	一飛曹	高橋　経夫	愛媛14
〃　〃	〃	〃	爆戦	〃	藤木　正一	愛媛14
振天隊	20・5・3	新竹	〃	一飛曹	伊藤　忠	愛媛14
振天隊	20・5・3	新竹	99戦爆	一飛曹	川中　工	愛媛14
第2正気隊	20・5・4	串良	99戦爆	上飛曹	有地　慶信	愛媛12
電撃隊第931航空隊	20・5・6				綾野　清美	愛媛13
菊水部隊・雷桜隊	20・5・11	串良	97艦攻	一飛曹	才田紀久雄	愛媛14
〃	〃	〃	天山	〃	稲沢　邦彦	愛媛14
雷撃隊第931飛行隊	20・5・14				黒田　正	愛媛12
雷撃隊攻撃256飛行隊	20・5・21				宝田　千頴	愛媛11
徳島第1白菊隊	20・5・25	串良	〃	上飛曹	藤原　一男	長崎13
〃	〃	〃	白菊	〃	井上　博	長崎13
菊水部隊・白菊隊	20・5・25	鹿屋	〃	上飛曹	市原　重雄	長崎12
〃	〃	〃	白菊	一飛曹	能見　博	長崎13
〃	20・5・27	〃	〃	〃	高沢　啓次	愛媛13
雷撃隊攻撃256飛行隊	20・6・22				東松　定男	愛媛12
第3竜虎隊	20・7・29	宮古島	93中練	上飛曹	三村　弘	福山13

計　46柱

（注）　機種の内爆戦とは爆装の零戦である。

第十節　終戦後、ソ連戦車群に体当り特攻戦死した航養出身者

日本が降服を決意し、日本と不可侵条約《ふかしんじょうやく》を結んでいたソ連に、米英との講和の橋渡しの仲介の労を依頼したところ、これで日本も負けると判断したソ連は、まだ日本との不可侵条約（お互いに侵略をしない約束）の期限があるにもかかわらず、突然満州に攻めいり、婦女子を犯し、男の軍人を捕虜にしてシベリアで重労働をさせた。八月一五日終戦を期して、飛行機その他武器を引き渡すよう迫ってきた。これを潔よしとしない日本軍の若い将校（一人は下士官）たち一〇名が、終戦四日後の八月一九日午後二時、ソ連戦車群に体当りして全員自爆した。この一〇人の将校の中に、米子航養一一期操縦生日野敏一少尉と、都城航養一二期操縦生波多野五男少尉の二名が参加していた。

終戦後の特攻ということで、彼らは靖国神社には祀られなかったが、全員一階級昇進して陸軍中尉に任官、東京都世田谷区下馬四―九―四、「東京世田谷観音寺」の境内に「神州不滅特別攻撃隊之碑」として顕彰されている。

「神州不滅特別攻撃之碑文」

第二次世界大戦も昭和二〇年八月一五日祖国日本の敗戦という結果で終末を遂げたのであるが終戦後の八月一九日午後二時当時満州派遣第一六六七五部隊に所属した今田少尉以下一〇名の青年少校が、国敗れて山河なし生きてかひなき生命なら死して護国の鬼たらむと大切な武器である飛行機をソ連軍に引渡すのを潔《いさぎ》よしとせず、谷藤少尉の如きは結婚間もない新妻を後に乗せて、前日二

宮准尉の偵察した赤峰附近に進駐し来るソ連戦車群に向けて大虎山飛行場を発進、前記戦車群に体当り全員自爆を遂げたもので、その自己犠牲の精神こそ崇高にして永遠なるものなり。

此處に此の壮挙を顕彰する為記念碑を建立し英霊の御魂よ永久に安かれと祈るものなり。

陸軍中尉　今田　達夫（広島）　　陸軍中尉　馬場伊与次（山形）
同　岩佐　輝夫（北海道）　　同　大倉　巖（北海道）
同　谷藤　徹夫（青森）　　同　北島　孝次（東京）
同　宮川　進二（東京）　　同　日野　敏一（兵庫）
同　波多野五男（広島）　　陸軍少尉　二ノ宮　清（静岡）

昭和四十二年五月

神州不滅特別攻撃隊顕彰会之建

第十一節　航空機乗員養成所出身者の戦死及び殉職者

飛行機と云えば、「特攻」というイメージが強い。しかし飛行機乗りの戦死は「特攻」だけではない。空中戦で華々しく散った者もおれば、兵員、機材の輸送中に敵機に攻撃を受けて散った者もいる。また猛訓練の中、飛行機の故障などで殉職した者も数多くいた。

軍部や一部の最高指導者たちが、支那事変以来、一億総討ち死によって大義に生きる。日本が焦土と化しても最後の一兵まで闘えと教えられ、民間航空のパイロットとなるべく養成された航空機乗員養成所出身者も、予備下士官として多くの戦死（殉職）者を出したのである。

次に掲げる戦死（殉職）者は、各航養の世話人に依頼して作成された数字であるが、まだ不明のままの戦死（殉職）者がいるかもしれない。

航空機乗員養成所出身者・戦死（殉職）者名簿

第１期操縦生

出身養成所	戦死（殉職）者					
仙台	（亜細亜）伊藤	戦死	18・	秋本 芳夫	殉職	16・
仙台	しめぎ	戦死	20・			
仙台	佐藤 節郎	戦死	18・11・30	松岡 昌蔵	殉職	16・7・27
仙台	堀田 早苗	戦死	20・8・7	山田 二郎	殉職	16・12・1
米子（1長期）				細見篁太郎	殉職	16・12・28
米子（1長期）				小林 健夫	殉職	17・4・25
米子（1長期）				日野原 崇	殉職	17・12・17
米子（1長期）				片山 嘉人	殉職	18・5・21
米子（1長期）				福田 千年	殉職	20・3・23
米子（1長期）	小笠原 融	戦死	19・9・21	古池 龍次	戦死	
米子（1長期）	木村 融	戦死		松尾 精夫	戦死	18・12・26
米子（1長期）	増田 忠夫	戦死		山下伊佐雄	戦死	
米子（1長期）	竹腰 利夫	戦死		松浦 春夫	戦死	17・1・19

第２期操縦生

出身養成所	戦死（殉職）者					
仙台	大塚 勤	戦死	18・	鈴木 幸雄	戦死	
仙台	田村 豊幸	戦死	19・2・26	及川 静	戦死	
仙台	今井 芳久	戦死	19・	今野米三郎	殉職	14・
仙台	伊藤 義雄	戦死		瀧川 博	殉職	14・

出身養成所	戦死（殉職）者					
米子	池角光美	戦死	17・2・23	木島武茂	殉職	16・7・26
	末広雄彦	戦死	20・1・3	加藤明秀	殉職	16・2・11
	三沢通伸	戦死	20・2・21	金原郁夫	殉職	17・9・4
	牧角敏郎	戦死	20・1・21	田村弘	殉職	17・9・10
				岡野武雄	殉職	

第3期操縦生

出身養成所	戦死（殉職）者					
仙台	調所豊	戦死	18・12・27	津田（中川）丈治	戦死	
	飯塚平八郎	戦死	19・12	森川英八郎	戦死	
	武藤俊	戦死	20・3・31	荻野秀夫	殉職	
	奥村輝夫	戦死				
米子	上原義雄	戦死	16・	衛藤孝吉	殉職	16・6・26
	佐々木隆義	戦死	18・1・16	佐久間幸一	殉職	
	仲道正月	戦死	17・	藤野進	殉職	
	山中武三	戦死				

第4期操縦生

出身養成所	戦死（殉職）者					
仙台	三村	戦死	17・7・14	高橋初夫	戦死	19・12
	田原藤太	戦死	19・9	宮坂恒雄	殉職	16・6・18
	石川幸雄	戦死	19・12			
米子	小村禎勇	戦死	17・2・10	上戸士	殉職	15・10・9
	井上金雄	戦死		服部正康	殉職	20・1・8
	緒方虔一	戦死		窪田武彦	殉職	
	小谷敏一	戦死		小原敬止	殉職	
	下小園士	戦死		西田博	殉職	

出身養成所	戦死（殉職）者					
米子	末広　清三	戦死		渡辺　修	殉職	19・1・13
	橋本　敏良	戦死	19・12・6			

第5期操縦生

出身養成所	戦死（殉職）者					
仙台	荒谷　富三	戦死	18・7・24	下川　鎌吉	戦死	19・
	大畠　鶴雄	戦死	18・	斎藤　進	戦死	20・
	吉田　勇吉	戦死	18・	田村　吉次		
	町野　典男	戦死	19・2・			
	阿部　健雄	戦死	19・11・18	背尾　一成	殉職	18・1・29
米子	中野　盛治	戦死	19・2・5	藤田　栄一	戦死	19・11・19
	井藤　秀美	戦死	19・3・2	古川　行雄	戦死	
	平湯　瑩次郎	戦死	19・7・23	峰林　勝義	戦死	
	福田　行雄	戦死	19・9・21	柳川　晋作	戦死	
	松本　智恵登	戦死	19・10・25	吉迫　義雄	戦死	
	中川　三好	戦死	19・12・12	前田　正三	殉職	
				内藤　英輔	戦死	20・2・18
	岡村　久吉	戦死		草野　豊	殉職	17・2・12
	末峰　五州見	戦死		坂本　英世	殉職	19・12・
	辻　浅蔵	戦死		竹本　進	殉職	18・6・28

第6期操縦生

出身養成所	戦死（殉職）者					
仙台	有賀　秀男	戦死		辻　功男	戦死	
	斎藤　一男	戦死		丹羽　省吾	戦死	
	坂井　亀蔵	戦死		萩原　正徳	戦死	
	千葉　全應	戦死		原　二郎	戦死	

出身養成所	戦死（殉職）者					
仙台	宮城宗佐	戦死		中谷実	戦病死	熊本陸軍病院
米子	岩井進	戦死	19・4・30	秦友善	戦死	19・12・30
	岩竹力	戦死	19・10・11	前中政久	戦死	18・5・21
	小山田正	戦死	19・10・24	牟田年明	戦死	16・10・16
	内藤勤	戦死	20・3・12	竹村秀雄	殉職	16・10・16
	栗本一雄	戦死	20・5・16	寺沢敏夫	殉職	17・5・15
	直江哲	戦死	20・7・19	岡田光次	殉職	19・7・か20・7
	加藤政敏	戦死		坂井学	殉職	
	桑野義晴	戦死		谷博視	殉職	
	崔璇済（内藤英輔）	戦死		山田芳雄	殉職	
	西村禎一	戦死		首藤哲郎	殉職	20・4・22
	野々山敏麿	戦死				

第7期操縦生

出身養成所	戦死（殉職）者					
仙台	島崇	戦死		福地利喜	戦死	
米子	竹中忠夫	戦死	19・11・24	梶山俊雄	殉職	18・4・9
	大迫寅男	戦死		滑川正夫	殉職	18・12・
	山根時雄	戦死		水野栄	殉職	20・3・8
	丸山基康	戦死		荒瀬盛明	殉職	18・12・3
	柳丸定男	戦死		川上芳雄	殉職	
	安高誠二	戦死		渡辺慶喜	殉職	
	輪替茂夫	戦死				

第8期操縦生

出身養成所	戦死（殉職）者					
仙台	新妻伝四郎	戦死	17・	斎藤義三	戦死	20・4・12

所属	氏名	区分	年月日	氏名	区分	年月日
仙台	常陸 恒三	戦死	17・	佐藤 三郎	戦死	20・5・21
仙台	福田 博	戦死	17・	有馬 信次	戦死	20・
仙台	増井 清	戦死	17・	川口 英一	戦死	20・
仙台	村上 太郎	戦死	18・9・	菊池 利夫	戦死	20・
仙台	今津 芳之助	戦死	18・	石津 行久	戦死	
仙台	木曽根 実	戦死	18・	大木 喜一郎	戦死	
仙台	佐藤 幸志	戦死	18・	菊地 末作	戦死	
仙台	足立 守	戦死	19・6・	塩田 光時	戦死	
仙台	上村 五男	戦死	19・9・14	丹野 孝一	戦死	
仙台	宮崎 保昌	戦死	19・11・8	古沢 秀雄	戦死	
仙台	細野 繁	戦死	19・11・13	恩田 吉三郎	殉職	16・2・4
仙台	熊坂 豊吉	戦死	19・12・21	本橋 健一	殉職	18・6・
仙台	村田 泰治	戦死	19・	多々良 満	殉職	20・8・22
仙台	外山 文生	戦死	19末	遊佐 清次	殉職	20・8
米子	福田 芳	戦死	19・6・1	松村 衛	戦死	20・5・31
米子	巽 静馬	戦死	19・8・11	南園 清人	戦死	20・6・10
米子	山下 光義	戦死	19・9・13	松本 博	戦死	20・8・6
米子	柴田 母	戦死	19・11・5	菊田 政雄	戦死	
米子	谷川 武義	戦死	19・11・	石川 良彦	殉職	17・7・8
米子	桑原 脩	戦死	19・12・2	長谷川 尊	殉職	17・7・10
米子	山城 達司	戦死	19・12・14	建 卓郎	殉職	19・11・19
米子	栗田 清	戦死	19・12・31	小畑 勝	殉職	
米子	有井 正義	戦死	19・	橋本 陽	殉職	
米子	荒川 茂	戦死	20・1・29	渡辺 政雄	殉職	20・4・22
米子	野田 光男	戦死	20・5・3			
米子	神林 正廣	戦死	20・5・13	三好 勝二	戦病死	20・2・24

第9期操縦生

出身養成所	戦死（殉職）者					
仙台	山本正夫	戦死	18・11・28	長谷川乙哉	殉職	19・3・7
仙台	五十嵐正身	戦死	19・12・6	足立侑	殉職	
仙台	小泉正一	戦死	19・12・8	池添敏雄	殉職	
仙台	中谷晃	戦死	19・12・13	道上一輝	殉職	
仙台	日比野建一	戦死	20・7・8	三輪勇	殉職	
仙台	石津行久	戦死の模様				
仙台	小成田邦夫	戦死				
仙台	田口寛	戦死		高山登市	戦病死	朝鮮宣徳
米子	岡部仁志	戦死	19・10・2	竹谷源次郎	戦死	20・8・4
米子	中村八郎	戦死	19・10・13	山上忠一	〔戦死と伝聞〕	
米子	升岡二良	戦死	19・10・6	松尾義男		
米子	伊藤洋	戦死	19・10・15	窪田義男	殉職	
米子	平井茂	戦死	20・1・14	斎藤幸松	殉職	18・7・31
米子	横畑義雄	戦死	20・1・14	緒方清次	殉職	18・10・11
米子	高橋由治	戦死	20・2・14	寺前末夫	殉職	19・3・6
米子	中園正勝	戦死	20・2・18	亀岡皎	殉職	19・3・7
米子	熊谷英雄	戦死	20・6・14	山本光男	殉職	
米子	飯干駒之助	戦死	20・6・17			

第10期操縦生

出身養成所	戦死（殉職）者					
仙台	藤井辰次	戦死	18・2・	宇都宮倭文夫	戦死	19・12・17
仙台	丸太勝三	戦死	18・7・5	飯塚馨	戦死	20・1・19
仙台	五十嵐外茂雄	戦死	18・9・20	川村新吉	戦死	20・5・4
仙台	出口幸男	戦死	18・10・4	清水嘉満	戦死	20・2・

仙台	世古　欽一	戦死	18・11・11	愛沢　英雄	戦死	
	馬場　務	戦死	18・11・18	前越　清一	殉職	17・9・6
	赤坂　彰	戦死	19・8・17	鈴木　新一	殉職	18・1・15
	鬼頭勘次郎	戦死	19・10・25	新井　市蔵	殉職	19・5・10
	小野寺一光	戦死	19・11・7			
	島田　二郎	戦死	19・12・6	酒井　正四	戦病死	21・9・27
米子	岡田　達雄	戦死	19・4・22	谷口　信男	戦死	20・4・12
	金山　正次	戦死	19・7・5	溝口　軍治	戦死?〔殉職〕	
	田村喜代治	戦死	19・8・13	東田　譲	殉職	18・2・18
	守屋　次郎	戦死	19・10・16	河辺　忠博	殉職	19・2・12
	樋渡　吉武	戦死	19・10・24	西野　秀雄	殉職	19・2・27
	小野寺茂行	戦死	19・11・24	渡辺　力	殉職	19・2・28
	山村　猛	戦死	19・12・17	城間　盛篤	殉職	19・4・12
	前　明登	戦死	20・2・19	甲斐　藤市	殉職	19・5・10
	田中　一士	戦死	20・4・10	岡本　積	殉職	19・5・19
	田中　進	戦死	20・5・5	徳田　隆保	殉職	19・6・15
	水本清之輔	戦死	20・5・9	片山　百治	殉職	19・10・13
	五百森秀一	戦死	20・6・22	宮本　政名	殉職	19・12・7
	今泉　雅人	戦死	20・7・8	浦添　朝慎	戦病死	21・6・4
	奥川　三雄	戦死	20・8・14	南井　義信	戦病死	20・7・24
印旛	中野　恒雄	戦死	19・10・15	安藤　英彦	戦死	
	小林　智	戦死		柏木　武	戦死	
	笹子　敏次	戦死		田辺　裕	戦死	
	三保　晃	戦死		三矢　哲夫	殉職	
	田中　稔介	戦死		尾崎　行宏	殉職	
	加藤　茂行	戦死		桐間　隆造	殉職	
	前島　操	戦死		風間　登	殉職	

第11期操縦生

戦死（殉職）者

出身養成所	氏名	区分	年月日
仙台	今井　富夫	戦死	
仙台	大西　実	戦死	
仙台	木村　教雄	戦死	
仙台	佐藤　恵一	戦死	
仙台	千田　守	戦死	
仙台	田中　数敏	戦死	
仙台	高沢　政春	戦死	
仙台	高橋　良雄	戦死	
仙台	殿木　栄一	戦死	
仙台	平岡　義也	戦死	
仙台	道見　求	戦死	
仙台	岩淵　正男	殉職	19・
仙台	裴地　俊雄	殉職	19・
米子	真狩　幸造	戦死	20・1・
米子	朝倉　俊明	戦死	
米子	大島　康弘	戦死	
米子	小泉　広幸	戦死	22・3・7（シベリア）
米子	茶室　三郎	戦死	20・5・1
米子	長田　正之	戦死	
米子	三沢弥藤次	殉職	18・6・21
米子	長谷川富雄	殉職	19・7・21
米子	加藤　俊男	殉職	20・7・5
米子	井住　弘	殉職	
米子	平井美与志	殉職	19・
米子	松本　典	殉職	
米子	田島　治	殉職	
米子	沢　忠太郎	殉職	18・2・9
米子	山中潤之助	殉職	18・2・9
印旛	大出　重信	戦死	
印旛	衣田　正	戦死	
印旛	中山　修二	戦死	
印旛	木村　福松	戦死	
印旛	小林　四郎	戦死	
印旛	土屋　勇	戦死	
印旛	幸保　伝蔵	戦死	
印旛	岩崎　哲夫	戦死	
印旛	溝口　健造	戦死	
印旛	吉岡　七郎	戦死	
印旛	加藤　茂	戦死	
印旛	羽村　邦寿	戦死	
印旛	西村　芳男	戦死	
印旛	山口寿太郎	戦死	
印旛	向山　一郎	戦死	
印旛	内藤　広	殉職	18・9・2
古河	白岩　一英	戦死	19・10・
古河	塚越　勝二	戦死	19・12・12
古河	遠藤　宗作	戦死	19・12・13
古河	近藤　義一	戦死	20・
古河	片山　新平	戦死	
古河	岩田　計八	戦死	

古河	宮田　保	戦死	19・12・19	鈴木　実	戦死	
	土谷　寛	戦死	19・	平坂通泰	戦死	
	佐藤三郎	戦死	19・			
	横須賀　修	戦死	20・1・10	大根田乾二	殉職	19・12・24
	福田　圭	戦死	20・1・11			
	後藤義人	戦死	20・1・25			
	山本孝行	戦死	20・5・11			
熊本	泉田政義	戦死	20・1・	（戦中死亡、戦死したと思われる者）		
	堀尾浩平	戦死	20・1・	尾畑　肇		
	菊永富男	戦死	20・	丸林次男		
	浦上末重	戦死	20・	金子英晴		
	永岡　優	戦死	20・	山本正夫		
	塚原東馬	戦死	20・	小野　肇		
	西岡日吉	戦死	20・	古賀高一		
	山田　功	戦死	20・	蔵満　諭		
	北原　肇	戦死	20・	弘島　寿		
	野平一也	戦死	20・			
	大島　正	戦死				
	永田　孝	戦死				
	久野堅一	戦死				
愛媛	町田静男	戦死	18・12・1	久岡八郎	戦死	19・9・
	中園久人	戦死	18・12・1	前川建一	戦死	19・10・20
	渡辺幸衛	戦死	19・1・4	森末　恵	戦死	19・10・28
	篠原徳平	戦死	19・1・4	杉崎繁雄	戦死	19・10・28
	吉野温夫	戦死	19・1・4	中森克巳	戦死	19・10・28
	伊藤昌敏	戦死	19・1・4	竹内梯次郎	戦死	19・10・28
	末永元始	戦死	19・1・4	杉山　明	戦死	19・12・12

出身養成所	戦死（殉職）者					
愛媛	江沢貢	戦死	19・1・14	森田賢一	戦死	20・1・27
愛媛	山口亮二	戦死	19・2・4	石原健二	戦死	20・2・
愛媛	内藤利雄	戦死	19・	細見修二	戦死	20・3・17
愛媛	大竹正義	戦死	19・2・17	長谷川隆	戦死	20・4・13
愛媛	高山利夫	戦死	19・3・24	末藤優	戦死	20・4・
愛媛	河原田三平	戦死	19・3・23	平山武博	戦死	20・4・23
愛媛	古賀健敏	戦死	19・5・9	宝田千頴	戦死	20・5・21
愛媛	寺沢静秀	戦死	19・5・27	曾我文平	戦死	20・5・29
愛媛	梅沢薫	戦死	19・6・11	柳沢七三	戦死	20・7・11
愛媛	伊藤宗	戦死	19・6・17	浅海慶次	戦死	20・7・25
愛媛	熊谷春夫	戦死	19・6・19	藤田寿継	戦死	
愛媛	本間茂	戦死	19・7・6	湯本	殉職	
愛媛	吉野淳	戦死	19・8・31			

第12期操縦生

出身養成所	戦死（殉職）者					
仙台	大関満	戦死	20・1・8	佐藤喜将	戦死	
仙台	今野正義	戦死	20・5・4	坂場保男	戦死	
仙台	阿部仁吾	戦死	20・6・30	蓮井正雄	戦死	
仙台	五十嵐耕四郎	戦死		松田実	戦死	
仙台	内海温	戦死		吉沢仙蔵	戦死	
仙台	尾形正明	戦死		了安祐三	戦死	
仙台	倉金一夫	戦死				
仙台	黒沢国	戦死		武田良一	殉職	
米子	石原利正	戦死	20・2・13	木村一郎	戦死	
米子	和泉賢三	戦死	20・2・17	高倉功	戦死	
米子	竹田宇三郎	戦死	20・3・26	久野茂	戦死	

米子	上原　隆	戦死	20・3・					
	藤江徳夫	戦死	20・4・17	石本栄一	殉職	19・5・16		
	白石義章	戦死	20・6・6	山内　章	殉職	20・1・		
	深江泰義	戦死	20・8・	梅村玉一	殉職			
	青山茂雄	戦死		芝野　武	殉職	19・7・16		
	川口　治	戦死		田尻重夫	殉職			
印旛	阿久津巴保	戦死	19・6・16	芝池　博	戦死	20・		
	瀬田川慶三	戦死	19・10・12	田口　宏	戦死	20・		
	木川　穣	戦死	19・	丸尾　清	戦死	20・		
	細野正十郎	戦死	19・	大沢秀雄	戦死			
	桜井　良	戦死	20・1・21	吉田　豊	戦死			
	中村　勇	戦死	20・2・16					
	今政　浩	戦死	20・4・27	牧口	殉職	18・		
	添田　実	戦死	20・5・4	古橋豊造	殉職	19・		
	渡辺　徳	戦死	20・7・1					
	谷　良明	戦死	20・8・14	間野庫吉	戦病死			
古河	黒石勝徳	戦死		岩丸定雄	戦死		岩見宏嘉	殉職
	上田敏夫	戦死		沢田久雄	戦死		大沢　要	殉職
	上原　博	戦死		関原敬二	戦死		福本　稔	殉職
	仲野幸雄	戦死		橋本輝雄	戦死			
熊本	奥原宗雄	戦死		柳瀬正清	殉職			
	三宅真作雄	殉職		山内朝健	殉職			
	日比野耕治	殉職		朝武士宰相	殉職			
京都	川口光彦	戦死	20・1・9	丸山　晃	戦死			
	加藤　彰	戦死	20・1・13	森谷峯雄	戦死			
	寺西豊広	戦死	20・1・25	渡辺秀雄	戦死			
	木曽　弘	戦死	20・3・頃	名手　一	戦死			

出身養成所	氏名	区分	年月日	氏名	区分	年月日
京都	大森　護	戦死	20・8・14			
	松本　順次	戦死		徳丸　清	不明	20・3・
	岩田　三男	戦死		上山　武	殉職	20・7・
	田中　末男	戦死		本常　和夫	殉職	
都城	犀川　晃	戦死	19・9・13	山下　宗光	水元　米吉	
	黒野　有明	戦死	19・12・25	山際　正	藤原　良造	
	浜田　良夫	戦死	20・3・28	川俣　宣隆	橋本　忠	
	〔戦死したと思われる者〕			内　敏美	佐々間長衛	
	畑尻　忠重	溝渕　春雄		末松　勉		
	立花　公利	大岡　巌				
愛媛	長尾　武雄	戦死	19・3・30	黒田　正	戦死	20・5・11
	国實　千秋	戦死	19・6・19	藤田　泰三	戦死	20・5・13
	富山　好雄	戦死	19・6・22	梶田　千一	戦死	20・5・19
	中村　五郎	戦死	19・8・2	中柄　好武	戦死	20・5・28
	和気　節宣	戦死	19・8・	東松　定男	戦死	20・6・22
	遠藤　亨	戦死	19・10・16	東　盈夫	戦死	20・7・20
	野島　久次	戦死	19・10・16	横井　正		
	大谷　稔	戦死	19・10・20	宮地　茂喜		
	加藤　宗一	戦死	20・2・16	斎藤　国広		
	太田　厚	戦死	20・2・28	谷川　喜八郎		
	市川　章	戦死	20・5・4			
長崎	吉井　幸七	戦死		伊津　勉	戦死	

第13期操縦生

出身養成所	戦死（殉職）者					
仙台	島崎　昭三	戦死	20・3・29	大山　正彦	戦死	20・8・2
	堀田　彪	戦死	20・5・3	小西　哲郎	戦死	20・8・2

地区	氏名	区分	年月日	氏名	区分	年月日
仙台	梅田竹之	戦死	20・6・	林　正雄	戦死	
	遠藤　勲	戦死	20・8・2	原田章一	戦病死	20・5・18
米子	粟津十九二	戦死	19・	津島昌雄	戦死	20・5・30
	坂本源太郎	戦死	20・1・14	森田平二	戦死	30・6・30
	阪口俊治	戦死	20・4・12	松本裕治	戦死	20・8・17
				河波俊麿	戦死	
印旛	関谷忠雄	戦死	20・2・	萩野重一	戦死	
	斎藤　静	戦死	20・3・	杉森利夫	殉職	19・
	榊原泰巳	戦死	20・3・	中村孝吉	台湾にて行方不明	
古河	関　信義	戦死	19・10・15	松沢晃一	戦死	
	佐藤清美	戦死	20・8・2	黒川文右衛門	戦死	
	稲垣　実	戦死	20・8・15	小林　栄	戦死	
	朝広長久	戦死				
	小内宗作	戦死				
	中里盛夫	戦死		石井　晃	戦病死	
熊本	益田　亨	戦死	20・8・	蔭谷輝夫	不明	19・3・
	山本泰雄	戦死	20・8・	中島清光	不明	19・3・
	蔭田正晴	不明	19・3・	吉田　稔	不明	19・3・
	須佐敏郎	不明	19・3・	副島武二	殉職	
京都	高橋哲夫	戦死	19・11・2	萩原保二	戦死	20・8・10
	小林道夫	戦死	20・1・14	山梨寅之助	戦死	20・8・10
	小林巌夫	戦死	20・5・4	村岡俊則	戦死	20・
	徳　義仁	戦死	20・8・7	吉原　誠	殉職	19・7・22
	青井正忠	戦死	20・5・30	武舎金太郎	殉職	20・3・29
	高橋儀一	戦死	20・8・10	中村恒喜	殉職	20・3・
都城	西庄三郎	戦死	20・5・4	加美正一	戦死	20・5・4
	足立克也	戦死	20・5・4			

愛媛	菅沼　龍哉	戦死	19・9・18
	秦　信一	戦死	19・12・14
	田上　保	戦死	19・12・22
	藤沢　唯雄	戦死	20・1・1
	蛯名福次郎	戦死	20・1・21
	岩崎　功	戦死	20・2・19
	高島　清	戦死	20・3・1
	横山　秀男	戦死	20・4・21
	山崎　通男	戦死	20・4・24
	一ノ倉　茂	戦死	20・5・4
	綾野　清美	戦死	20・5・6
	万幸　利春	戦死	20・5・16
	宮地　次郎	戦死	20・6・
	戸賀崎正明	戦死	20・6・8
	知崎　道彌	戦死	20・6・
長崎	西　喜三郎	戦死	19・9・
	西山　毅	戦死	19・6・24
	到津　六郎	戦死	19・9・21
	上田　少剣	戦死	19・10・13
	芦川　清三	戦死	20・1・17
	坂板　稔	戦死	20・4・2
	磯崎　喜蔵	戦死	20・4・14
	駒木根晟哉	戦死	20・5・4
	稲富　穂積	戦死	20・5・12
	花田　恒男	戦死	20・5・
	宮崎　武次	戦死	20・6・8
福山	土屋　正男	戦死	20・7・2
	橋本　勇	戦死	20・3・11
	中原　俊作	戦死	
	松村　文夫	戦死	
	福田　靖	戦死	
	沢飯　俊雄	戦死	
	小山内益三郎	戦死	
	小島　鎮夫	戦死	
	沼尻　健	戦死	
	大沼　文也	戦死	
	飯田　豪	殉職	
	五田　栄	殉職	
	沖田　徳郎	殉職	
	高倉外志行	殉職	

第14期操縦生

出身養成所	戦死（殉職）者		
米子	能沢　保雄	殉職	
	船越　瑞	殉職	20・8・
古河	小泉金太郎	自決	20・8・15
	中田　文男	死亡	20・11・20満州
	笹島　三男	殉職	20・1・5
	坂下　四郎	殉職	20・5・22

古河	杉野隆	死亡	21・9・28北朝鮮	森田喜一郎	殉職	20・6・
	前川幸男	殉職	19・9・28	荒井徹	殉職	20・7・25
京都	大川勲	戦死	20・1・	広瀬幹夫	殉職	20・5・18
				石森金四郎	殉職	20・8・8
岡山	井沢淳	戦死		堀内武信	戦死	
	小林	戦死		松沢潔	戦死	
	酒井敏明	戦死		内山敏郎	戦死	
				小林亘	殉職	
都城	執行	戦死	19・10・	永田けいせい	戦死	20・
愛媛	米沢正雄	戦死	19・11・17	舟町加保留	戦死	20・5・20
	成田正成	戦死	19・12・31			
	山中一良	戦死	20・1・3	伊藤正士	戦死	
	黒田幸男	戦死	20・2・10	原田宝代	戦死	
	宮田正男	戦死	20・2・10	山田福松		
	宮沢一二三	戦死	20・2・15			
	中尾貞雄	戦死	20・3・1			
	伊藤幸男	戦死	20・3・1			
	富本良雄	戦死	20・3・17	吉原敏夫	殉職	19・7・11
	来栖幸一	戦死	20・3・17	出口外茂吉	殉職	19・7・11
	金成養作	戦死	20・3・17	森忠恭	殉職	19・12・9
	池田誠	戦死	20・3・25			
新潟	若宮三郎	戦死	20・8・15	佐藤長次	戦死	
	内山敏郎	戦死		清水益	戦死	

本科１期生

出身養成所	戦死（殉職）者					
仙台	片倉　久志	戦死	19・10・15	蛭川　金八	戦死	
	松井　誠	戦死	19・10・15	竹内　萬里	戦病死	20・7・28
	木村　誠治	戦死	20・1・	綾部　忠司	殉職	20・1・8
	上田　薫	戦死	20・2・	加藤　光夫	殉職	20・1・8
	大栗　敏	戦死	20・5・	中村善三郎	殉職	20・8・
	江川　光司	戦死				
米子	軽部　一郎	戦死	19・3・24	有保　善之	殉職	20・1・8
	広瀬　昭一	戦死	20・1・	松阿弥清一	殉職	20・1・8
	貫田　実男	戦死	20・5・20			
印旛	鈴木　範雄	戦死	19・12・	志村　初夫	戦死	20・5・16
	根本　広吉	戦死	19・12・29			
	落合　昭二	戦死	20・1・	山口　博	殉職	20・1・8
	田村　豊	戦死	20・3・18	柴田　明朗	殉職	20・1・8
熊本	権藤　貞男	戦死	20・4・20	秋吉　洋人	戦病死	
	田尻　英一	戦死	20・	堺　豊三郎	殉職	20・1・8
	佐藤喜代太	戦死		森田　旭一	殉職	20・1・8

本科２期生

出身養成所	戦死（殉職）者					
古河	真壁　義夫	殉職	20・8・8	内山　伍郎	殉職	20・8・8
京都	村井　正三	殉職	20・8・8			
岡山	大野　和久	殉職	20・8・8			
新潟	石井　義博	殉職	20・8・8			
都城	戸田　潔	殉職	19・9・9	瀬川　如水	殉職	20・8・8
	山之城　裕	殉職	20・8・8			

本科5期生

出身養成所	戦死（殉職）者
印旛	河村　和衛　酒井　一成　妙中啓一郎　高岡 藤原　利夫　増田　保　峰尾　義治

※20・7・4　印旛航養が空襲され、P－51の銃弾を受け死亡した。
※出身養成所は、入所時のもの。

航空機乗員養成所出身者の「待機特別攻撃隊員」名簿

昭和二〇年八月一五日、天皇の停戦のお言葉によって「無条件降伏」ではあったが、とにかく戦争は終結した。原子爆弾の為とは言いながらも、軍部の反対を押し切っての天皇陛下のご判断は適切なものであった。

もしも、あの八月一五日に停戦がなく降伏の時期がおくれていたら、連合軍は日本のどこかに上陸し、ソ連軍は、満州、朝鮮、そして北海道に進出し、日本の破壊は想像に絶するものがあったに違いないのである。

中でも、航空機乗員養成所出身者で、次の「特攻」に出撃を予定され、待機要員として訓練を受けていた者たちがいた。終戦によって今この人たちは、戦前、戦中、戦後を生き抜いて戦後の日本復興と再建に全力を尽くしてきたのである。

隊員名の次〔予〕の次の《地名》は入所時の航養名、洋数字は《操縦科》和数字は《本科》出身者。
②編成担任部隊、ＫＤ……航空師団、ＫＤ……航空師団、ＦＡ……航空軍、
③編成担当部隊、ＦＲＫ……教育飛行隊、ＦＲｂ……練習飛行隊、ＦＲ……戦隊、ＦＲＬ……錬成飛行隊、
④編成の時期、編成地及び移動先（　）内は証言に基づく、《20年は省略、月、日は記載無しあり》
⑤編成時の配属予定先、最終配属月日及び配属先、

隊号	機種・人員	階級	隊員			記事	
82	95練-2	伍長	井上 勝美	予	印旛14	②51KD ③1FRK ④ ⑤4・3 6FA	振武
		伍長	見吉 春雄	予			
		伍長	石木 操	予	岡山14		
		伍長	真杉 尚之	予	印旛14		
83	95練-12	伍長	高橋 昇一	予	京都14	②51KD ③1FRK ④ ⑤4・3 6FA	振武
		伍長	吉川 潜	予	新潟14		
		伍長	宇都宮 章	予			
		伍長	松井 鶴雄	予	京都14		
84	95練-12	伍長	袴田 寛之	予		②51KD ③1FRK ④ ⑤4・3 6FA	振武
		伍長	坂本 省三	予	都城14		
		伍長	竹島 輝夫	予	京都14		
		伍長	中村 時雄	予	京都14		
		伍長	小黒 重明	予	印旛14		
93	95練-12	軍曹	萩原 進治	予		②53KD ③11FRK ④ ⑤3・20 6FA	振武
95	95練-12	軍曹	田中 正三	予	※	②53KD ③19FRK ④2・下旬(温井里) ⑤41・3 6FA	振武
97	95練-12	伍長	河野 淑文	予	熊本11	②53KD ③9FRb ④4・(太田→熊谷→筑後) ⑤4・20 6FA	振武
		伍長	小林 弘	予	古河11	(現姓・相原)	
99	95練-12	伍長	生家 高明	予	米子11	②53KD ③9FRb ④4・(京都→熊谷→筑後) ⑤4・20 6FA	振武
		伍長	原 源三	予	熊本11		
		伍長	武内 敏彦	予	熊本11		
119	1式戦-6	軍曹	金沢 全治	予	熊本一	②10FD ③23FR ④4・印旛 ⑤常陸KFD→7・26 6FA	振武
120	1式戦-6	軍曹	鎌田 武夫	予			
122	1式戦-6	軍曹	三浦 長栄	予	仙台12	②10FD ③28FR ④5・東金 ⑤常陸KFD→7・26 6FA	振武
123	1式戦-6	軍曹	坂岡 清次	予93	(下士官学生?)	②10FD ③53FR ④5・松戸 ⑤常陸KFD→7・26 52KD	
124	1式戦-6	伍長	遠藤 進	予10	都城13		
220	97戦-6	伍長	桑田 計泰	予	京都13	②51KD ③40FRK ④6・10(岐阜) ⑤1FRA→7・26 6FA	振武

221	97戦-6	伍長	寺西　清次	予	印旛13	②53KD　③11FRK　④6・連浦　⑤1FA-7・5FA	
233	99襲-6	軍曹	遠藤　堯己	予	古河11	②1FA　③246FR　④4・大正　⑤1FA→7・26　6FA	振武
249	97軽-6	伍長	中野　茂治	予10	都城13	②1FA　③3FR　④6・29（所沢→原町→所沢）　⑤1FA→7・26　1FA	神鷲
259	100重12	伍長	小沼　光蔵	予	古河13	②52KD　③24FRL　④4・熊谷→新潟→熊谷	神鷲
260	100重12	伍長	深江　基治	予13	（？）	⑤1FA-7・26　1FA	
261	100重12	伍長	浅香　一夫	予	※	②52KD　③24FRL　④4・熊谷→新潟〔熊谷〕　⑤6FA-7・26	振武
		伍長	島岡　茂	予	古河14	6FA　※《浅香一二なら古河14》	
283	98直協 99高練-6	軍曹	遊佐　文夫	予	仙台8	②52KD　③旧3FRb　④5・13　八戸→能代→真室川→鎌田→原町　⑤1FA-7・26　1FA	神鷲
		軍曹	上市　尚		仙台8		
		伍長	坂田　栄一		印旛10		
		伍長	岩城　英二		古河11		
		伍長	太田　健		仙台9		
287	98直協 99高練-6	軍曹	綿貫資信（倍）		仙台7	②52KD　③旧3FRb　④6・-能代　⑤1FA-7・26　6FA	振武
		伍長	増田角次郎		印旛11		
		伍長	永塚　要		古河11	（現姓・関口）	
288	98直協 99高練-6	伍長	北村　守		印旛11	②52KD　③旧3FRb　④6・真室川　⑤1FA-7・26　6FA	振武
298	98直協 99高練-6	伍長	森　栄司		印旛10	②52KD　③旧3FRb　④6・岩手　⑤6FA-7・26　1FA	神鷲
		伍長	黒岩　信行		古河11	（現姓・島田）	
		伍長	田辺　裕		印旛10		
		伍長	秋野　直弘		仙台6		
299	1式双練-8	軍曹	松波　憲	予9	古河12	②52KD　③4FRK　④5・6児玉→（大刀洗北）　⑤6FA-7・26　6FA	振武
		伍長	内藤　三郎	予	古河14	（現姓・小野）	
		伍長	吉川　進	予	仙台14		
		伍長	人見　三郎	予	仙台14		

隊号	機種・人員	隊員（階級）				記事	
300	1式双練-8	軍曹	渡辺　稔	予9	印旛12	②52KD　③4FRK　④5・6児玉→(太刀洗北)　⑤6FA-7・26　6FA	振武
		伍長	猪又国太郎	予	仙台14		
		伍長	浜野敏郎	予			
301	1式双練-8	伍長	小張紀夫	予	印旛14	②52KD　③4FRK　④5・6児玉　⑤1FA-7・26　1FA	神鷲
302	1式双練-8	軍曹	佐藤政一	予9	※	②52KD　③4FRK　④5・6児玉　⑤1FA-7・26　1FA	神鷲
		伍長	細野幸俊	予	古河14	(現姓・片岡)	
		伍長	清水凡平	予			
303	1式双練-8	軍曹	遠藤謹一	予9	印旛12	②52KD　③4FRK　④5・6児玉→(八日市→太刀洗南)　⑤6FA-7・26　6FA	振武
		伍長	伊藤　豊	予	仙台14		
		伍長	藤井興一	予	仙台14	(与一)	
		伍長	高木泰次郎	予	古河14		
304	1式双練-8	軍曹	雄勝金司	予	古河12	②52KD　③4FRK　④5・6児玉→(八日市→太刀洗南)　⑤6FA-7・26　6FA	振武
		伍長	松田政次	予	印旛14	(現姓・谷合)	
		伍長	岡田忠公	予			
306	1式双練-8	軍曹	五十嵐耕四郎	予	仙台12	②53KD　③25FRL　④5・(宣徳)　⑤6FA-7・26　5FA(済南)	
		軍曹	峰崎一郎	予	米子13		
320	95練-6	軍曹	横島忠六	予	仙台8	②52KD　③39FRK　④5・狭山　⑤1FA-7・30　52KD	
326	95練-6	軍曹	石上次夫	予	都城12	②52KD　③39FRK　④5・狭山・熊谷　⑤1FA-7・30　52KD	
344	95練-6	軍曹	吉田徳雄	予	米子8	②52KD　③1FRK　④6・加古川　⑤1FA-7・30　52KD	
346	95練-6	軍曹	小茂田博之	予7	米子10	②51KD　③1FRK　④5・(加古川→北伊勢→加古川)　⑤1FA-7・30　52KD	
347	95練-6	軍曹	若松武雄	予8	米子8	②51KD　③1FRK　④5・(京都→加古川→北伊勢→加古川)　⑤6FA-7・26　6FA	振武
348	95練-6	軍曹	和田　稔	予6	宮島		
349	95練-6	伍長	山下資郎	予	米子11	②51KD　③1FRK　④5・15(加古川→鳫巣)　⑤6FA-7・26　6FA	振武
350	95練-6	伍長	仙洞田七三	予	印旛11		
351	95練-6	伍長	吉崎善次郎	予	米子11		

383	95練-6	軍曹	田中忠一	予	米子5	②51KD ③40FRK ④5・(岡山↓岐阜↓北伊勢) ⑤51KD-7・26 51KD
384	95練-6	軍曹	新名和人	予	熊本11	
385	95練-6	伍長	合志敏夫	予	米子8	②51KD ③3FRb ④5・(京都↓鳥取↓新潟↓盾津) ⑤51KD-7・26 51KD
386	95練-6	伍長	原野一生	予	米子9	②51KD ③7FRb ④5・(京都↓鳥取↓新潟↓盾津) ⑤51KD-7・26 51KD
387	95練-6	伍長	宮本義博	予	米子9	
388	95練-6	伍長	池永浩久	予	米子8	
389	95練-6	軍曹	花岡孝侍	予		②51KD ③8FRb ④6・新潟 ⑤51KD-7・26 51KD
390	95練-6	伍長	稲垣	予		[盾津]
444	97軽-6	伍長	本道幸男	予	古河14	②2FA ③5FRb
445	97軽-6	軍曹	倉雅太郎	予	仙台14	④7・(四平街↓岐阜↓鞍山↓大石橋) ⑤7・27 5FA
446	97軽-6	軍曹	庄田昇	予		
447	97軽-6	伍長	小高発雄	予	印旛14	
448	97戦-6	軍曹	堀江昇	予		②2FA ③5FRb ④7・(四平街↓錦県) ⑤7・27 5FA
		伍長	江連敏	予	印旛14	(敬?・)
		伍長	鏑木一夫	予	仙台14	
449	97戦-6	軍曹	岸本善司郎	予		
450	97戦-6	伍長	坂本弘	予	古河14	
451	97戦-6	伍長	岡安十三二	予	印旛14	③5FRb ④7・(四平街↓錦県) ⑤7・27 5FA
452	97戦-6	伍長	深沢登志	予	古河14	②2FA ③5FRb ④7・(四平街↓錦県) ⑤7・27 5FA
453	98直協-6	軍曹	杉野隆	予	古河14	
		伍長	武石保雄	予	印旛14	
454	98直協-6	軍曹	幾田敬二	予	仙台14	②2FA ③5FRb ④7・(興城↓錦県) ⑤7・27 5FA
		伍長	木村和	予	仙台14	
455	98直協-6	軍曹	河合俊夫	予	古河14	
		伍長	大宮春男	予	仙台14	

第二章　乗員養成所で学んだ外国人たち

航空局が発行した「航空機乗員養成所生徒志願心得」（昭和一七年度）によると、志願者の資格として「国籍・日本人民タル男子」と明記してある。

現在の北朝鮮・韓国・台湾は終戦後それぞれ独立したが、当時は日本の植民地だったので、当然日本人として航空機乗員養成所で学んだ者もたくさんいたが、各養成所の名簿を調査しても、殆どが日本名で掲載されているので容易に判別できない。

そんな中で、元高等航空機乗員養成所を卒業した韓国在住の宋錫禹《ソンスクウ》氏や、福岡市在住の同氏の同期生杉山均氏らの協力で知り得た分と、著者の在席した都城航養出身者の分に次のような方々が居られた。また、蒙古、タイ、などからも留学生として入所していたのである。

ボルジェクト　（蒙古）昭和一五年（一九四〇）中央（のちの松戸高等航空機乗員養成所）航空機乗員養成所に蒙古聯合自治政府（現・中国モンゴル自治区）の留学生として入所。第一期・第二期操縦生と共に修業し昭和一六年七月五日、一等操縦士免許を取得して卒業、その後の消息不詳。

李《イ》　允範《ユンボム》　韓国（日本名・平木義範）昭和一四年（一九三九）一二月、米子地方航空機乗員養成所第五期操縦生として入所、昭和一五年七月、二等操縦士の免許を取得して卒業後、予備伍長として入隊。昭和二〇年（一九四五）四月二二日、第八〇振武隊として九九式高練一一機と共に知覧空港より出撃、沖

縄西方海上で特攻戦死。（曹長、死後少尉任官）

崔《チエ》　璇済《ソンジュ》　韓国（日本名・内藤英輔）　昭和一五年四月、米子地方航空機乗員養成所第六期操縦生として入所、昭和一五年一一月卒業後、軍隊教育を経て母校米航養の助教として勤務中選ばれて昭和一七年（一九四二）一二月、松戸高等航空機乗員養成所第四期操縦生として入所。昭和一八年七月、一等操縦士の免許を取得して卒業すると再び母校の米子地方航空機乗員養成所操縦教官を拝命、勤務中陸軍航空輸送部の嘱託となり昭和二〇年（一九四五）二月一八日、南方前線に重爆空輸の途中、香港東方四〇キロ附近で米戦闘機と交戦し戦死した。

鄭《ジョン》　禹鎔《ウヨン》　韓国（日本名・徳山清二郎）　崔璇済《チェソンジェ》と共に昭和一五年四月、米子地方航空機乗員養成所第六期操縦生として入所、同年一一月、二等操縦士の免許を取得して卒業。戦後、韓国空軍中領（中佐）として勤務していたが昭和六三年（一九八八）病死。

宋《ソン》　錫禹《スクウ》　韓国（日本名・上原武三）　昭和一九年（一九四四）二月一五日、松戸高等航空機乗員養成所機関科第三期生二ヶ年の課程を終え卒業。一等航空機整備士。航空機関士の資格を取得。卒業後は陸軍甲種予備候補生として南方航空輸送部タイ・ジャワ支部に配属され陸軍少尉に任官、終戦後、独立した韓国に復員して、韓国民間航空の創設期に尽力した功績で昭和五九年（一九八四）、当時の金斗煥大統領から名誉ある「産業勲章」を授与される。

平成一三年（二〇〇一）三月、「韓国草創期民間航空史話（『雲雀《ひばり》の証言』）の韓国版の後をうけて日本版を著作発行した。

チャーラム・ディババベジャ　（タイ国）　タイ国空軍士官学校卒。空軍少尉の留学生として昭和一七年五月、松戸高等航空機乗員養成所に第三期、第四期、第五期操縦生と共に修学、昭和一九年二月、一等操縦士の免許を取得し卒業後、明野陸軍飛行学校で陸軍機を習得して帰国。終戦迄はタイ国で日本軍航空部隊との連絡将校となり、戦後は累進してタイ空軍の元師となりバンコク郊外で健在。

カムロン・リーラシリ（タイ国）タイ国空軍士官学校卒。空軍少尉。昭和一七年五月、チャラーム・ディババベジャ少尉と共に留学生として同様に修業。昭和一九年二月、一等操縦士の免許取得して卒業後も同じ経過でタイ空軍に復帰した。戦後は累進してタイ空軍の元師となったが、昭和五三年（一九七八）九月、タイ空軍副総司令官としてチェンマイ地区を視察中、心臓発作のため急逝した。

ウタイ・リンピディパ（タイ国）タイ国チュラロンコン大学工学部機械学科卒。タイ空軍少尉として、前記チャラーム、カムロン両少尉と共に留学生として昭和一七年五月、松戸高等航空機乗員養成所に入所。第三期機関科生と終始共に学習。昭和一九年二月二五日卒業。一等航空機整備士技倆証明書、航空機関士免許を習得してタイ空軍に復帰し、ドンムアン空軍基地に勤務。戦後間もなく空軍退官。タイ航空会社整備部長を経てタイ電源開発公社に入り理事に累進して退任。昭和六一年（一九八六）一二月二二日心不全で死去。同期生代表として当時大阪・池田市在住の杉山均氏が葬儀に出席した。

サムラン・オヌチ（タイ国）タイ国チュラロンコン大学工学部土木学科卒。空軍少尉として前記ウタイ氏と共に松戸高等航空機乗員養成所に入所。第三期機関科生と共に学習。昭和一九年二月一五日、一等航空機整備士技倆証明書、航空機関士の免状を取得して卒業と共にタイ空軍に復帰し、ドンムアン空軍基地に勤務。戦後間もなく空軍を退官。タイ国有鉄道に勤務し、累進して理事を最後に退職の直前、昭和五九年（一九八四）一〇月一一日心筋梗塞で死去。

岩本光守　韓国（韓国名不詳）昭和一八年（一九四三）九月二三日、都城地方航空機乗員養成所第一二期操縦生（二等操縦士）として卒業。独立飛行第二三中隊に所属。昭和二〇年（一九四五）三月二六日、

沖縄作戦で三式戦に乗り那覇西方洋上で特攻戦死。（軍曹、死後少尉任官）

呉《ゴ》　景炘《ケイキン》　台湾　昭和一九年（一九四四）七月二〇日、都城地方航空機乗員養成所第一四期操縦生（二等操縦士）として卒業後、南方戦線へ。戦後台湾に引揚げ、新竹県で「仁義公司」を設立して総経理（社長）として会社を経営中。

孫《ソン》　侖圭《ユンギュ》　韓国（日本名・廣川光義）　昭和一九年三月、米子地方航空機乗員養成所本科第一期生卒（二等操縦士）。南方航空乗員訓練部（ジャカルタ）操縦科第五期生に配属。戦後、韓国空軍大領（大佐）、軍事政権初期民航監督官となるが平成九年（一九九七）一月九日病死。

朴《パーク》　讃都《チャンド》　韓国（日本名・三木政二）　昭和一七年四月、愛媛地方航空機乗員養成所本科四期生として入所、昭和二〇年（一九四五）四月、長崎地方航空機乗員養成所へ転属。同年一二月終戦のため繰上げ卒業。戦後、立命舘大学専門部入学。卒業後、東洋経済日報社に勤務した。

松山根圭　韓国（韓国名不詳）　韓国・金羅北道（益山郡）裡邑本町二―六二（当時地名）出身。昭和二〇年四月長崎地方航空機乗員養成所本科第七期生として入所。戦後の消息不明。

〈参考資料〉

日本戦時中の航空史年表

自一九四一～至一九八二

年代	事項
昭和一六年（一九四一）一月　九日	大日本航空の南洋島内線第一便として川西式四発飛行艇「浦波」が就航。パラオ発島内一周八日間で、隔週一便運行。
二月　七日	日本初のモーターグライダー日本式「峰」型が完成。羽田飛行場で試飛行。
二月　七日	河辺忠夫滑空士は前田式七〇三型ソアラーにより福岡県発心山より出発し、一三時間四一分八秒の日本滞空記録を樹立。
四月　一日	大日本航空と満州航空は、東京―新京間直通一六〇〇キロメートルの日本海横断空路の運航を開始。両社が各週二往復運航。上り五時間一〇分、下り五時間三〇分。使用機は三菱MC-二〇輸送機。
六月　九日	満州航空所属の一等操縦／航空士美濃勇一は、新京発羽田行き定期便を操縦中、日本初の一万飛行時間を突破した。
七月　六日	朝日新聞社の小俣操縦士、塚越機関士は、液体酸素吸収装置を装備した「朝風」号により羽田を出発、一万一二〇〇メートルの日本高度記録を樹立した。
七月一九日	タイ・仏印の新国境画定委員会に出席する矢野首席委員ら一三人をのせた大日航の川西式四発飛行艇「白雲」が横浜―淡水―サイゴン―バンコク間の処女空路を開拓した。
八月　一日	アメリカは日本への発動機燃料と航空発動機用潤滑油の輸出を禁止した。

九月二〇日	第二回航空日。この年から毎年九月二〇日となる。
九月二〇日	大日本航空は輸送力増強のため、昭和一二年夏以来のエアーガール・サービスを全線から廃止した。
一〇月一三日	パラオ―デリー間の航空路に関する日本・ポルトガル間の航空協定をリスボンで調印。
一一月二五日	チモール島定期空路第一便「浦波」号がパラオを出発しデリー安着。
一二月　八日	日本が米英に宣戦、太平洋戦争開戦。海軍の空母六隻を含む第一航空艦隊主力は、早朝ハワイ・オアフ島を強襲。戦艦四隻などを撃沈、飛行機二三〇機以上を破壊。同時に陸軍航空部隊はマレー半島、フィリピン等を攻撃。
昭和一八年（一九四三）	
一一月　一日	逓信省と鉄道省が合併し運輸通信省が発足、航空局は同省の内局となる。
昭和二〇年（一九四五）	
八月一五日	日本は米・英・ソ連・中国に対し無条件降伏。太平洋戦争終わる。
九月二日	東京湾上の戦艦「ミズーリ」艦上で、重光、梅津両全権により降伏文書に調印。
九月一二日	ＧＨＱ（連合軍最高司令部）羽田など各飛行場を接収。
九月一四日～一〇月　九日	ＧＨＱは日本側の乗員と機材による終戦連絡事務による国内定期航空、いわゆる緑十字飛行を許可。東京―福岡など四路線を運航。
一〇月一〇日	ＧＨＱは日本の航空機生産・加工を禁止。
一一月一八日	ＧＨＱの覚書により一二月三一日限りで日本の全航空活動は禁止、航空局は廃止と決定。
一二月三一日	逓信省に航空保安施設の維持管理のための航空保安部設置。初代部長は松尾静磨。

第三編

戦後編

（自立期・成熟期）

第一章　敗戦後の民間航空の状況

第一節　戦後の航空暗黒時代に幻《まぼろし》のパイロットとして活躍した鳥人《ちょうじん》たち

「ゼンマイ仕掛け以上の飛行機を持つことも欲しない」これは真珠湾攻撃で大打撃を受け、身体ごとぶつかっていく特攻機に大きな恐怖と損害を受けたアメリカ大統領ルーズベルトの考えであり、その遺志を継いだＧＨＱ（連合国軍が日本占領中に設置した総司令部）の命令（連合軍総司令部覚え書き三〇一号）によって第二次大戦後、日本では航空企業も政府機関の航空局、航空研究所など全てが解体させられ、大学での航空力学などの研究、講議も廃止させられた。

勿論、飛行機もグライダー（滑空機）の保有も禁止され、皇居前で行われたゴムヒモの模型飛行機大会もＧＨＱにお伺いをたてなければできないという航空暗黒時代になった。

従って、終戦の昭和二〇年（一九四五）八月二五日から日本国内での飛行が禁止されて以来、昭和二五年（一九五〇）六月、ＧＨＱから国内航空事業が認可され待望の民間航空再開となり、昭和二六年（一九五一）八月一日、日本航空が発足するまでの六年間、日本の鳥人たちは全く翼を失なったのである。

ところが、その暗黒時代に色々な名目で、国内はもとより朝鮮始め南方に飛んでいたかつての、逓信省陸・海軍依託操縦生や、逓信省航空機乗員養成所出身の、いわゆる純民間航空のパイロットたちがいたのである。

〔そのⅠ〕

中支海軍航空隊で終戦を迎えた愛媛航空機乗員養成所第14期操縦生の大町斉、田辺昇、吉村俊之助、太田精二の四名は残務連絡要員として97艦攻に日の丸の替りに「緑十字」のマークをつけ、司令官や要員を乗せて戊《ぼ》基地から南京その他の基地に連絡飛行を行っていた。しかし、それも昭和二〇年一二月末で終了した。

〔そのⅡ〕

終戦直後、当時の日本国内の地上交通と通信の混乱状態から航空機による輸送や連絡が必要だった。そこでGHQから「終戦処理目的に限って民間機を飛行させてもよい。ただし、同時に日本上空で飛行する航空機は四機に限る」という条件付の認可を受けた。航空局としては、例え小さくとも民間航空を残す絶好の機会と張切って、亀山忠直・東京支局副長が総指揮をとり大日本航空㈱の飛行機と乗員を使って、日の丸の替りに「緑十字」のマークをつけて九月一五日から運航を開始した。飛行ルートは

①東京―大阪―福岡
②東京―仙台―青森―札幌
③東京―新潟―富山―大阪
④東京―名古屋―大阪―高知―岩国―福岡の四路線だった。

しかし、一〇月一〇日から極東空軍のC46型機によって、この業務を引き継ぐことになったので、この計画はわずか一ヵ月足らずで終止符がうたれた。

〔そのⅢ〕

戦後五年を経た昭和二五年（一九五〇）六月に南北朝鮮を分かつ北緯三八度線付近で武力衝突し、それぞれ米軍を中心とする国連軍、中国義勇軍の支援のもとにほぼ朝鮮半島全域を戦場とした国際紛争がおこり、昭和二八年（一九五三）七月、休戦協定が成立するまでの約三年間、世に云う朝鮮戦争（朝鮮動乱）がおこった。

米軍は韓国側に味方して北朝鮮と闘ったが、夜の暗雲に乗じて兵隊を飛行機で北朝鮮の山中に落下傘降下させようとしたが、米軍のパイロットは夜間飛行は苦手だった。

そこでかつて、第二次世界大戦（大東亜戦争）で、しかも軍人ではない元大日本航空や中華航空などの純民間パイロット出身者に目をつけたのである。

しかし、絶対に日本人には二度と空を飛ばさせないというGHQの覚え書きもあるので、あくまでも秘密裡に人選を行った。

まず、昭和一四年（一九三九）「ニッポン」号で世界一周に成功した逓信省陸軍依託第一期操縦生卒の中尾純利（民間航空再開とともに羽田空港長に就任）を中心に人選し、「ATC＝エアトラフィックコントロール」（航空交通管制）を緊急に学ばせた。

戦前の民間航空出身者で、飛行時間も五、六千時間もあり、主として中国大陸、台湾、東南アジアを飛んでいたパイロットの中から選ばれたのだった。

そのメンバーは、戦後民間航空が復活再開されるや、早速それぞれの航空会社の機長となり後輩の育成に努めたのである。

そのメンバーとは

陸軍依託第一二期操縦生石田功（のち全日本空輸機長・専務取締役となる）、海軍依託第一三期操縦生後藤安仁（のち日本航空機長）、海軍依託第一六期操縦生瀬川五郎（のち日本航空機長）、陸軍依託第一八期操縦生宮原彰義、同前嶋久光（いずれものち日本航空機長）、印旛航空機乗員養成所第一一期操縦生三堀美男（のち日本航空機長）、そして日ペリの創立にかかわり全日空常務取締役になった山口登らであり、このメンバーは、昭和二九年（一九五四）四月解散した。

昭和二六年（一九五一）八月、藤山愛一郎を会長に日本航空が設立され、民間航空の夜明けとなったが、同じ敗戦国であった西ドイツでルフトハンザが復活したのはそれから二年後のことである。

ルーズベルト（第三十二代米国大統領）と、トールマン（当時の米国第三十三代大統領）が、「日本人に飛行機を持たせる必要はない」とヒステリックなまでに日本の航空界の叩き潰しにかかっていたものが、なぜこんなに西ドイツよりも早く日本の航空復権が認められたのだろうか。

その快挙をなしとげたのは日本航空育ての親、松尾静磨であった。松尾は戦後、SCAP三〇一号で潰されそうになった航空局を逓信省に移し、航空保安庁として生き残らせ、戦前派のパイロットを同庁職員にして人材の確保に務め、更には中尾純利らをマッカーサーの軍隊に雇い朝鮮戦争時に米軍機に乗って米軍の人材や物資の輸送に当らせたことをネタにGHQと強行談判して勝ちとった成果である。

中尾初め数名の民間操縦士の努力によって日本の民間航空の復活が早くなったということである。

第二節　民間航空の運航全面禁止令

昭和二〇年一一月一八日、連合軍総司令部から日本政府宛に「民間航空に関する連合軍最高司令官指令覚書（AGナンバー三六〇）」が伝達された。内容は民間航空禁止に関する覚書で、更に一〇日後の一一月二八日、「民間航空前面禁止に関する連合軍総司令部発簡番号三〇一号命令」が交付された。

(1)　日本政府は一九四五年（昭和二〇）一二月三一日限り、総司令部の命により特に許可せられたる機能以外の如何なる種類の商用およびその他の民間航空に関係ある一切の政府機構ならびに半官機構をも廃止すべし。

(2)　日本政府は、一九四五年一二月三一日限り、商用航空輸送その他の民間航空業務に従事するか、または操縦士あるいは航空機の設計、建造維持運用に対する訓練に従事し来りたるものの種類如何を問わず、その一切の会社、協会（組合、合名会社）、協力体（商会）の解散を有効たらしむる措置を講ずべし。

(3)　日本政府は、一九四五年一二月一五日以前に本総司令部宛、右述の解散に影響ある組織の上級官吏、役員、専門技術者、研究者、操縦者ならびに操縦教官の登録名簿を提出すべし。

(4)　一二月三一日以降においては、一切の政府代表または個人、商社、協会、日本人たる個人またはその団体に対し、すべて航空機、航空部品または発動機を購入獲得、所有または運転することを禁ずべし。実験用模型を含む航空機または航空科学に関する研究、実験、整備または運転に付き亦同じ。

(5)　日本政府は、航空科学、航空力学その他航空機、気球に関する標題の教授、研究、実験を禁止すべし。

(6)　本覚書受領後直ちに受領証を提出すべし。

という、真に厳しいGHQ指令であった。

第三節　航空保安部発足

陸軍依託第二期操縦生で、当時朝日新聞社航空部長だった新野百三郎が、

わが空は　わが空ならず　秋の空

という俳句を詠んだが、旧鳥人たちは、いつかはもう一度自由に飛びたいと願っていた。

昭和二〇年一二月三一日、運輸通信省航空局が廃止され、かわりに逓信院電波局航空保安部が発足し、亀山忠直（早大卒・学生飛行連盟で学び、航空局航務課長を経て全日空機長となる）が逓信院航空官に任命された。

航空保安部とは米軍の飛行機を飛ばすのに必要な航空保安施設の維持管理をする仕事である。すなわち、航空灯台、ラジオ・ビーコン（無線標識）、飛行場の整備と守備をするということである。

航空局次長から松尾静磨が初代航空保安部長に、札幌飛行場長だった大庭哲夫が保安課長に就任し名コンビをつくった。

松尾と大庭は「これを足がかりとして、将来民間航空が再開された時、すぐ役に立つように」と考え、かつての逓信省航空局で養成した依託操縦生や航空機乗員養成所卒業生に呼びかけて、操縦、発動機、機体、検査等の各ベテランを採用してひそかに温存することにしたのだった。

昭和二一年（一九四六）七月一日、逓信院が逓信省となり、航空保安部の機構も次第に拡大されるようになった。亀山忠直は逓信技官となり、同年一〇月三一日、静岡県の藤枝飛行場長、さらに翌二二年五月一二日、羽田支所長になった。

米空軍が出す調達要求は最初はネズミの捕獲器をつくれとか、どこどこの建物の窓をつくれといった他愛のないものだったが、段々滑走路の補修、滑走路わきの小建築物、橋梁、上下水道配管工事、電気工事と拡がってきたので、一年後には羽田支所だけでも二〇〇人が働くようになった。仕事は請負業者と同じことだが、現場監督は、若手の元パイロットたちで、五〇名ほどは、この旧パイロットであった。

「飛行機に乗れなくとも彼らは飛行機のそばにいて離着陸を見ているだけでも気が安まったのだった。そのうち、米空軍が、「飛行場の管理運営は日本人にまかせても充分だと、太鼓判を押してくれるようになったが、これが航空保安庁に格上げになった背景のひとつである。

昭和二四年六月一日電気通信省が設置され、外局として航空保安庁が開庁した。同庁は航空保安事務所を、札幌、三沢、仙台、入間川、新潟、立川、横田、羽田、焼津、名古屋、大阪、岩国、防府、美保、高松、芦屋、福岡に開設した。

亀田忠直は電気通信技官となり調査課長補佐に就任することになって羽田を去った。

羽田航空保安事務所の初代所長には、青年航空団一期生、松戸中央（高等）航空機乗員養成所一期操縦生卒の竹田（旧姓園田）静雄が就任した。竹田は戦時中、都城航空機乗員養成所や松戸高等航空機乗員養成所の操縦教官を勤め、戦後は航空大学校発足と共に教官に就任、請われて東亜国内航空機長となった人物である。

第二章　民間航空再開の前奏

第一節　航空交通管制官の養成

昭和二三年（一九四八）頃になると、日米の間に講和の話もぼつぼつ起こり、民間航空再開の気運が芽ばえてきた。当時、米、英、オランダ、豪などの航空会社がＧＨＱの許可を得て日本に乗り入れていたが、彼らの目的は、日本国内における定期航空の権利だった。

その頃、アメリカのナイロップ民間局長が、自分の代理として部下の職員を日本に派遣して、航空保安庁初代長官の松尾静麿に、「講和条約の調印前では日本の自主運航は許せないが、まず日本で航空会社をつくり、運航を外国の飛行会社に依託したらどうか」と云って来た。

松尾は、この案なら一歩前進だと考え、すぐに時の運輸大臣山崎猛に相談、ナイロップ局長の進言もあって、ＧＨＱもＯＫのサインを出した。

先にも述べたように、戦前の日本のパイロットではできない、英語での航空交通管制技術を学ばせることから始まる。昭和二五年（一九五〇）一〇月、米極東空軍のペティス大佐が英語能力をテストして合格した米子航養二期操縦生卒の泉靖二、仙台航養四期操縦生卒の木暮右太郎、元古河航養教官の西郡徹次の元パイロット三名が日本人最初の航空交通管制技術を研修するため、米民間航空オクラホマ職員訓練所へ六ヵ月間派遣された。

第三章　待望の民間航空復活

第一節　日の丸の翼が飛ぶ

昭和二六年（一九五一）九月八日、米国サンフランシスコで対日平和条約が調印され、昭和二〇年（一九四五）八月二五日から日本人による日本国内での飛行が全面的に禁止されていた日本の民間航空も、約六年余りにして日の丸の翼が甦えることになった。

昭和二六年八月一日、この平和条約を見越して資本金一億円、社員一五〇名で日本航空（昭和二八年一〇月一日、政府半額出資の特殊会社に改組、同日、旧日本航空は解散）が設立された。

これに次いで二七年四月二六日、青木航空、同年七月四日、日東航空、同年九月一三日、富士航空、同年一二月二六日、極東航空、翌二七日、日ペリ航空、そして二八年に入って五月八日、中日本航空、六月三〇日、北日本航空、一一月三〇日、東亜航空と矢次ぎ早に民間航空会社が設立された。

しかし、多額の資本を有する航空会社の経営は容易ではなく、紆余曲折で吸収統合が繰り返され、また社名も変更されながら今日に至っている。

第二節　主要航空運送事業者の歩み

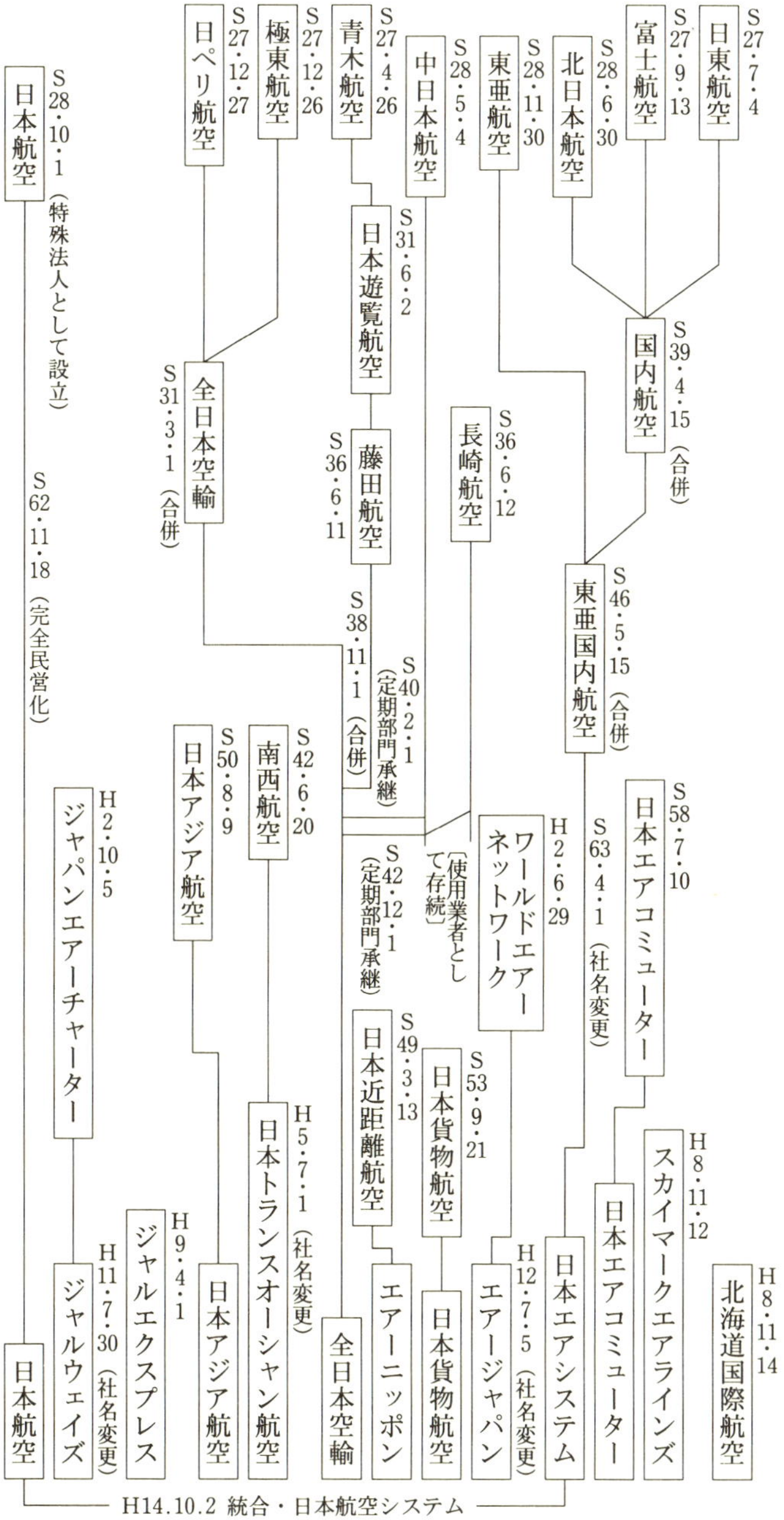
日東航空 S27・7・4
富士航空 S27・9・13
北日本航空 S28・6・30
東亜航空 S28・11・30
中日本航空 S28・5・4
青木航空 S27・4・26
極東航空 S27・12・26
日ペリ航空 S27・12・27
日本航空 S28・10・1（特殊法人として設立）
国内航空 S39・4・15（合併）
日本遊覧航空 S31・6・2
全日本空輸 S31・3・1（合併）
藤田航空 S36・6・11
長崎航空 S36・6・12
東亜国内航空 S46・5・15（合併）
S38・11・1（合併）
S40・2・1（定期部門承継）
S62・11・18（完全民営化）
日本アジア航空 S50・8・9
南西航空 S42・6・20
S42・12・1（定期部門承継）
（使用業者として存続）
ワールドエアーネットワーク H2・6・29
S63・4・1（社名変更）
日本エアコミューター S58・7・10
ジャパンエアーチャーター H2・10・5
日本近距離航空 S49・3・13
日本貨物航空 S53・9・21
日本トランスオーシャン航空 H5・7・1（社名変更）
スカイマークエアラインズ H8・11・12
北海道国際航空 H8・11・14
ジャルエクスプレス H9・4・1
ジャルウェイズ H11・7・30（社名変更）
エアージャパン H12・7・5（社名変更）
日本航空
日本アジア航空
全日本空輸
エアーニッポン
日本貨物航空
日本エアシステム
日本エアコミューター
H14.10.2 統合・日本航空システム

（航空振興財団発行「数字でみる航空２００１」より転載）

株式会社航空ニュース社発行航空便覧二〇〇二によると、現在活動中の民間航空会社は次の通りである。

第三節　定期航空会社

日本航空株式会社

本　社　東京都品川区東品川二―四―一一　ＪＡＬビルディング
従業員　一九、八〇〇人
資本金　一八八、三億二、三八三万五、九八四円
保有機　Ｂ七四七型四二機、　Ｂ七四七―四〇〇型三〇機、
　　　　Ｂ七四七―二〇〇Ｆ型八機、　Ｂ七七七型一〇機、
　　　　Ｂ七六七型二二機、　Ｂ七三七型―四〇〇型四機、
　　　　ＭＤ―一一型一〇機、　ＤＣ―一〇―四〇型一二機
　　　　合計一三八機
支　店　米州西部地区、米州東部地区、ハバロフスク空港、グアム、サイパン、ソウル、プサン、ペキン、シャンハイ、大連、マニラ、ホンコン、ホーチミン、バンコク、クアラルンプール、シンガポール、ジャカルタ、シドニー、オークランド、ニューデリー営業、カイロ営業、モスクワ、コペンハーゲン、フランクフルト、デュッセルドルフ、ミュンヘン、アムステルダム、チューリヒ、ロンドン、パリ、マドリード、ローマ、アンカレジ空港、トロント、ニューヨーク、シカゴ、サンフランシスコ、アトランタ、ロサンゼルス、ホノルル、メキシコ、サンパウロ、成

沿　革

田空港、東京空港、札幌空港、名古屋空港、小松空港、関西空港、大阪空港、松山空港、広島空港、福岡空港、大分空港、長崎空港、熊本空港、宮崎空港、鹿児島空港、沖縄空港等。

日本を代表するナショナル・フラッグ・キャリアー。昭和二六年八月一日、資本金一億円で設立。会長藤山愛一郎、社長柳田誠二郎。初運航は同年一〇月二五日、ノースウエスト航空への依託運航により東京―大阪―福岡線で（マーチン202使用）営業を開始。翌年一〇月からDC―4により自主運航を開始した。

昭和二八年（一九五三）八月一日、日本航空株式会社法の公布・施行に伴い、一〇月一日、旧日航は解散し、政府半額出資の特殊法人日本航空㈱が設立された。以後、国内幹線、太平洋線、東南アジア線、北・南回りヨーロッパ線と拡充され、昭和四一年（一九六六）には念願の世界一周線が開設されて現在に至っている。

さらに、平成一四年（二〇〇二）一〇月二日、日本エアシステムと持ち株会社日本航空システムを設立し、経営を統合し、同月四日JALセール（二社の販売部門を統合）を結び、平成一六年（二〇〇四）四月、完全統合の予定。

全日本空輸株式会社

本　社　東京都大田区羽田空港三―五―一〇　ユーティリティセンタービル

従業員　一三、三〇八名

資本金　八、六二一億三、九七九万三、一七九円

保有機　B七四七―四〇〇型二三機、　B七四七SR―一〇〇型一一機、

Ｂ七四七―二〇〇Ｂ型三機、　Ｂ七七七―二〇〇型一六機、
Ｂ七七七―三〇〇型五機、　Ｂ七六七―二〇〇型一〇機、
Ｂ七六七―三〇〇型四二機、　Ａ三二一型七機、
Ａ三二〇型二五機　計一四二機

支　店◎東日本販売カンパニー

青森、仙台、秋田、山形、庄内、福島、新潟、富山、金沢、水戸営業、北関東営業、千葉営業、立川営業、横浜営業。

◎北海道販売カンパニー

帯広営業、苫小牧営業、室蘭営業、旭川、北見網走、釧路、函館。

◎中部販売カンパニー

長野営業、静岡営業。

◎西日本販売カンパニー

京都営業、神戸営業、大阪南営業、山陰、岡山、広島、福山営業、高松、高知、松山、徳島。

◎九州販売カンパニー

北九州営業、佐賀、宇部、大分、鹿児島、長崎、宮崎、熊本。

◎沖縄販売カンパニー

◎成田空港、東京空港、千歳空港、名古屋空港、大阪空港、関西空港、福岡空港、鹿児島空港、沖縄空港、ソウル、北京、瀋陽、天津、員門、大連、青島、上海、ムンバイ、香港、ホーチミン、バンコク、シンガポール、クアラルンプール、グアム、シドニー、ニューヨーク、ロサン

ゼルス、サンフランシスコ、ワシントン、シカゴ、ホノルル、ロンドン、モスクワ、パリ、フランクフルト。

空港所　函館、仙台、秋田、山形、新潟、小松、富山、岡山、広島、山口宇部、高松、松山、高知、長崎、熊本、大分、宮崎。

沿　革　昭和二七年（一九五二）一二月二六日設立の**極東航空**と同年一二七日設立の**日ペリ**が昭和三三年（一九五八）三月一日、合併して**全日本空輸**となり、その後、二七年（一九五二）四月二六日発足した**青木航空**（三一年六月二日、**日本遊覧航空**、三六年六月一一日、**藤田航空**と変更）三八年（一九六三）一一月一日、吸収合併、更に四〇年一一月一日、**中日本航空**、四二年一二月一日、**長崎航空**の定期部門を承継して現在に至っている。

極東航空は、伊藤音二郎の門下生で、日本最初の定期航空路を開設した戦前の民間航空界の草分け的存在の井上長一一等飛行機操縦士を中心に、関西財界の支援を受けて昭和二七年一二月二六日開設された。

昭和二八年五月、不定期、同年一〇月定期の免許を受け、ローカル線を運航したが、二〇人乗りハンドレページ・マラソンが故障がちで、完全就航ができず、金ばかり使い、親（会社）に心配ばかりかけている極道息子にもじって〝極道航空〟と呼ばれていた。

日本ヘリコプター輸送㈱（通称日ペリ）は、終戦後、旧民間航空人の空への復帰を念願して興民社会長美土路昌一、中野勝義らが、航空会社創立の構想を練り、元中華航空副総裁の遠藤毅や、福長飛行機研究所を卒え日本航空輸送の機長だった鳥居清次元一等飛行機操縦士（のち全日空専務）などを中心に、藤山愛一郎、村田省蔵、五島慶太、渋沢敬三、永野重雄、松本重治、塚越後三、手島栄、岡野保次郎、早川慎一、津田鉄外喜、関桂三、杉道助、神野金之助、佐々部晩穂、伊藤次郎左衛門、美土路昌一、岡崎嘉平太という財界のそうそうたるメンバーで昭和二七年一二月二七日設立された。しかし一年目は、すべり出しはよかったが、二年目は三〇〇〇万円、三年目は七五〇〇万円、四年目は四〇〇〇万円という赤字を出して、またたく間に一億五〇〇〇円の資本金を食いつぶすようになった。

青木航空㈱は、かつて立川飛行機のテスト・パイロットだった青木春樹が昭和二七年（一九五二）四月二六日、不定期航空事業の認可を受け、セスナ一七〇―Bを購入、同年九月には使用事業第一号の認可を受けた。

昭和二九年（一九五四）五月、八丈島への定期路線が認可され、三二年（一九五七）三月、新しく資本を増額して社名も藤田観光と改め、伊豆路線に大阪―八丈島、名古屋―八丈島線も加えられ事業を拡大。更に東京―岡山線（のち長崎線も）を申請し、認可前に臨時便を運航していたが、収支のバランスがとれなくなり三九年（一九六四）一一月、全日空と合併した。

株式会社日本エアシステム

本　社　東京都大田区羽田空港三―五―一

従業員　五、四二二人

資本金　二三四億八、六五〇万円

保有機　B七七七型七機、A三〇〇―六〇〇R型一九機、A三〇〇型一七機、MD―九〇型一六機、

MD―八一型一八機、MD―八七型八機
計八五機
支　店　札幌、東京、名古屋、大阪、福岡。
沿　革　**日東航空**（二七年七月四日設立）**富士航空**（二七年九月一三日設立）**北日本航空**（二八年六月三〇日設立）の三社が三九年四月一五日合併して**国内航空**となり、更に四六年五月一五日**東亜航空**（二八年一一月三〇日設立）と合併して**東亜国内航空**となりなお、六三年四月一日**日本エアシステム**と社名を変更して現在に至る。
なお、日本エアシステムは平成一四年（二〇〇二）一〇月二日日本航空と統合、日本航空システムを設立して経営を統合した。尚、同四日、ＪＡＬセール契約（二社の販売部門の統合）を結び、平成一六年（二〇〇四）全面的に日本航空と合併の予定。

日本アジア航空株式会社
本　社　東京都品川区東品川二―四―一一
従業員　七五〇人
資本金　四三億一千万円
保有機　Ｂ七四七―二〇〇型三機、Ｂ七四七―三〇〇型一機、
Ｂ七六七―三〇〇型三機　計七機
支　店　成田空港、関西空港、台北、香港（代表駐在員事務所）。
沿　革　日本と台湾を結ぶパイプ役として昭和五〇年（一九七五）八月九日、日本航空の全額出資で子会

社として設立された国際線定期航空会社。翌五一年七月から大阪発着便も開始、同時に香港、マニラへ路線を延長、また、五四年（一九七九）一一月には沖縄―台北線も開設した。

エアーニッポン株式会社

本　社　東京都大田区羽田空港三―五―一〇　ユーティリティセンタービル

従業員　一、四八一人

資本金　五四億円

保有機　YS―一一型六機、　B七三七―四〇〇型二機、B七三七―五〇〇型二一機、　A三二〇型九機、DHC八―三〇〇型一機、　計三九機

支　店　札幌空港、羽田空港、関西空港、福岡空港、札幌、大阪、福岡、鹿児島、沖縄、台北。

支　所　八丈島空港、仙台空港、名古屋空港、広島空港、松山空港、高知空港、高松空港、長崎空港、鹿児島空港、宮崎空港、沖縄空港、石垣空港、佐賀空港、大分空港、熊本空港。

沿　革　昭和四七年（一九七二）五月、北海道で横浜航空機が墜落し、乗客等一〇名全員が死亡する事故が発生した。この事故を契機に、運輸大臣は、四七年一〇月二〇日、「離島・辺地の航空輸送を確保するための方策について」航空審議会に諮問した。これを受けて離島間、辺地への近距離輸送を担当することを目的に昭和四九年（一九七四）三月一三日、資本金六億円で「日本近距離航空」が発足、札幌―稚内《わっかない》など道内六路線、新潟―佐渡線の計七路線で運航を開始したが雪などの気象条件が運行面に不利なため収益性が低く、一時

全面運休に陥った。

その後、昭和五三年（一九七八）四月に全日空から東京―大島、東京―三宅島線を譲り受け、次いで五四年七月、福岡―対馬線と新路を開拓、その間、四九年一一月、横浜航空を吸収合併した。そして六二年（一九八七）四月一日、エアーニッポンと社名を変更した。

一方、横浜航空㈱は、昭和四五年（一九七〇）三月、学校法人横浜訓盲学院から航空事業部を分離して設立。航空機使用事業のほか、弟子屈―船橋間の遊覧飛行を行い、更に弟子屈―釧路、稚内―利尻、札幌―紋別、札幌―中標津、札幌―稚内、札幌―女満別、新潟―佐渡の二地点運航の旅客輸送を始めたが、四七年五月、北海道で不測の事故が起こったのを機に四九年一一月、日本近距離航空に吸収合併された。

日本トランスオーシャン航空株式会社

本　社　沖縄県那覇市山下町三―二四
従業員　六九九名
資本金　四五億三、七二〇万円
保有機　B七三七―四〇〇型一一機、　B七三七―二〇〇型四機　　計一五機
支　店　東京・那覇空港、久米島、岡山。
支　社　宮古、八重山。
沿　革　戦後、初めて琉球列島内に定期便が開設されたのは昭和三一年（一九五六）八月、地元企業が外国機をチャーターして運航を始めた。ところが昭和三九年（一九六四）突然米国・エア・アメリ

カ社に事業許可がなされた。

しかし、四一年（一九六六）同社は経営困難を理由に翌四二年六月をもって運航を廃止した。

日本航空は、沖縄が日本に復帰した時、外国航空会社が日本国内に就航している事態を避けるためと、また日の丸マークの飛行機の就航が本土復帰への願望の一端を成就せしめる点を重視して日航全額出資による子会社をつくることを運輸省（現・国土交通省）に申請した。

これに対して、在沖米軍、米政財界の中にはアロハ航空を支持する声が強く、その為、認可決定は大幅におくれた。

しかし昭和四二年（一九六七）七月一日、琉球列島航空規則が施行されることになり、同年六月二〇日、日本航空と琉球有力企業との提携による合弁会社として**南西航空**が設立され、平成五年（一九九三）七月一日、社名を**日本トランスオーシャン航空株式会社**と変更して今日に至ったものである。

株式会社ジャルエクスプレス

本　社　大阪府池田市空港二—二—五　空港施設・大阪綜合ビル
従業員　一九七名
資本金　五八億円
使用機　B七三七—四〇〇型　六機
創立日　平成九年（一九九七）四月一日

株式会社ジャルウェイズ

本　社　東京都品川区東品川二―四―一一　ＪＡＬビルディング一八階
従業員　一、一五九名
資本金　三〇億円
使用機　ＤＣ一〇型機四機、Ｂ七四七型機五機　計九機
支　店　成田、札幌、名古屋、関西、福岡、ホノルル、バンコク
空港所　ホノルル、コナ（ハワイ島）、グァム、サイパン、仙台、新潟、広島
沿　革　平成二年（一九九〇）一〇月五日、ジャパンエアチャーター株式会社として設立、不定期航空運送免許を取得して平成三年（一九九一）七月一日より福岡―ホノルル間のチャーター便運航を開始した。
平成一一年（一九九九）七月三〇日、定期航空運送免許を取得したので同年一〇月一日、社名を株式会社ＪＡＬウェイズに変更して現在に至る。
現在国際線定期航空会社として、札幌、仙台、新潟、広島、福岡からホノルル線、東京、名古屋、大阪からグアム線、東京、大阪からサイパン線を運航しているが、またチャーター便も同時に運航している。日本航空のグループ社であり従業員もアメリカ人、タイ人など約一五ヵ国の外国人一四〇名が乗務している。

日本エアコミューター株式会社

本　社　鹿児島県姶良郡溝辺町麓七八七―四
事業所　大阪事業所（大阪国際空港ビル内）
資本金　三億円
従業員　四七二人
使用機　ＹＳ一一型機　一二機、　ＳＡＡＢ三四〇Ｂ型機　一一機　計二三機
沿　革　昭和五八年（一九八三）七月一日、日本エアシステムを中心に鹿児島県大島郡の一四市町村が出資して、鹿児島県の離島を運航（奄美大島と喜界島・徳之島・沖永良部・与論島）する四路線の不定期航空を開始、昭和六三年（一九八八）七月六日、定期航空運送事業の免許を取得、平成四年（一九九二）一〇月一日から鹿児島―松山、鹿児島―大分、宮崎―松山、宮崎―長崎の四路線を開拓して現在に至っている。

スカイマークエアラインズ株式会社

本　社　東京都港区浜松町二―四―一　世界貿易センタービル三Ｆ
従業員　四八五名
資本金　三八億三九〇五万円
支　店　東京空港、福岡空港
使用機　Ｂ七六七―三〇〇ＥＲ型　二機
設　立　平成八年（一九九六）一一月一二日

北海道国際航空株式会社

本　社　北海道札幌市中央区北一条二丁目九　オーク札幌ビル七F
従業員　二三四名
資本金　七一億九九八〇万円
使用機　ボーイング七六七ー三〇〇ER型　二機
支　店　東京空港、千歳空港
沿　革　北海道は豊富な自然に恵まれ、日本の22％を占める面積と五六〇万人の人口を有し、農業・水産物、酪農等を中心に食糧供給地として、またエネルギー資源供給地であるにもかかわらず、東京までが遠い。従ってその輸送手段の80％以上が航空機に頼らざるを得ない環境にあった。しかし、航空便が少ないことと航空運賃が高いので平成八年（一九九六）一一月一四日、道内の異業種交流会の二九名が発起人となって北海道国際航空株式会社が発足した。
当初はボーイング七六七の一機で新千歳空港（札幌）から羽田空港（東京）まで一日三往復していたが、平成一二年（二〇〇〇）七月から二機となったので六往復運航していたが、平成一四年（二〇〇二）五月二一日、経営破綻した。

株式会社ハーレクィンエア

本　社　福岡市博多区下臼井七六七ー一　福岡空港内
従業員　一六〇名

資本金　四億八〇〇〇万円
保有機　チャーター部門＝ＤＣ10　一機、　ウエットリース部門＝ＭＤ81型　四機　　計五機
東京事務所　東京都大田区羽田空港三―五―一　ＭＩビル内
沿　革　平成九年（一九九七）一月二〇日、日本エアシステムの一〇〇％出資により設立された。国際チャーター便の運航とＪＡＳの国内・国際線のウエットリース便運航の二本柱を営業としている。
国内ウエット・リース路線（運航月により目的地が変わることがある）
福岡―鹿児島・宮崎・松山・鹿児島―徳之島・奄美大島など
国際ウエット・リース路線（季節により、目的地が変わることがある）
成田―広州、西安、関西―昆明など
〔運航路線・便数の実績〕
フランス、オーストラリア、ニュージーランド、カナダ、ネパール、ハワイ、グアムなどアジア、太平洋、ヨーロッパ地域へ年間80便程運航。
国内線は福岡を中心とするＪＡＳの路線を一日三〇便程度

右記のように現在（平成一四年一〇月）一三社の国内・国際の定期航空便が運航されている。

この中で、スカイマークエアラインズは、平成一四年（二〇〇二）夏には国際線に進出して、ソウル線のチャーター便を運航するようになり、将来中国への国際定期便や、アジアの地域航空会社との提携なども計画している。

また国内線では同じく平成一四年一〇月二日に日本航空と日本エアシステムが経営統合して国内航空業

界で全日本空輸との二強体制に入る計画が進められている。

なお、平成一四年三月一八日、鹿児島―羽田線も就航させたスカイマークエアラインズは既存三社の普通運賃三万三千円の鹿児島―羽田線を二万四〇〇〇円で就航することを打ち出し、格安運賃を掲げて航空業界に競争をかけることになった。

これに応じて同じく格安運賃を掲げて宮崎市にスカイネットアジア航空が設立、平成一四年五月二一日、国土交通省から宮崎―羽田線の航空運送事業許可を取得。八月一日から同線を一日五往復で運行を開始した。しかし大掛かりな機材購入、人材養成などに多額の費用を要する航空業で、宮崎県が、就航準備費として八億円を補助。その他一口五万円の県民の出資を要望しているが、運賃下げ競争が激化している日本の民間航空業界は果してどうなるのだろうか？

日本貨物航空株式会社

本　社　東京都千代田区霞が関三―三―二新霞が関ビル
従業員　七五六名
資本金　二一六億円
使用機　ボーイング七四七―二〇〇F　六機、ボーイング七四七SRF　一機
ボーイング七四七―SF　三機　計一〇機
支　店　(国内)成田・関西
(米国)ニューヨーク、シカゴ、サンフランシスコ、ロサンゼルス、アンカレッジ。
(欧州)アムステルダム、フランクフルト、ミラノ、ロンドン。

（アジア）ソウル、ホンコン、シンガポール、バンコク、クアラルンプール、マニラ、上海。

沿　革　昭和五三年（一九七八）八月二一日、全日本空輸、日本郵船㈱、川崎汽船㈱、大阪商船三井船舶、山下新日本汽船等の共同出資により設立、貨物輸送専門の飛行会社。

第四節　コミューター航空会社（ABC順）

エアー北海道株式会社

本　社　函館市高松町五一一

従業員　一八名

資本金　三億円

保有機　デ・ハビランド式DHC6―三〇〇型　二機

天草エアライン株式会社

本　社　熊本県天草郡五和町大字城木場二〇八〇―五

資本金　四億九九〇〇万円

保有機　ボンバルディア式DHC―8―一〇三型　一機

株式会社フェアリンク

本　社　東京都港区浜松町一―一八―一四　SVAX浜松町ビル八F

従業員　九八名
資本金　三〇億円
保有機　ＣＲＪ－二〇〇型　　二機

株式会社北海道エアシステム

本　社　千歳市美々新千歳空港内
従業員　五三名
資本金　四億九〇〇〇万円
保有機　サーブ・スカニア式ＳＡＡＢ三四〇Ｂ型　　三機

壱岐国際航空株式会社

本　社　福岡市博多区大字下臼井七七八－一　福岡空港第三ターミナル三Ｆ
資本金　一億九三五〇万円
保有機　ドルニエ式 Dornier 二二八－二〇〇型　　一機

株式会社ジェイエア

本　社　広島市西区観音新町四－一〇－二　広島西飛行場ターミナルビル内
保有機　ブリティッシュエアロスペース式ＪＳ－31型　三機、
　ＣＲＪ－二〇〇型　四機　　計七機

旭伸航空株式会社

本　社　新潟市浜松町二三四八―三九

保有機　セスナ式一七二N型　一機、　ブリテンノーマン式BN―2B―20型　一機、

ロビンソン式R22 Beta型　一機、　アエロスパシアル式AS三五〇型　一機

計四機

中日本エアラインサービス株式会社

本　社　愛知県西春日井郡豊山町大字豊場字殿釜二

保有機　フォッカー式F27マーク〇五〇型　三機

新中央航空株式会社

本　社　茨城県竜ヶ崎市半田町三一七七

保有機　ブリテンノーマン式BN―2A―20型　一機、　BN―2B―20型　三機、

セスナ式206C型　一機、　206F型　一機、　206G型　一機、

172P型　一一機、　ドルニエ式Dornier 228―212型　一機

計一九機

オリエンタルエアブリッジ株式会社

本　社　長崎県大村市箕島町五九三―二
保有機　ブリテンノーマン式BN―2A型　一機、　BN―2B型　三機、
ボンバルディア式DHC―8―201型　一機
計五機

東邦航空株式会社

本　社　東京都三鷹市大沢六―一一―二五
支　社　宮城県岩沼市下野郷字北長沼四　仙台空港内
保有機　エアロスパシアル式AS332L型　一機、
SA330J型　二機、　SA365N1型　二機、
SA365N2型　二機、　AS355F1型　一機、
AS355F2型　二機、　AS355N型　一機、
AS350B型　一五機、　AS350B2型　一機、
SA3―5B型　四機、　ベル式412型　四機、
シコルスキー式S76B型　一機、　S76C型　一機、
アグスタ式A109型　一機、　ユーロコプター式EC135P1型　一機、
セスナ式172型　四機、　501型　一機
総計四三機

琉球エアーコミューター株式会社

本　社　那覇市山下町三―二四

従業員　七六名

資本金　三億九六〇〇万円

保有機　デ・ハビランド式ＤＨＣ―６型　一機、　ＤＨＣ―８型　三機、

ブリテン・ノーマン式ＢＮ―２Ｂ―26型　三機

計七機

第五節　使用事業会社（ＡＢＣ順）

株式会社エースヘリコプター

本　社　埼玉県川越市古谷本郷字柳原一六一〇

営業本部　東京都江東区新木場四　東京ヘリポート内

保有機　川崎ベル式47Ｇ３Ｂ―ＫＨ４型　一機、　ベル式47Ｇ―４Ａソロイ型　八機、

ヒューズ式２６９Ｃ型　四機、　３６９Ｄ／Ｅ型　二二機、

アエロスパシアル式ＡＳ３５０型　九機、　ＡＳ３５５Ｆ１型　三機、

ＡＳ３５５Ｆ２型　二機、　ＳＡ３３０Ｊ型　一機、

ＡＳ３６５Ｎ２型　一機、　富士ベル式２０４Ｂ―２型　二機、

ベル式２１４Ｂ型　一機、　２０５Ｂ型　二機、
２０６Ｂ型　一六機、　４１２型　二機、
４０７型　一機、　４３０型　一機、
川崎式ＢＫ－１１７Ａ－４型　一機、　総合計七七機

有限会社アドバンスドエアー

本　社　福井県小浜市高塚六六－二〇
保有機　ヒューズ式３６９ＨＳ型　一機

朝日航洋株式会社

本　社　東京都豊島区東池袋三－一－一　サンシャイン60・43Ｆ
支　社　北海道・東北・東京・関東・北陸・中部・関西・中国・四国・九州
保有機　ベル式２０６型　二七機、　４１２型　九機、　２１４Ｔ型　一機、
２０４Ｂ－２型　二機、　４３０型　一機、
アエロスパシアル式ＡＳ３５０Ｂ型　一四機、　ＡＳ３５０Ｂ３型三機、
ＡＳ３５５Ｆ型　八機、　ＳＡ３３０Ｊ型　四機、
ＡＳ３３２Ｌ型　三機、　ＡＳ３３２Ｌ２型　一機、
川崎式ＢＫ１１７型　二機、　シコルスキー式Ｓ76型　八機、
マクダネルダグラス式ＭＤ９００型　三機、　ＭＤ９０２型　三機

固定翼機　セスナ式５６０型　二機　　　　　合計九一機

株式会社エアードルフィン

本　社　沖縄県那覇市鏡水一五〇

保有機　ブリテンノーマン式ＢＮ―２Ｂ型　一機、　セスナ式４０２型　一機、

２０６型　一機、　　　　　　　　　　　１７２型　二機

合計五機

エアフライトジャパン株式会社

本　社　北海道芽部郡鹿部町字本別四五〇―一鹿部飛行場内

営業所　長崎、札幌丘珠、東京

保有機　ビーチクラフト式Ｂ―58型　六機、　　Ａ―36型　三機、

パイパー式ＰＡ―28Ｒ―２０１型　三機、　セスナ式１７２Ｐ型　二機

計一四機

エアーソニック株式会社

本　社　北九州市小倉南区下曽根二―三八〇八―一

保有機　セスナ１７２Ｐ型　二機、　ビーチクラフト式58型　一機

計三機

オールニッポン・ヘリコプター株式会社

本　社　東京都江東区新木場四―一九
ヘリポート　右同　東京ヘリポート内
保有機　アエロスパシアル式ＡＳ３５５２Ｆ型　六機、ＡＳ３６５Ｎ２型　五機
　計一一機

有限会社アルファーアビエイション

本　社　東京都港区三田三―五―二一
運航基地　北海道足寄ヘリポート内、茨城県下妻ヘリポート内
保有機　アエロスパシアル式ＡＳ３５０Ｂ型　一機、ロビンソン式Ｒ22 Beta型　四機、Ｒ44型ニュースコプター　一機、シュワイサー式三〇〇ＣＢ型　一機
　計八機

アライ株式会社

本　社　福島県北会津郡北会津村　大字真宮新町北二―七八
運航基地　栃木県・栃木ヘリポート内
保有機　ロビンソン式Ｒ44型　一機

朝日航空株式会社

本　社　大阪府八尾市空港二―一二

運航所　東京都・調布空港内

保有地　セスナ式172N型　三機、　172P型　四機、

TU206F型　一機、　TU206G型　一機、

T207型　一機、　ビーチクラフト式B58型　一機、

パイパー式PAI28R1201型　一機、　エアロコマンダー式500S型　二機

計一四機

朝日ヘリコプター株式会社

本　社　東京都江東区新木場四―一九

保有機　ベル式206型　一機、　アエロスパシアル式AS332L型　一機

計二機

アジア航測株式会社

本　社　東京都新宿区新宿四―二―一八　新宿光風ビル8F

保有機　セスナ式206型　一機、　ガルフストリームコマンダー式695型　二機

計三機

アビア航空株式会社

運航所　東京都江東区新木場四　東邦航空オペレーションセンター４F
保有機　ロビンソン式R22 Beta型　二機、　シュワイザー式２６９型　一機
　計三機

第一航空株式会社

本　社　大阪府八尾市空港二－一二
事業所　広島市西区観音新町四－一〇－二
保有機　セスナ式ＴＵ２０６型三機、　１７２型七機、
　アエロスパシアル式３５０Ｂ型　一機、　ロビンソン式Ｐ22 Beta型　四機、
　Ｒ44型　一機　　計一六機

ダイコロ株式会社

本　社　大阪市北区天満二－一－一
支　社　東京都墨田区横網一－一－一
運航所　北海道愛別町字愛別六八三
保有機　セスナ１７２型　二機、　ムーニー式Ｍ－２０Ｋ型　一機
　計三機

ダイヤモンドエアサービス株式会社

本　社　愛知県西春日井郡豊山町大字豊場一　三菱重工業㈱名航小牧南工場内

営業所　東京都千代田区丸ノ内二―五―一　三菱重工業㈱内

保有機　三菱式ＭＵ―２Ｂ型　一機、ミツビシ式ＭＵ―３００型　一機、

グラマン式Ｇ―１１５９型一機　計三機

愛媛航空株式会社

本　社　松山市南吉田町　松山空港内

保有機　セスナ式１７２Ｈ型　一機、１７２Ｒ型　一機

計二機

エクセル航空株式会社

本　社　千葉県浦安市千鳥一四

事務所　東京都江東区東陽四―一―一三　東陽セントラルビル９Ｆ

保有機　アエロスパシアル式ＡＳ３５５Ｆ２型　二機、シコルスキー式Ｓ76Ａ型　一機、

三菱式ＡＨ２０００Ａ型　二機、マクダネルダグラス式ＭＤ９０２型　一機

計六機

ファーストエアートランスポート株式会社

本　社　東京都中央区日本橋一―一二―八　第二柳屋ビル８F
事業所　栃木県・栃木へリポート内、三重県・津市伊勢湾へリポート内
保有機　川崎式BK１１７B―２型　一機、BK１１７C―１型　一機、
　シコルスキー式S―76型　一機　計三機

府中エアーサービス株式会社

本　社　北海道帯広市西七条南三四―四
保有機　セスナ式４０２型　一機、　１７２型　一機
　計二機

阪急航空株式会社

本　社　大阪市北区芝田一―一六―一　阪急電鉄本社ビル六F
運航所　八尾・舞洲・神戸・岡山・東京
保有機　アエロスパシアル式AS３５５F１型　二機、
　AS３５５F２型　一機、AS３５５N型　一機、
　SA３６５N型　一機、SA３６５N１型　一機、
　AS３５０B型　一〇機、川崎式ヒューズ３６９HS型　一機、

３６９Ｄ型　二機、ユーロコプター式ＥＣ１３５Ｔ１型　一機、
セスナ式Ｔ２０８型　一機、Ｔ２０７型　二機、
１７２Ｈ型　一機、１７２Ｐ型　二機
計二四機

ヘリエアー沖縄株式会社

本　社　沖縄県那覇市字鏡水一七四
保有機　ベル式２０６型　二機

株式会社ヘリポートサービス

本　社　北海道釧路市北大通八―一　ささき画廊ビル五Ｆ
保有機　ロビンソン式Ｒ44型　一機

学校法人ヒラタ学園

本　部　大阪府堺市鳳西町三―七一二―一
保有機　ロビンソン式Ｒ22 Beta 型　四機、アエロスパシアル式ＡＳ３３０Ｂ型　一機、
ユーロコプター式ＥＣ１３５Ｐ型　一機
計六機

北海道航空株式会社

本　社　札幌市東区丘珠町六三札幌空港内
出張所　弟子屈・女満別
保有機　セスナ式１７２Ｐ型　一機　　　１７２Ｒ型　一機、
　　　　ＴＵ２０６Ｇ型　四機、　　　４０２Ｂ型　一機、
　　　　アエロスパシアル式ＡＳ３５０Ｂ型　一機、ＡＳ３５０Ｂ２型　二機、
　　　　ＡＳ３５５Ｎ型　一機、　　　ＡＳ３６５Ｎ２型　二機
　　　　計一三機

本田航空株式会社

本　社　埼玉県比企郡川島町出丸下郷五三―一
保有機　セスナ式ＴＵ２０６型　二機、　２０８型　一機、
　　　　１７２Ｐ型　六機、　アエロスパシアル式ＡＳ３５０Ｂ型　二機、
　　　　ＳＡ３６５Ｎ型　一機、　ロビンソン式Ｒ―22 Beta 型　一機
　　　　計一三機

インペリアル航空株式会社

本　社　東京都江東区新木場四　東京ヘリポート

基　地　東京ヘリポート・加須市大字大越一三五九
ヘリポート　神戸市中央区港島中町八—一
保有機　川崎式BK117型　一機、　ベル式206B型　一九機、
川崎ヒューズ式369E型　一機、　アエロスパシアル式AS350B型　九機、
AS350B1型　一機、　SA315Bアルウェット<ruby>Ⅲ</ruby>型　一機
計三二機

株式会社ジャネットエアーサービス
本　社　山梨県北巨摩郡双葉町宇津谷四四五—一
保有機　ロビンソン式R22 Beta型　一機
受託機　シコルスキー式S76B型　一機

株式会社ジャパンエアトラスト
本　社　岡山市浦安南六三九—一
保有機　ビーチクラフト式B36TC型　一機

日本地域航空株式会社
本　社　宇部市沖宇部六二五—一七　山口宇部空港内
運航所　名古屋空港内、広島西飛行場内

整備点検所　大分空港内

保有機　セスナ式１７２型　五機、　２０８型　一機、

ビーチクラフト式Ｃ90Ａ型　一機、　計七機

ジャパンロイヤルヘリコプター株式会社

本　社　東京都江東区新木場四－一九

保有機　アエロスパシアル式ＳＡ３１５Ｂ型　六機、

ＡＳ３５０Ｂ型　二機、　富士ベル式２０４Ｂ－２型　一機、

ベル式２３０型　一機、　カマン式Ｋ－１２００型　二機

計一二機

鹿児島国際航空株式会社

本　社　鹿児島市鴨池新町一二－一二　第２岩崎ビル三Ｆ

基　地　鹿児島県溝辺町　鹿児島空港

保有機　セスナ式１７２型　一機、　ベル式２０６Ｂ－３型　一機、

アエロスパシアル式ＡＳ３５０Ｂ型　二機、　計四機

株式会社かんこう

本　社　大阪市中央区大手前一－七－二四　京阪天満橋ビル

保有機　セスナ式T２０７型　一機、　１７２P型　二機
　計三機

川崎航空株式会社

本　社　東京都調布市西町一〇六〇
保有機　セスナ式２０６型　三機、　TP２０６D型　一機
　計四機

カワサキヘリコプタシステム㈱

本　社　岐阜県各務原市川崎町一　川崎重工㈱岐阜工場内
保有機　川崎バートル式１０７型　二機、　川崎式BK１１７型　六機
　計八機

川田工業株式会社

本　社　富山県東砺渡郡福野町苗島四六一〇
本　社　東京都北区滝野川一―三―一一
航空・機械事業部及びヘリ・テクノロジーセンター　栃木県芳賀郡芳賀町芳賀台一二二―一
東京事務所　東京都江東区新木場四東京ヘリポート　東邦航空オペレーションセンター内

北日本航空株式会社

本　社　宮城県岩沼市下野郷字北長沼四
営業所　岩手県花巻市・花巻空港内
保有機　セスナ式１７２型　四機、　ＴＵ２０６型　二機
　計六機

国際航空輸送株式会社

本　社　東京都三鷹市大沢五―二一―一二　調布飛行場内
運航所　岩沼市・国際航空・仙台エアーセンター内、
　松本市・松本空港内・国際航空・松本エアーセンター内
訓練所　松本市・松本空港内
保有機　セスナ式ＴＵ２０６型　三機、　Ｔ２０７型　一機、
　１７２型　一一機　計一五機

公共施設地図航空株式会社

本　社　東京都杉並区下荻四―二九―六
支　店　福井県春江町
保有機　セスナ式１７２ＮＡＴ型　一機

熊本航空株式会社

本　社　熊本県上益城郡益城町大字杉堂九一五―二

保有機　セスナ式172P型　一機

共立航空撮影株式会社

本　社　東京都調布市布田一―四三―三　オリエントマンション二〇五号

事業所　調布・八尾・札幌・仙台・熊本・名古屋・松山

保有機　エアロコマンダー式680F型　一機、セスナ式TU206G型　二機、T207型　一機、208型　六機

計一〇機

九州航空株式会社

本　社　大分市王子町一二―一　九州航空ビル四F

運航所　大分県大野町・大分県央飛行場内

事業所　熊本県益城町・熊本空港内

保有機　セスナ式172P型　二機、172R型　一機、ベル式206B型　一機

計四機

ＭＡＳエアロスペース有限会社

本　社　兵庫県豊岡市岩井河谷一五九八―三四
保有機　なし

中日本航空株式会社

本　社　名古屋市中村区名駅南一―二六―三六
基　地　愛知県豊山町・名古屋空港内
支　社　東京都中央区銀座一―一三―一　銀座三晃ビル５Ｆ
保有機　セスナ式５６０型　一機、
　２０８Ｂ型　一機、
　ＴＵ２０６Ｆ型　二機、
　１８２型　一機、
　ビーチクラフト式Ｂ２００型　一機、
　アエロスパシアル式ＡＳ３３２Ｌ型　三機、
　ＳＡ３１５Ｂ型　二機、
　ＡＳ３５０型　一六機、
　２１４Ｂ型　一機、
　２０６Ｌ１型　二機、
　４０４型　二機、
　Ｔ３０３型　一機、
　ＴＵ２０６Ｇ型　二機、
　１７２型　八機、
　ガルフストリーム式６９５型、
　ＳＡ３６５Ｎ型　二機、
　ＡＳ３５５型　八機、
　ベル式４１２型　一機、
　４３０型　二機、
　２０６Ｂ型　一六機、

427型　一機、　　　　　　　　富士ベル式204B型　四機、
ユーロコプター式EC－135P1型　二機、　　アグスタ式A109K2型　一機
計八一機

南紀航空株式会社
本　社　和歌山市美園町五－一〇－三
支　店　八尾市空港二－一二
事業所　和歌山県白浜町二九二六、八尾市空港二－一二
保有機　セスナ式172N型　一機、　172P型　二機、
　　　　172K型　一機、　TU206C型　一機、TV206G型一機
　　　　208B型　一機　　計七機

日本フライトセーフティ株式会社
運航所　東京都江東区新木場四－一九　東京ヘリポート
基　地　福島県梁川町大字粟野宇田割一－五、千葉県佐倉市木野子字荒迫四〇九

株式会社日航コンサルタント
本　社　広島市西区己斐本町三－一三－二六
保有機　セスナ式206型　一機

西日本空輸株式会社

本　社　福岡市中央区天神四―七―一一

基　地　福岡市・福岡空港内

保有機　セスナ式１７２型　一機、TU―２０６F型　一機、

TU―２０６G型　一機、ヒューズ式３６９E型　一機、

アエロスパシアル式SA３１５B型　一機、AS３５０B型　五機、

AS３５０BA型　三機、AS３５５N型　一機、

富士ベル式２０４B２型　二機、ベル式４１２EP型　一機、

４２７型　三機、川崎式BK１１７B―２型　一機、

BK１１７C―１型　一機　計二二機

小川航空株式会社

本　社　大阪市此花区北港緑地二―一―一

保有機　アエロスパシアル式AS３５０B型　三機、ロビンソン式R22 Beta 型　一機

計四機

岡山航空株式会社

本　社　岡山市浦安南町六三七―三

保有機　ＴＵ２０６Ｇ型　一機

大阪航空株式会社

本　社　大阪府八尾市空港二—一二　八尾空港内
営業所　大阪市中央区谷町七—一—三九　新谷町第二ビル
事業所　滋賀県日野町・鹿児島県枕崎空港内
保有機　セスナ式ＴＵ２０６型　二機、　１７２型　一機、
　ロビンソン式Ｒ22 Beta 型　三機、　Ｒ44型　六機、川崎式ＢＫ１１７Ｂ型　一機
　計一三機

パイオニア航空株式会社

本　社　青森県八戸市大字新井田字法光野二三—一〇
保有機　セスナ式１７２Ｐ型　一機

株式会社セコ・インターナショナル

本　社　名古屋市中村区名駅南一—二〇—二二
保有機　ＭＤヘリコプターズ式６００Ｎ型　一機

エス・ジー・シー佐賀航空株式会社

本　社　佐賀県佐賀郡川副町大字犬井道九四七六―一八八
保有機　セスナ式２０６型　一機、　　１７２型　四機、
　ロビンソン式Ｒ22 Beta 型　二機　　計七機

四国航空株式会社

本　社　香川県高松市番町一―一―五　日本生命高松ビル
空港事務所　香川県香南町　高松空港内
支　社　岡山市浦安南町六三九　岡南飛行場内
事業所　松山市南吉田町・松山空港内
保有機　セスナ式１７２型　四機、　ＡＳ３５０Ｂ型　五機、
　ＳＡ３３０Ｊ型　一機、　ＡＳ３３２Ｌ型　一機、
　川崎式ＢＫ１１７Ｂ―１型　一機　計一二機

昭和航空株式会社

本　社　大阪市中央区南船場二―一一―九
事業所　八尾空港・高知空港
保有機　セスナ式１７２型　四機、　４０４型　一機、
　フェアチャイルド・スウェリンジェン式ＳＡ２２６―ＡＴ型一機　　計六機

新日本航空株式会社

本　社　鹿児島県姶良郡隼人町西光寺三五二五―一　鹿児島空港内

但馬運航所　兵庫県豊岡市岩井河谷一五九八―三四

保有機　セスナ式172型　八機、　パイパー式PA―34―200T型　一機

　計九機

新日本ヘリコプター株式会社

本　社　東京都中央区銀座四―三―六

支　社　名古屋市熱田区横田二―三―二四

保有機　富士ベル式204B―2型　一機、　ベル式214B型　一機、

　206L―3型　九機、　アエロスパシアル式AS332L1型　二機、

　川崎式BK117B2型　一機　　計一四機

受託機　MBB式B0105LSA―3型　二機

静岡エアコミュータ株式会社

本　社　静岡市栄町一―三

基　地　静岡県諏訪・静岡ヘリポート

保有機　ユーロコプター式EC―135P型　一機、　アエロスパシアル式AS355N型　一機、

ＡＳ３５０Ｂ１型　二機、セスナ式２０６Ｈ型　一機
計五機
受託機　川崎式ＢＫ１１７Ｃ型　一機

水産航空株式会社
保有機　セスナ式Ｕ２０６Ｇ型　一機
営業所　東京都調布市西町一〇六〇
本　社　東京都千代田区麹町二―二

東北エアサービス株式会社
本　社　宮城県岩沼市下野郷字新拓一九〇
保有機　川崎ヒューズ式３６９ＨＳ型　一機、ＭＢＢ式Ｂ０１０５Ｓ型　四機、
川崎式ＢＫ１１７型　二機、アエアロスパシアル式ＳＡ３３０Ｊ型　一機、
アエロスパシアル式ＡＳ３５５Ｆ２型　一機
計九機

東北測量株式会社
本　社　青森市合浦一―二―一六
基　地　青森市・青森空港内
営業所　東京・仙台・盛岡・秋田・八戸・札幌

保有機　セスナ式ＴＵ２０６Ｆ型　一機、　エアロコマンダー式６８５型　一機
　計二機

東京航空株式会社

本　社　東京都千代田区一ツ橋二―三―一小学館ビル
運航所　調布・阿見
保有機　セスナ式１７２型　四機

東和航空株式会社

本　社　鹿児島県枕崎市別府八九二五
保有機　セスナ式２０７型一機、　１７２Ｐ型　一機
　計二機

つくば航空株式会社

本　社　茨城県つくば市上境九九二
保有機　ロビンソン式Ｒ22 Beta 型　二機、　アエロスパシアル式ＡＳ３５０型　一機
　計三機

第六節　休止会社

株式会社アイスター航空　東京都港区三田
アカギヘリコプター株式会社　群馬県前橋市
富士重工業株式会社　東京都新宿区西新宿
株式会社航空安全教育センター　東京都渋谷区広尾
日本エアーリフトサービス株式会社　東京都港区青山
日本フライングサービス株式会社　東京都千代田区九段南
日本ヘリコプター株式会社　東京都江東区新木場

第四章　戦後民間航空で活躍した旧逓信省出身者たち

第一節　日本航空設立と待望の一番機就航

昭和二六年（一九五一）九月八日、米国サンフランシスコで対日平和条約が調印され、昭和二〇年（一九四五）八月二五日から日本人による日本国内での飛行が全面的に禁止されていた日本の民間航空も、約六年余りにして日の丸の翼が甦えることになった。

昭和二六年（一九五一）八月一日、資本金一億円、社員一五〇名で日本航空が設立（昭和二八年一〇月一日、政府半額出資の特殊会社に改組、同日、旧日本航空は解散）され、昭和二六年一〇月二五日、定期航空の一番機として、マーチン202型機（38人乗り、双発プロペラ機）「もく星号」が、午前七時四〇分、政・官・財の代表らに「万歳」の声に送られて羽田空港を離陸、午前九時二〇分、大阪空港に着陸、更に九時四一分、大阪空港を離陸して一一時三五分、無事福岡空港に着陸、戦後初の「日の丸」の定期便として空への幕開けを告げたのであった。

この日は、終戦から六年二ヵ月一〇日目。国民待望というか、かつての鳥人たちの夢にまで見た念願の一番機が、日本の空を初めて飛翔した記念すべき日である。

当日の一番機「もく星号」は、米人機長ボアー氏と米人副操縦士、日本人はパーサー（事務長）として元パイロット、スチュワーデス二名、乗客は三六名。貨物は航空郵便物と独り旅のテリヤ犬一匹で一応満席であった。この時の巡航速度は毎時三〇〇キロ、高度は六〇〇〇フィート（約二〇〇〇米）と記録されている。

なお、この時の一番機「もく星号」は、翌二七年四月九日、三原山に撃突して三七名全員が死亡するという戦後民間機最初の事故になった。

第二節　旧ベテランパイロットがパーサー（事務長）として乗務

戦後、日本航空が設立されて日本の空を「日の丸」の翼が飛ぶようになったとはいうものの、当初は日本の自主運航は認められておらず、日本航空が、ノースウエスト航空会社と運航契約を結び、ウェットチャーター方式による異色のスタートとなった。したがって飛行機も操縦士も整備士も、一切アメリカから貸りての商売だったのである。

従って、乗員編成は、アメリカ人機長と副操縦士、日本人のパーサーとスチュワーデスの計四名（DC－4型機はスチュワーデス2名）という状態だった。

航空局では将来、機長になるためには少しでも近代的な飛行機に慣れて米人パイロットたちの飛び方を見て勉強した方がよいと、かつて航空局の乗員養成所を卒業して大日本航空、中華航空、満州航空や旧陸海軍航空隊で永年国内はもちろん、中国大陸、南太平洋地区や東亜圏を飛び回っていた戦前の超ベテランのパイロットたちを採用して、パーサー（事務長）としてお茶くみをさせられたのである。

そのメンバーは、日航一期生として入社した
江島三郎（逓信省海軍依託9期操縦生）
諏訪勝義（同陸軍依託14期操縦生）
富田多喜雄（同海軍依託16期操縦生）
大本栄司（同陸軍依託18期操縦生）
小田泰治（亜細亜飛行学校1期生）
大坪憲三（仙台航空機乗員養成所1期操縦生）
野間聖明（仙台航養1期操縦生）
木村正雄（米国・カナダ飛行学校卒、都城、米子航養教官）
長野英麿（松戸中央航養2期操縦生）
糸永吉運（阪神飛行学校1長期操縦生）
さらに日航2期生として、
野寺誠次郎（逓信省海軍依託6期操縦生）
大掘修一（同海軍依託10期生）
後藤安二（同14期操縦生）
宮原彰義（同陸軍依託18期生）
前嶋久光（同）
西谷又次郎（阪神飛行学校1期生）
伊沢清八（仙台航養1期操縦生）

栗田（旧姓山名）秀鳳　（米子航養1期操縦生）
加　藤　三　郎　（同）
浜　本　欣　三　（米子航養4期操縦生）
浅　間　　勝　（仙台航養7期操縦生）
尾　崎　行　良　（印旛航養10期操縦生）
水　間　博　志　（同）
古谷野　等　（仙台航養10期操縦生）
また次いで日航3期生は
佐　竹　　仁　（逓信省海軍依託13期生）
野　尻　幹　男　（同16期操縦生）
崎　川　五　郎　（同）
増　子　富　雄　（仙台航養1期操縦生）
鵜　殿　　純　（米子航養1期操縦生）
三　堀　美　男　（印旛航養11期操縦生）
というようなメンバーであった。

彼らは、戦時中は猛者連の飛行機野郎たちであったが、六年の空白を埋めるため、パーサーとして乗務し忍従と試練に耐えたのであった。

第三節　パーサー忍従の一例

パーサーとして乗務している旧パイロットたちの目的は、操縦室にどんな機器があるか、米人パイロットたちの操縦のしかた、管制官との応答のしかたなどを学ぶことだった。

彼らが、恐る恐る操縦室をのぞいてみると

「ヘイ！　ゴーアウト（あっちへ行け）、サンズ・オブ・ビッチズ（こんちくしょう）」と米人パイロットに大声で怒鳴られる。

「ホワイ？　ケム、ヒア！（何故、ここに来た？）」

「ノオ！　ノオ！　ゴーアウト！　サンズ・オブ・ビッチズ！（だめだ！　出て行け！　こんちくしょう）」

という具合だった。

かつての空の猛者たちが、若僧の米人パイロットに顎《あご》で使われ、ののしられながらも、何時か自分たちの手で操縦桿を握れる日のくることを夢見て耐えしのんだのである。

第四節　戦後のパイロット養成

いよいよ日本人パイロットによる飛行も間近に迫ってきたが、戦前と戦後の飛行機の違いや計器飛行、ＧＣＡ（地上誘導進入装置）などの勉強をして戦後の新しい免許を取得しなければ飛行機に乗れない。

昭和二七年（一九五二）四月三日、航空局から川田幸秋（米子航空機乗員養成所長一期操縦生卒）、木村正雄

（バンクーバー航空学校卒、都城、米子航空機乗員養成所教官）、西村淳（仙台航空機乗員養成所二期操縦生卒）、亀山忠直（早稲田大学卒。学生航空連盟。航空局航空保安部職員）の四名、日本航空から長野英麿（松戸中央航空機乗員養成所二期操縦生卒）と糸永吉運《よしかず》（松戸中央一期操縦生）の二名、合計六名が選ばれて、戦後の民間航空界の第一線パイロットになるためノースウエスト航空のダグラスDC―4型旅客機で羽田を出発した。いずれも戦前の飛行経験の豊富さに加えて、英会話が堪能だったのである。

彼らは、オクラホマ州タルサのスパルタン航空学校で二ヵ月間、セスナなど小型単発機で操縦練習をして、コマーシャル（事業用）操縦士の免状を取得した。そして更に、オクラホマ・シティのCAB（民間航空委員会）訓練センターで、ビーチクラフトH18やダグラスDC―3などの双発機で訓練を受け、計器飛行方式を修得、ATR（定期運送用）操縦士の受験資格を得て、八月末に帰国した。

のちに木村正雄と長野英麿、糸永吉運の三名は日本航空の機長に、亀山忠直は航空局航務課長から全日空機長に、川田幸秋は航空局首席試験官に、西村淳は航空局管制課長から事故調査委員長に就任し、戦後の民間航空発展のため、後輩の指導に当ったのである。

第五節　日本人最初の航空交通管制官

昭和二五年（一九五〇）一二月一二日、航空保安庁が航空局と改称され、運輸省（現国土交通省）の外局となったが、二ヵ月前の一〇月、三名の元パイロットが日本人最初の航空交通管制技術を研修するため、米民間航空オクラホマ職員訓練所へ入所した。米極東空軍のペティス大佐が英語能力をテストして合格した泉靖二（米子航空機乗員養成所二期操縦生卒）、木暮右太郎（米子航養四期操縦生卒）、西郡徹次（元古河航養助教）の三名が六ヵ月間派遣され、航空交通管制官の資格を取得して帰国したのである。

第六節　日本航空一期生の飛行訓練

昭和二七年（一九五二）一〇月二五日、ノースウエスト航空との依託運航契約が切れた翌日、日本航空㈱は一応の自主運航を開始した。しかし実際には日本人パイロット養成が間に合っていないので、トランス・オーシャン航空から、技術援助という名目でパイロットの提供を受け、更に機材は、ダグラス式DC―4型六機のうち「高千穂」、「白馬」、「十勝」の三機を揃え、東京―大阪二往復（うち一往復は名古屋寄港）、東京―大阪―岩国―福岡一往復、東京―札幌一往復（月曜日の札幌行きおよび金曜日の東京行きのみ三沢寄港）を開始した。

日本航空㈱としては、残った1期生の江島三郎（海軍依託九期生）、諏訪勝義（陸軍依託一四期生）、木本栄司（陸軍依託一八期生）、西郡徹次（元古河航養助教）、野間聖明（仙台航養一期操縦生）、小田泰治（亜細亜飛行学校一期生）、工藤哲（名古屋飛行学校卒）ら一三名をカリフォルニア州オークランドのトランス・オーシャン飛行学校に派遣して訓練を受けさせた。この一三名は帰国するとさっそく、ダグラスD―4型機の訓練に入った。

しかし日本人の訓練が順調に進み、日本人機長が誕生すれば、トランス・オーシャン・エアラインから派遣されている米人パイロットの職が狭くなるので、日本人パイロットは随分辛くあたられたものだった。

第七節　人気の悪かった日航機

日本航空㈱の本格的な自主運航は、昭和二六年（一九五一）八月一日創立されてから三年後の昭和二九年（一九五四）一〇月二三日、江島三郎（海軍依託九期生）と諏訪勝義（陸軍依託一四期生）の二人がダグラス式C－4型の機長に合格したのが始まりである。会社は、機長としての責務が重大だからと、二人を管理職待遇として柳田誠二郎社長みずから辞令を交付して祝福した。辞令を受けてから一〇日後の一一月二日、江島三郎は後藤安二副操縦士（海軍依託一四期生）と共に、三〇三便に乗り組んで東京国際空港を出発、福岡に飛び立った。

それから二年近くたった昭和三〇年（一九五五）一二月七日、初の日本人の国際線機長が誕生する。一年前に国内線の機長になった江島三郎で、引き続き諏訪勝義（陸軍依託一四期生）、小田切春雄（九州帝大・アジア航空学校卒）、木本栄司（陸軍依託一八期生）、糸永吉運《よしかず》（阪神飛行学校－長期操縦生）らがD－6型の機長に就任して太平洋線に乗務することになった。

しかし、当時の物価や所得水準からすれば、航空運賃はかなり高価で、とても庶民の利用できるものではない高嶺の花であった。従って定期航空開設当初の乗客の中にはもちろん一流会社の社長たちもいたが、大部分は商人、なかでも闇成金のブローカーや、進駐軍の将校、そしてそれらのオンリーと呼ばれる商売女の客などが多かったのである。

その上、飛行機の故障や欠航も多いので、「急がぬ旅は日航機で！」「遅延欠航、日航もう結構」などと皮肉や悪口を盛んにマスコミに叩かれた時代でもあった。

こうして東京国際空港が全面的に日本に返還されたのは昭和二六年（一九五一）九月八日、対日平和条約が締結されてから七年後の昭和三三年（一九五八）六月三〇日で、翌七月一日東京国際空港の航空交通管制権が日本に移管されたのである。

第八節　男性の珍スチュワーデス物語

戦後、日本航空が発足すると同時に、スチュワーデスも復活した。容姿端麗その上英語が堪能ということで女性トップの職業で女性の憧《あこが》れの的だった。

ところが昭和三六年（一九六一）暮れ、年末のボーナスを不服として日本航空国内線のパイロット、スチュワーデス、整備関係の組合員がストライキを起こした。

あわてた会社は、急拠、パイロットはアメリカ人の操縦士を、スチュワーデスには常務を経験した管理職を、また整備関係にも管理職を配置するなどの応急処置を講じた。

当時、日本航空の計算課長だった永妻寿（仙台地方航空機乗員養成所本科1期生、松戸高等航空機乗員養成所普通科1期生）が、日本航空がコンピューターを導入するまで、航空士として国際線に乗務しており、飛行中の緊急事態に対処する訓練を受けていたということで、真先にスチュワーデスの臨時命令を受けた。しかし、航空士として乗務中、彼女たちの仕事は見てはいたが、永妻にとっては全くの素人だから困ってしまった。

ストライキの朝、エアーフォースブルーの制服を着用、左腕に「管理職」と書いた白い腕章をつけて、ダグラスDC―4型に乗り込んだ。乗客は五〇人ぐらいなのに、客室乗務員は永妻一人なのである。お客をそれぞれの席に案内したが、中年以上の紳士がほとんどで、女性は年配のご婦人が二人ほど乗っていた。

突然、乗客の一人が「今日はスチュワーデスは？」と聞かれ、ストライキで休みですとも云われず「今日は、私がお供をいたします」と答えると「フーン」とがっかりしたような返事が返ってきた。

今と違ってその頃は国民所得が低いのに、飛行機の航空運賃は高額だったから誰でも彼でも乗れるという時代ではない。それで美人でエリートのスチュワーデスを観賞し、そのサービスを受けるのは、高い運賃を払った者の特権だと思っていた乗客も多かったのである。

「フーン」と言ったあと客室はみんな無口になって重苦しい空気が流れた。

永妻は、搭乗口の扉を締めたあと、客席一つひとつ点検し、シートベルトの着用を確認すると、ザルに盛ったキャンデーを配った。

飛行機はゴトゴトとランプを離れ、誘導路を走りだした。

「本日は日本航空一〇一便大阪行きをご利用いただきまして有り難うございます。当機はこれより、大阪に向け出発し、およそ一時間半で到着の予定で……」

とアナウンスしていると、すぐ前の客が、「おーい聞こえないよー、スイッチが入っていないぞ！」と注意した。永妻は（しまった）と思い慌ててPRシステムのスイッチをいじくっていると、「へーイ、ウオッツアップ？」と大きな声が耳に響きました。（いけない、キャプテンだ）アナウンスにセットするつもりが、操縦席のインターホンに繋《つな》がってしまったのだ。アナウンスにセットをやりなおし、

「……およそ一時間半で到着の予定でございます。飛行中はお座敷の上の禁煙のサインとシートベルト着

用のサインをおまもり下さるよう、お願い致します。本日の機長はジョイナー、私は……」

　爆音が一際高くなり、グイッと身体が引っ張られる。離陸滑走が始まったのだ。送受話器を放り出して、最後部のスチュワーデス席に飛び込んだ。

　離陸して暫くすると水平飛行に移り、サインのランプが消えた。永妻は早速、キャンデーの残りを配り、続いておしぼりを配り、ランチボックスからサンドイッチの弁当、その間に新聞や雑誌を配らなければならない。

　小柄でほっそりした素敵な外国人の娘さんが、永妻をつついて、小さな声で
「お弁当を頂けますか。美味しそうなので」と、たどたどしいが丁寧な英語で話しかけてきた。永妻はどこまで弁当を配ったのかわからなくなり、それにこのお嬢さんには配った筈なのに、もう一つ欲しいのかなと思って、「余ったら後で差し上げます」と、パスして弁当を配りつづけました。お嬢さんは驚いて怪訝《けげん》な顔をした。

　配り終ると弁当が一つ余ったので彼女に届けた。しかしよく考えると、弁当は乗客の数に合わせて用意してあるので、一つ余ったということは彼女に弁当をあげてなかったことに気付き、ドッと汗が吹き出してきた。初めての仕事の上に通常二人のスチュワーデスがやっていることを一人でこなすのだから大変なことなのだ。

　食事が終った頃に今度は
「コーヒー、紅茶、日本茶、それともジュース、どちらがよろしいですか」

と一人ひとりに聞いて配らなくてはならないのだ。

　また夢中で弁当を配っていると年配のアメリカ人夫婦が「富士山はまだ見えませんか」と尋ねた。そう

いえば富士山が見える時間だ。窓から覗くと富士山がない。弁当配りで一杯だった永妻は思わず「もう富士山は通り過ぎました」と、答えてしまった。

ところが、弁当をとりに戻る途中、さっきの紳士が手招きするので行ってみると、窓から外を指差し「富士山があるぞ」と云う。見ると真っ青に晴れた冬空のなか、朝の光を浴び、まばゆく輝く富士山が、近付いてくるではないか。

（しまった）と思ったがあとのまつり、

「よかった、富士山が休みでなくて」と、とっさに馬鹿みたいな返事をしたが彼も
「イヤー、本当だ、実に美しい」

とニヤリとウインクして、カメラを構えた。こうしたことにこだわらず鷹揚《おうよう》なのがアメリカ人だ。

そうこうしているうちに飛行機の爆音が低くなり、降下を始めた。外を見ると、大阪平野が拡がってきた。スチュワーデス役の永妻は、また一人で、おしぼりや弁当の空き箱、紙コップの回収に大急がしである。

やがて着陸し、ゴトゴトと地上滑走を始めたので、ターミナルで荷物を受け取る案内をし、

「……本日は日本航空一〇一便をご利用頂きまして有り難うございました。またのご利用をお待ちしております。本日は有り難うございました」とアナウンスして、ようやく不馴れな臨時スチュワーデスの仕事が終った。ヤレヤレやっと終わったという安堵《あんど》感で喉がやたらに渇いて、足がガクガクしていた。

ランプで乗客が降り、続いてキャプテンとパイロットが降りても永妻は一人ぼっち機内に残った。飛行機から降りると組合員に捕まる恐れがあったからである。そして機内の掃除をし、客席の備品、エアーシックネスバックなどを整えながら、帰り便の仕度をしたのだった。

（この項は一期生会報第20号、平成9年2月発行の永妻寿氏寄稿文を参考にした）

第五章　旧逓信省出身者が民間航空の基礎をつくる

第一節　逓信省航空局出身者が民航の復活に活躍

日本航空㈱の創立に際し、元逓信省航空局の陸・海軍依託操縦生や、航空機乗員養成所出身者が日航一期、二期、三期生として入社し、日航発足時の苦労しながら基礎を固めたことは前章で述べた。

それまで、純然たる民間航空人で航空の再開を隠忍自重して待っていたグループがあった。かつての大日本飛行協会の関係者が中心になって、昔の大日本航空や中華航空、そして航空局に籍を置いていた人々の集団で、飛行館（現在の航空会館）の中に設立された社団法人興民社である。その中心人物はかつて朝日新聞航空部で「神風号」により欧亜連絡飛行を成功させ、昭和一七年（一九四二）から大日本飛行協会訓練本部・庶務部長をつとめた中野勝義で、このグループが、昭和二七年（一九五二）一二月二七日、日ペリ航空（現・全日本空輸㈱）を興したのである。

また、大阪在の島安博（東亜飛行学校卒）と井上長一（伊藤飛行機研究所卒）が関西の財界を動かし、当時航空保安部に勤務していた園山鋭一（米子航養四期操縦生卒）、船木和徳（米子航養三期操縦生、松戸中央航養一期生卒）、湯山穣（仙台航養七期操縦生、松戸中央航養四期生卒）、工藤正雄（仙台航養七期操縦生、松戸中央航養四期生卒）、中尾桂（米子航養七期操縦生、松戸中央航養四期生卒）、野村寛一（米子航養九期操縦生、松戸高等航養五期生卒）、日高恵三郎（熊本航養一一期操縦生）など、かつての航空機乗員養成所出身者に呼びかけて昭和二七年一二月二六日、極東航空㈱（現・全日本空輸㈱）を設立したのである。

このように戦後の民間航空の復活と繁栄は、かつての逓信省（現・国土交通省）航空局出身者たちの力であったのである。その氏名は次の通りである。

第二節　逓信省航空局、陸・海軍依託操縦生

国枝　　實（陸軍依託1期生）運輸省航空大学校教頭・校長（平成六年八月一六日亡）
中尾　純利（陸軍依託1期生）運輸省東京国際空港長（初代）（昭和三五年四月二六日亡）
伊藤　治郎（陸軍依託1期生）日本航空協会嘱託（昭和五八年一二月八日亡）
和田喜三郎（陸軍依託3期生）全日本航空事業会専務理事（昭和四五年一月二一日亡）
豊島　　晃（陸軍依託4期生）伊藤忠航空整備㈱・伊藤忠航空輸送㈱顧問。日本航空操縦士協会会長（初代）
宮本　正義（海軍依託4期生）日本航空機長（昭和五六年七月二日亡）
松井　勝吾（陸軍依託5期生）空港グランドサービス㈱常務取締役
野寺誠次郎（海軍依託6期生）日ペリ機長―全日本空輸機長
瀬川　貞雄（海軍依託8期生）航空局参事官（昭和五一年八月一八日亡）
江島　三郎（海軍依託9期生）日本航空機長、全日本空輸機長、全日本空輸㈱専務取締役、日本貨物航

石田　　功（陸軍依託12期生）空機長（昭和六三年四月一三日亡）
全日本空輸機長、全日本空輸㈱専務取締役、空港施設㈱副社長、（昭和五八年一月六日亡）
大堀　修一（海軍依託10期生）日ペリ機長、全日本空輸機長（平成三年九月九日亡）
藤本　　直（海軍依託11期生）サンケイ新聞航空部機長、日本航空機長、日本国内航空機長、日本産業航空㈱社長（昭和五九年二月二〇日亡）
諏訪　勝義（陸軍依託14期生）日本航空機長
佐竹　　仁（海軍依託13期生）日本航空機長、日本アジア航空㈱専務取締役
神田　好武（陸軍依託16期生）日ペリ航空機長、全日本空輸機長
後藤　安二（海軍依託14期生）日本航空機長（昭和五四年一二月二二日亡）
関山　哲夫（海軍依託15期生）日本航空機長（昭和二七年四月三日亡）
木本　栄司（陸軍依託18期生）日本航空機長、昭和五〇年九月三〇日～一〇月一四日まで、昭和天皇・皇后陛下ご訪米時の特別機機長（昭和六三年七月二三日亡）
前嶋　久光（陸軍依託18期生）日本航空機長
宮原　彰義（陸軍依託18期生）日本航空機長、昭和三七年一月二二日～二月一日まで、皇太子殿下ご夫妻（現・天皇、皇后陛下）パキスタン・インドネシアご訪問時の特別機機長。
大世戸正登（海軍依託16期生）日本航空機長
崎川　五郎（海軍依託16期生）日本航空機長

高崎　　孝（海軍依託16期生）日本航空機長
富田多喜雄（海軍依託16期生）日本航空機長、日本航空㈱役員
野尻　幹男（海軍依託16期生）日本航空機長

第三節　民間飛行学校出身者

井上　長一（伊藤飛行機研究所）極東航空（のち全日本空輸㈱）専務取締役
島　　安博（東亜飛行学校）極東航空㈱取締役運航部長
亀山　忠直（早大・学生飛行連盟）航空局航務課長、全日本空輸機長
和崎　正一（日本飛行学校）国際航業㈱で航空測量飛行の機長
木村　正雄（カナダ・バンクーバー航空学校）（戦時中、都城・米子航空機乗員養成所教官）日本航空機長
西谷又次郎（阪神飛行学校1期生）日本航空機長
前川敬一郎（阪神飛行学校2期生）（仙台航空機乗員養成所1期操縦生）全日本空輸機長、訓練部長
麻田　　正（阪神飛行学校3期生）全日本空輸機長（昭和四二年九月六日亡）
石川　祐治（阪神飛行学校4期生）日本航空機長
加藤　弘之（阪神飛行学校4期生）日本産業航空機長
後藤　次彦（阪神飛行学校4期生）東亜国内航空機長
菅　　　正（阪神飛行学校5期生）（京都航養・松戸・古河高等航空機乗員養成所教官）日東航空運航部長、日本国内航空事業部次長、日本産業航空㈱取締役乗員部長、同社取締役

総務部長

小田　泰治（亜細亜飛行学校1期生）航空局総務課―日本航空機長

工藤　哲（名古屋飛行学校）日本航空機長

小田切春雄（亜細亜飛行学校）日本航空機長

河野　守道（亜細亜飛行学校1期生）全日本空輸機長

富永　泰史（名古屋飛行学校）阪急航空機長

西郡　徹次（古河航養助教）日本航空機長

第四節　中央（高等）航空機乗員養成所出身者

糸永　吉運（松戸中央1期生）日本航空機長

井上　夏彦（松戸中央1期生）（米子・印旛・京都航養教官）朝日新聞機長

竹田（園田）静雄（松戸中央1期生）（都城航養・松戸高等航養教官）羽田航空保安事務所長。航空局試験官、航空大学校教官、東亜国内航空機長。

森　和人（松戸中央1期生）全日本空輸機長

長野　英麿（松戸中央2期生）航空局航務課、日本航空機長、日本航空操縦士協会長、第一次南極観測隊に参加し、デハビランドビーバーで隊員及び物資の輸送に当る。（平成五年三月一三日亡）

蓑原　源陽（松戸中央2期生）大阪・東京航空局航務課長、航空局主席試験官、新日本ヘリコプター機

上地　兼道（松戸中央機関科1期生）航空大学校仙台分校長
長
尾内　一（松戸中央機関科1期生）航空大学校仙台分校長
木村　勇（松戸中央機関科1期生）航空大学校整備課長、新日本整備㈱宮崎所長（死亡）
平賀　利郎（松戸中央機関科1期生）航空大学校教頭
鈴木　敏郎（松戸中央機関科2期生）（都城航養教官）日本航空保険プール航空監定人室長
安藤　泰平（松戸中央機関科3期生）（都城航養教官）全日本空輸整備工場長
小野　誠（松戸中央機関科）航空局乗員課試験官、大阪航空局先任試験官

第五節　地方航空機乗員養成所操縦生出身者

伊沢　清八（仙台1期操縦生）（松戸・古河高等航養教官）日本航空機長
大坪　憲三（仙台長1期操縦生）日本航空機長
大場　久（仙台長1期操縦生）東亜国内航空機長
小江　良三（仙台長1期操縦生）東亜国内航空機長、同乗員部長
榊原　保三（仙台長1期操縦生）東亜国内航空機長、同ディスパッチャー
野間　聖明（仙台1期操縦生）日本航空機長
増子　富雄（仙台1期操縦生）日本航空機長
松井　哲夫（仙台1期操縦生）武蔵航空機長

稲垣　茂樹（米子1期操縦生）全日本空輸機長
鵜殿　純（米子1期操縦生）日本航空機長
加藤　三郎（米子1期操縦生）日本航空機長、南西航空機長
川田　幸秋（米子長1期操縦生・松戸高等1期生松戸高等航養教官）航空局乗員課首席試験官、同乗員課長補佐（昭和四一年八月二六日殉職）
栗田（山名）秀鳳（米子1期操縦生）日本航空機長
後藤　竹白（米子1期操縦生）南日本航空機長、日ペリ航空機長、全日本空輸機長
中村　吾郎（米子長1期操縦生）日本国内航空機長（昭和五一年六月八日亡）
大塚　光（仙台2期操縦生）東亜国内航空機長
河崎　忠次（仙台2期操縦生）航空大学校教官、東亜国内航空機長（死亡）
佐藤　秀雄（仙台2期操縦生）朝日新聞社航空部機長
西村　淳（仙台2期操縦生）航空局管制課長、日本空港動力㈱、航空事故調査委員会
平本　久男（仙台2期操縦生）（古河高等航養教官）航空局管制官、日本航空機長
山懸　忠武（仙台2期操縦生・松戸中央2期生）航空大学校教官、航空局首席路線審査官、航空大学校仙台分校長
泉　靖二（米子2期操縦生）昭和二五年一〇月日本最初の航空管制技術研修のため米民間航空オクラホマ職員訓練所に派遣、航空局管制課長
小川　時雄（米子2期操縦生）航空大学校教官、航空局首席試験官、航空大学校教頭、航空局乗員課長、航空大学校校長

田中　久義（米子2期操縦生）日ペリ航空機長、全日本空輸機長（平成三年四月一六日亡）
金井　正次（仙台3期操縦生・松戸高等航養教官）航空局試験官
佐藤　亮吾（仙台3期操縦生）航空大学校教官、沖縄空港長、航空大学校仙台分校長
小池　正一（米子3期操縦生・松戸中央航養1期生）航空局航務課長、同乗員課長、東京国際空港長、航空大学校校長、下地島空港施設㈱社長
佐藤(三村)武志（米子3期操縦生）阪急航空機長
西堀　善次（米子3期操縦生）朝日新聞社航空部機長（死亡）
舟木　和徳（米子3期操縦生・松戸中央航養1期生）航空局航務課、極東航空機長、全日本空輸機長（昭和三三年八月一二日殉職）
若井　亨（米子3期操縦生）極東航空機長、全日本空輸機長
木暮右太郎（仙台4期操縦生）航空局航務課、読売新聞社航空部機長、日本操縦士協会事務局長
藤田　俊二（仙台4期操縦生）航空局航務課、富士重工テストパイロット
畝本　貞夫（米子4期操縦生・松戸中央航養2期生）防衛庁航空学校教官（2等空佐）東京消防庁航空隊長（司令長）国際航空輸送㈱役員、アルファーアビエール役員
園山　鋭一（米子4期操縦生）航空局航務課、極東航空機長、全日本空輸機長（航空本部訓練部長、先任機長室主幹）
塚谷　三彦（米子4期操縦生）航空局保安事務所、航空大学校教頭、航空局乗員課長、日本航空協会常任理事、運輸省航空事故調査委員会主席
西端　泰（米子4期操縦生・松戸中央航養3期生）航空局航務課、読売新聞社航空部機長

浜本　欽三（米子4期操縦生・松戸中央航養3期生）日本航空先任機長
相澤　範男（仙台5期操縦生）日本航空機長
水口　国彦（仙台5期操縦生）川崎重工テストパイロット、エアーリフト
中村　正夫（米子5期操縦生）阪急航空機長
戸田　良雄（米子5期操縦生）パラオ共和国エメラルド・パラオ・エアー会社社長
世継　　尚（米子5期操縦生・松戸・古河中央航養教官）航空局管制官、日本航空機長（平成三年八月八日亡）
四宮　英夫（米子5期操縦生）日本航空機長、東京エアライン機長、日本国内航空機長
池谷（豊治）文作（仙台6期操縦生）阪急航空機長
飯塚増治郎（仙台6期操縦生）全日本空輸機長
小西　吉明（仙台6期操縦生）日本近距離航空機長
笹生　利男（仙台6期操縦生）航空局羽田保安事務所、海上保安官
佐藤　正敏（仙台6期操縦生）北海航空機長
関口　雅夫（仙台6期操縦生）東亜国内航空機長
関口　朝生（仙台6期操縦生）三菱重工テストパイロット
関口　　孝（仙台6期操縦生）南西航空機長
中川　新樹（仙台6期操縦生）日本航空企画部
広田　寿一（仙台6期操縦生）全日本空輸機長
三橋（小倉）孝（仙台6期操縦生）日本航空機長

掛越　正男（米子6期操縦生）朝日新聞社航空部機長
土屋謙三郎（米子6期操縦士）日本航空機長
矢野　幸雄（米子6期操縦生）西日本空輸機長（飛行課長）
浅間　　勝（仙台7期操縦生）航空局航務課、日本航空機長、日本アジア航空機長
麻生　幸平（仙台7期操縦生）日本航空機長
工藤　正雄（仙台7期操縦生・松戸中央航養4期生）航空局管制官、極東航空機長、全日本空輸機長
（死亡）
坂巻　正雄（仙台7期操縦生）西日本空輸機長
関根　正之（仙台7期操縦生）富士重工テストパイロット
関根　辰夫（仙台7期操縦生）航空局航務課、三菱重工テストパイロット
松本　英雄（仙台7期操縦生）日東航空機長、日本産業航空機長
湯山　　穣（仙台7期操縦生・松戸中央航養4期生）（古河高等航養教官）航空局航務課、大和航空機長、
全日本空輸先任機長
越田　利成（米子7期操縦生）日本航空機長（運航部長）
池田　三郎（米子7期操縦生）日本航空機長
寺田　英世（米子7期操縦生）東亜国内航空機長（昭和四六年七月三日殉職）
中尾　　桂（米子7期操縦生・松戸中央航養4期生）航空局管制官、極東航空機長、全日本空輸機長
松井三千彦（米子7期操縦生）日本航空機長、日本国内航空機長、南西航空機長
吉田　光男（米子7期操縦生）航空局航務課、中部日本新聞社航空部機長

稲葉　泰彦（仙台8期操縦生）全日本空輸機長
稲本総一郎（仙台8期操縦生）全日本空輸機長
細渕　昇（仙台8期操縦生）全日本空輸機長（航空副本部長）
丸山　正仁（仙台8期操縦生）毎日新聞社航空部機長（昭和三五年四月一日殉職）
荒瀬　静夫（米子8期操縦生）東亜国内航空機長（昭和五六年四月二三日亡）
久保田泰央（正男）（米子8期操縦生）南紀航空機長
楠本（立田）喜美造（米子8期操縦生・松本中央航養5期生）航空大学校教官、航空局試験官、航空局先任試験官、朝日航洋機長（平成元年一月一六日亡）
吉田　徳雄（米子8期操縦生・都城航養教官）航空大学校教官、航空局先任試験官、航空局飛行検査官
若松　武雄（米子8期操縦生・都城航養教官）航空局鹿児島航空保安事務所、屋久島出張所長
稲葉　義晴（仙台9期操縦生）東亜国内航空機長
紺谷　隆一（仙台9期操縦生）東亜国内航空機長（死亡）
竹中　功（仙台9期操縦生）全日本空輸機長（死亡）
平野亀代次（仙台9期操縦生）朝日新聞社航空部機長
岡本　貞三（米子9期操縦生）朝日新聞社航空部機長、海外物産ヘリコプター機長
笠松　佐七（米子9期操縦生・航空大学校専修科）極東航空機長、全日本空輸機長（航空本部長）
副田　勇（米子9期操縦生）毎日新聞社航空部機長
本行　泰彦（米子9期操縦生）航空局管制官（昭和六二年六月八日亡）
寺田　功（米子9期操縦生）サンケイ新聞社航空部機長、日東航空機長、日本国内航空機長（運航本

時田　次男（米子9期操縦生）日東航空機長、日本国内航空機長部次長）
野村　寛一（米子9期操縦生・松戸中央航養5期生）（都城航養教官）航空局航空保安部、航空局乗員課、極東航空機長、全日本空輸機長、読売新聞社航空部機長、新日本国内航空機長
本間　五夫（米子9期操縦生）海上保安庁ヘリパイロット、日本国内航空機長
松裏　宣行（米子9期操縦生）日本航空乗員訓練所シミュレーター主任教官、日本航空学園教官
向笠　高正（米子9期操縦生）日本国内航空機長、日本産業航空機長、関西航測運航部長
安田　健吉（米子9期操縦生）東亜国内航空運航部
落合　基男（仙台10期操縦生）南西航空機長
古谷野　等（仙台10期操縦生）日本航空機長
後藤　周一（仙台10期操縦生）東亜国内航空機長
柴田　昌（仙台10期操縦生）全日本空輸機長
末吉　喜一（仙台10期操縦生）航空局東京保安事務所長、本田航空飛行主任教官
越智猪太郎（米子10期操縦生）航空大学校教官、航空局試験官、同先任試験官
名嘉元　精二（米子10期操縦生）（都城航養教官）航空大学校教官、航空大学校教頭
松崎　金市（米子10期操縦生）日東航空（飛行艇）機長、日本国内航空機長、東亜国内航空機長（主席査察操縦士）
網代　昌弘（印旛10期操縦生）東亜国内航空機長

尾崎　行良（印旛10期操縦生）航空局航務課、日本航空機長、日本航空取締役副本部長、元東京市長、司法大臣の尾崎行雄（咢堂）が祖父、戦後参議院議員、日本航空取締役、日本航空協会副会長、阪急航空会長の尾崎行輝は父

葉山真之助（印旛10期操縦生）航空大学校教官、近距離航空機長

広田　広康（印旛10期操縦生）航空大学校教官、航空局試験官、同主席路線資格審査官、運輸省主席事故調査官

広田　寿一（印旛10期操縦生）日本ヘリコプター輸送機長、試験飛行室長、航空本部基準部次長、東京空港支店乗員室長

水間　博志（印旛10期操縦生・松戸高等航養）航空局航務課、日本航空機長（査察操縦士、主席乗員）昭和四五年（一九七〇）三月一四日、羽田空港―大阪空港間、皇太子殿下ご夫妻（現天皇・皇后）の特別機機長。（著書「おおぞらの飛翔」がある）

村田　滋（印旛10期操縦生）日本航空機長

森谷　潔（印旛10期操縦生）航空局試験官、航空大学校教頭、航空局乗員課長下地島施設㈱社長

森　栄司（印旛10期操縦生）全日本空輸機長（平成五年三月七日亡）

石田　真二（仙台11期操縦生）日本航空機長、平壌までハイジャックされた「よど号」の機長

池田　進（仙台11期操縦生）日本航空機長

関矢　英雄（仙台11期操縦生・航空大学校専修科）極東航空機長、全日本空輸機長

平吹　弥市（仙台11期操縦生）日本航空機長

樋口（加藤）礼治（米子11期操縦生）日本航空機長

穂利　明治（米子11期操縦生）日本航空機長
森山　茂（米子11期操縦生）読売新聞社航空部機長
北村　守（印旛11期操縦生）産経新聞社航空部機長、日本エアシステム機長
中村利保（印旛11期操縦生）全日本空輸機長
増田角次郎（印旛11期操縦生）南西航空機長
宮間（笠井）明（印旛11期操縦生）東洋航空機長
三堀　美男（印旛11期操縦生）日本航空機長
脇田富士彦（印旛11期操縦生）日本航空機長
林　岩男（熊本11期操縦生）日本航空機長
日高恵三郎（熊本11期操縦生）航空局管制官、極東航空機長、全日本空輸機長
三鴨　猛人（熊本11期操縦生）航空局八尾空港長、大阪航空局航務課長
青柳　孫一（愛媛11期操縦生）東亜国内航空機長
大石　謙二（愛媛11期操縦生）日本航空機長
笹川　義雄（愛媛11期操縦生）朝日ヘリコプター機長
谷田　俊一（愛媛11期操縦生）日本航空機長、日本アジア航空機長（運航部長）
中島　孝夫（愛媛11期操縦生）朝日ヘリコプター機長
年代　信男（愛媛11期操縦生）日本航空機長
茂木　敏夫（愛媛11期操縦生）全日本空輸機長
安田　勝行（愛媛11期操縦生）日本航空機長

酒井　清憲（仙台12期操縦生）東亜国内航空機長
斉藤　公平（仙台12期操縦生）朝日ヘリコプター機長
木村　嘉伸（印旛12期操縦生）日本航空機長
成宮　秋良（印旛12期操縦生）全日本空輸機長
大塘　喜保（熊本12期操縦生）日本航空機長
玉名覇　徹治（熊本12期操縦生）日本航空機長
田中　正文（愛媛12期操縦生）日本航空機長
安田　勝行（愛媛12期操縦生）日本航空機長
川島　藤一（京都12期操縦生）（日本飛行連盟教官）関西航測機長
小林　悦雄（京都12期操縦生）国際航空運輸名古屋運航所長（機長）
鈴木　繁雄（京都12期操縦生）航空局鹿児島・宮崎・高松空港事務所航務課長、愛媛航空無線標識所長
上原　忠義（都城12期操縦生）東亜国内航空機長（指導教官・査察操縦士・主席操縦士）（平成六年八月一八日亡）
幸田　安次（都城12期操縦生）全日本空輸機長
十島　二郎（長崎12期操縦生）東亜国内航空機長
大塩　光男（長崎12期操縦生）大阪府警航空隊長
加藤　宏泰（仙台13期操縦生）全日本空輸機長
工藤　正雄（熊本13期操縦生）全日本空輸機長
井上　直哉（古河13期操縦生）全日本空輸機長（第二乗員部長）札幌全日空ホテル常勤監査役

伊藤　克雪（古河13期操縦生）航空局航務課（死亡）
尾崎　進（古河13期操縦生）全日本空輸機長、同シュミレーター部長、下地島空路施設㈱監査役
飛田　武男（古河13期操縦生）東亜国内航空機長
捧　孫三（古河13期操縦生）全日本空輸機長（第一乗員部長、エアーニッポン常務取締役羽田支店長）
近藤　俊夫（京都13期操縦生）中日本航空機長、中日新聞社航空部次長（機長）
時田　次男（福山13期操縦生）東亜国内航空機長
黒田　輝清（愛媛13期操縦生）全日本空輸機長
小倉　隆美（愛媛13期操縦生）全日本空輸機長
兵頭　省吾（愛媛13期操縦生）中日本新聞社航空部機長
水谷　進一（愛媛13期操縦生）中日本航空機長
保野　孝雄（長崎13期操縦生）エアリフト機長（運航部長）
玉利　洋平（長崎13期操縦生）全日本空輸機長
庭月野英樹（長崎13期操縦生）航空大学校教官
野島　正大（仙台14期操縦生）全日本空輸ヘリコプター部査察室機長、オールニッポンヘリコプター機長。
町田　昌次（新潟―筑後14期操縦生）全日本空輸機長
渡辺　巖（印旛14期操縦生）航空局釧路保安事務所、全日本空輸ヘリコプター機長、東邦航空機長
平山　正行（印旛―岡山―都城14期操縦生）航空局航務課、岩国航務課長、広島管理課長、全日本空輸運航統制室、全日本空輸熊本空港所長、全日本空輸下地島訓練所長

藤村　秀雄（古河―仙台14期操縦生）東亜国内航空機長（教官室長）
片岡　幸俊（古河―仙台14期操縦生）全日本空輸機長
原田　勇（京都―都城14期操縦生）全日本空輸機長、オールニッポンヘリコプター機長
川島　盛夫（岡山14期操縦生）東亜国内航空機長
森田　啓次（熊本―都城14期操縦生）全日本空輸羽田管理部
島津　彊祐（都城14期操縦生）日本航空機長
吉田　誠明（都城14期操縦生）航空局名古屋・那覇空港航務課長、日本内外航空運航部長
有村　宏（愛媛14期操縦生）東京消防庁航空隊機長
大町　斉（愛媛14期操縦生）東亜国内航空機長
樫原福二郎（愛媛14期操縦生）東京消防庁航空隊機長
鈴木　康修（栄三郎）（愛媛14期操縦生）アサヒヘリコプター機長
阪倉　英郎（愛媛14期操縦生）全日本空輸機長、皇太子ご夫妻（現天皇・皇后陛下）常陸宮殿下、スペイン国皇太子（現国王）、コンゴ国皇太子（現国王）、コンゴ国大統領、福田赳夫首相らの要人フライト機長を勤める

第六節　地方航空機乗員養成所本科生出身者

太田　昭蔵（仙台本科1期生―松戸高等普通科1期生―古河高等高等科1期生）日本航空機長
後藤　光夫（仙台本科1期生）航空局航務課―読売新聞社航空部機長（死亡）

佐々木昭悦（仙台―新潟本科1期生―松戸高等整備科1期生）愛媛航空―横浜航空（現太洋航空）―南紀航空―長崎航空整備部長
坪谷　徹（仙台―新潟本科1期生）日本航空整備本部
永妻　寿（仙台―松戸高等普通科1期生）日本航空航空士、計算課長
二戸　虎雄（仙台―新潟本科1期生）日本航空原動機工場工務課長
山口　一郎（仙台―新潟本科1期生）日本航空機機関士（死亡）
幾井　正明（米子本科1期生）全日本空輸機長
大形　貢（米子本科1期生―松戸高等普通科1期生）日本航空機長―ネルソン航空学院東京校校長
昭和四七年一〇月、昭和天皇、皇后陛下鹿児島特別機機長
昭和四八年、昭和天皇訪米時の特別機機長
大前　晃作（米子本科1期生）北日本航空機長―日本国内航空機長―東亜国内航空機長
神谷　国夫（米子本科1期生）航空局管制官―日本航空機長
米国モビル・ゼーグで撮影された故田宮二郎主演の大映映画「滑走路」に当時、日航訓練所長であった氏は、日航訓練所長の役で共演した。
加藤　三郎（米子本科1期生）日本航空機長―南西航空機長
岸田良之助（米子―新潟本科1期生―松戸高等機関科1期生）日本観光飛行協会―日東航空（現日本エアシステム）機関士
積山　茂夫（米子―新潟本科1期生―松戸高等機関科1期生）航空局航空保安部（岩田・福岡板付・芦屋・岩国・高松）―運輸省航空大学校教官（平成五年一一月一九日死亡）

辻野　幸男（米子―新潟本科1期生―松戸高等機関科1期生）日本航空航務課
長尾　禎一（米子―新潟本科1期生―松戸高等機関科1期生）極東航空―全日本空輸機関士
猶本　　勉（米子―新潟本科1期生―松戸高等機関科1期生）日本飛行機―新明和工業航空機製作所―
全日本空輸整備機関士
堀尾　春樹（米子本科1期生―古河高等普通科1期生―古河高等高等科1期生）中日新聞社航空部機長
桶谷　敏一（米子本科1期生）航空局管制官―日本航空機長（理事―常勤顧問）
三島　好美（旧姓　伊藤）（米子本科1期生）富士航空機長―日本国内航空機長―東亜国内航空機長
大川原　弘（新潟本科1期生―松戸高等普通科1期生）日本航空デスパッチャー
窪田　利夫（新潟本科1期生）日本航空整備本部機関士
倉田　芳二（新潟―印旛本科1期生）航空局航空保安部―管制官―日本航空機長
近藤　　幹（新潟本科1期生）日本航空整備本部機関士
杉田　雅男（新潟本科1期生）日本航空整備本部機関士
丸山　　勉（新潟本科1期生）全日本空輸整備本部機関士
広木　美喜（新潟本科1期生―松戸高等機関科1期生）航空局航空保安部―日本航空整備㈱機関士―日
本航空機関士
由良　孝篤（新潟本科1期生）航空局航空保安事務所
大村　彦夫（印旛―新潟本科1期生―松戸高等機関科1期生）日ペリ航空―全日本空輸整備本部長―全
日本空輸整備㈱役員―長崎エンジニアリング社長
加藤　常夫（印旛本科1期生―古河高等普通科1期生―古河高等高等科1期生）（航空大学校専修科1期生）

川崎　治雄（旧姓　若菜）（印旛本科1期生―松戸高等普通科1期生―古河高等高等科1期生）（航空大学校
　　　　　日本航空機長（査察部長）
　　　　専修科1期生）毎日新聞社航空部機長―日本航空機長―日本エアシステム
　　　　機長
金田　昭二（印旛本科1期生）日本航空機長
蔵田　清（印旛本科1期生）東亜国内航空機長（昭和三七年・殉職）
栗原　暢良（印旛本科1期生）航空局乗員課―日本航空乗員訓練部リンク教官―シュミレーター教官
　　　　―シュミレーターテストパイロット
小松　克己（印旛―新潟本科1期生）東亜国内航空機関士
小池　清勝（印旛本科1期生）青木航空機長
小沼　健二（印旛本科1期生）航空局航務課―日本航空機長（ドイツでハイジャックされた機長）
佐久間全司（印旛本科1期生）全日本空輸機長（査察部長）
高橋　敏夫（印旛―新潟本科1期生）日本航空機関士
八太　正武（印旛本科1期生―松戸高等普通科1期生）航空局（羽田―鹿児島）―運輸省航空大学校教官
　　　　―航空局飛行検査官―運輸省航空大学校帯広分校長―航空局首席飛行検
　　　　査官―航空振興財団訓練部長―千葉北総航空少年団団長
平野　公英（印旛本科1期生）航空局航務課―日本航空機長（査察操縦士）（平成五年二月二八日死亡）
保田　滋之（印旛本科1期生）大和航空機長（昭和三〇年一〇月殉職）
美濃　信夫（印旛―新潟本科1期生）日本航空機関士―整備本部関連会社社長

川野　利明（熊本本科1期生）東亜国内航空機長
菊川　明士（熊本—新潟本科1期生—松戸高等機関科1期生）（航空大学校機関科1期生）日本航空機関士
高須　庄一（熊本—新潟本科1期生—松戸高等機関科1期生）福岡航空局—鹿児島航空標識所—運輸省航空大学校整備課長—航空局飛行検査官
椿　孝治（熊本—新潟本科1期生—松戸高等機関科1期生）日本航空機関士（航空本部長付運航乗務員）
中村　佳照（熊本本科1期生）福岡県警ヘリコプター機長
西　英喜（熊本本科1期生—松戸高等普通科1期生）運輸省航空大学校教官
西野　巴悦（熊本本科1期生）全日本空輸機長
橋本　明人（熊本本科1期生—松戸高等普通科1期生）運輸省航空大学校教官
林　喜好（熊本—新潟本科1期生）日本航空機関士
松島　大昌（熊本—新潟本科1期生）東亜国内航空機関士
前田　恵（熊本—新潟本科1期生—松戸高等機関科1期生）日本航空勤労部厚生グループ嘱託
前川　四郎（熊本—新潟本科1期生）日本航空整備本部機関士
山本　政一（熊本本科1期生）運輸省航空大学校教官—航空局飛行検査官
木村　祐平（新潟—岡山—京都—米子本科2期生—古河高等普通科2期生）日本航空（死亡）
谷口哲三郎（新潟本科2期生—松戸高等機関科2期生）航空局運用課—運輸省航空大学校教官—航空局飛行審査官
東条　清（新潟—米子本科2期生—古河高等普通科2期生）航空局航務課—航空局航空従事者試験官—運輸省航空大学校教頭—㈳航空機操縦士養成振興協会

根津　盛次（新潟—岡山—京都—米子本科２期生—古河高等普通科２期生）日本航空課長
宮内　恒幸（新潟—岡山—古河—米子本科２期生—古河高等普通科２期生）航空局航務課—同運用課—同乗員課長—運輸省航空事故調査委員会委員
三浦　忠（新潟本科２期生—松戸高等機関科２期生）全日本空輸—大阪ハイランド㈱
河合　長作（古河—米子本科２期生—古河高等普通科２期生）全日本空輸機長
北城　恒雄（古河—米子本科２期生—古河高等普通科２期生）日本航空機長
手塚　精三（古河—米子本科２期生—古河高等普通科２期生）運輸省航空大学校教官—航空局試験官—同乗員課長—下地島空港施設㈱社長
野原　国治（古河—米子本科２期生—古河高等普通科２期生）航空局航務課—日本航空機長
青木　勝（京都—米子本科２期生—古河高等普通科２期生）運輸省大分空港—全日本空輸大分運航所長—日本エアライン航空運航部次長
植田喜代三（京都—米子本科２期生—古河高等普通科２期生）全日本空輸機長—トヨタ社用機機長
片桐久四郎（京都—米子本科２期生—古河高等普通科２期生）日本航空機長
澤田悠紀穂（京都—米子本科２期生—古河高等普通科２期生）朝日新聞社航空部機長（昭和四〇年五月一六日殉職）
竹内　清治（京都—米子本科２期生—古河高等普通科２期生）航空局飛行場課
畔柳　順一（京都—米子本科２期生—古河高等普通科２期生）航空局航務課—運輸省航空大学校教官（昭和三八年九月四日殉職）
古旗　秀夫（京都—米子本科２期生—古河高等普通科２期生）航空局電気課—陸自浜松航空学校—航自

輸送航空隊―日本航空機長
吉矢　貞彦（京都―米子本科2期生―古河高等普通科2期生）全日本空輸機長
大野　正男（岡山―都城―米子本科2期生―古河高等普通科2期生）長崎航空機長―運輸省航空大学校教官
恩田　久徳（岡山―都城―米子本科2期生―古河高等普通科2期生）航空局運航課―運輸省航空大学校仙台分校長―日本航空機長―ジェルフライデアカデミ監査役
折元　克己（岡山―新潟本科2期生―松戸高等機関科2期生）日本航空機関士
小松　忠導（岡山―都城―米子本科2期生―古河高等普通科2期生）航空局航務課（岩国保安事務所）―中日本航空機長―東亜国内航空機長
冨永　和海（岡山―京都―米子本科2期生―古河高等普通科2期生）航空局（鹿児島―那覇―名古屋―大阪）航務課長―日本農林（現エースヘリコプター）八尾基地長
文谷　辰生（岡山―都城―米子本科2期生―古河高等普通科2期生）（航空大学校専修科）航空局航務課―全日本空輸機長
前田　輝己（岡山―都城―米子本科2期生―古河高等普通科2期生）航空局航務課・毎日新聞社航空部機長・ジャムコ機長・新日本航空機長
松本　孝志（岡山―都城―米子本科2期生―古河高等普通科2期生）日本航空機長
丸山正紀代（岡山―京都―米子本科2期生―古河高等普通科2期生）中日本航空機長（死亡）
三好　照美（岡山―都城―米子本科2期生―古河高等普通科2期生）航空局航空保安部（岩国―大阪―羽田―千歳）―航空局飛行審査官―機長路線資格審査官―航空従事者試験官―

宮内　加夫（岡山―新潟本科２期生―松戸高等機関科２期生）長崎航空整備部長―北九州航空
全日本空輸航務本部―航空振興財団

矢野　昭人（岡山―新潟本科２期生―松戸高等機関科２期生）日本航空機関士

伊藤　時義（都城―米子本科２期生―古河高等普通科２期生）運輸省航空大学校教官―航空大学校帯広
分校長―航空大学校教頭

井前　末夫（都城―米子本科２期生―古河高等普通科２期生）航空局管制官―運輸省航空大学校教官―
航空局試験官―航空大学校教頭―運輸省首席事故調査官―㈶日本航空協
会

有働　武俊（都城―米子本科２期生―古河高等普通科２期生）航空局航務課―全日本空輸機長―全日本空
輸監査役―日本航空操縦士協会会長

緒続　範行（都城―米子本科２期生―古河高等普通科２期生）運輸省航空大学校教官―航空大学校仙台
分校主任教官（昭和五一年五月一〇日殉職）

上村　徹雄（都城―新潟本科２期生―松戸高等機関科２期生）運輸省航空大学校教官―共立航空撮影関
西運航所副所長

佐々野　登（旧姓　山川）（都城―米子本科２期生―古河高等普通科２期生）長崎航空機長―運輸省航空
大学校教官―日本内外航空教官―ジャムコテストパイロット

田口　普（都城―新潟本科２期生―松戸高等機関科２期生）航空局福岡航空保安事務所―日本航空機
関士（ロサンゼルス―福岡工場）

日野　克己（都城―米子本科２期生―古河高等普通科２期生）運輸省航空大学校教官―航空大学校教務

福地　清徳（都城―米子本科2期生）航空局（各地）航務課長―北九州航空運航課長（平成一一年六月一七日亡）

松田　末夫（旧姓　本田）（都城―米子本科2期生―古河高等普通科2期生）全日本空輸ヘリコプター部機部長（平成五年五月二九日死亡）

山口　朝雄（都城―米子本科2期生―古河高等普通科2期生）航空局大阪空港事務所（平二年七月一九日死亡）

吉嶋　昭治（都城―米子本科2期生―古河高等普通科2期生）航空局（名古屋・熊本）空港事務所―運輸省航空大学校教官

吉国　隆（都城―米子本科2期生―古河高等普通科2期生）航空局航務課航務主任―海上保安庁2等海上保安正・日本航空機長・南西航空機長（査察乗員部長）・川田工業航空事業部座学講師、昭和三六年一〇月三〇日から、同三七年四月二四日までの一七七日にわたり、第6次南極観測隊員として、巡視船「宗谷」から、セスナ一八五型（スキー装備付）機を操縦して、隊員や物資の輸送にあたった。

吉田　博（都城―新潟本科2期生―松戸高等機関科2期生）全日本空輸機関士―全日本空輸東京整備本部副本部長―全日本空輸取締役東京空港支店長

小柳　昭三（新潟本科3期生）大阪航空局―朝日航空

北谷　正義（古河本科4期生）運輸省航空大学校教官

今　　安明（仙台本科４期生）日本航空貨物
下条道昭（仙台本科４期生）日本航空主席機関士（副参事）
佐藤俊夫（仙台本科４期生）日本航空機体工場課長補佐
大石博司（米子本科４期生）東亜国内航空品質管理部長
山下　侃（新潟本科４期生）運輸省航空事故調査専門官―全日本空輸
矢野　裕（古河本科４期生）ユナイテッド航空
横見嘉春（京都本科４期生）航空局八尾空港事務所空港長
岡田　宏（都城―筑後―米子本科４期生）航空局―運輸省航空大学校帯広分校総務課長
佐藤一一（都城―筑後―米子本科４期生）南邦航空社長、南日本航空、西日本軽飛行機より、セスナ、パイパーをチャーターして遊覧飛行、宣伝飛行、空中写真撮影などを行い、航空大学校の誘致運動に挺身する。
松田保雄（愛媛本科４期生）日本航空
阪東義功（仙台本科５期生）ＳＡＳ整備士
菊地金太郎（仙台本科５期生）全日本空輸整備教官
中川博允（米子本科５期生）（航空大学校１期生）日本航空機長―日本アジア航空専務取締役
牧　　博示（米子本科５期生）瀬戸内航空（昭和四八年死亡）
宮永　孝（京都―筑後本科５期生）日本航空運航課―日本航空機関士―日本航空運航訓練部教官
原田　明（長崎本科６期生）日本航空
井上昌寛（長崎本科６期生）産経新聞社航空部

西川　満（岡山本科6期生）中日本航空整備学校教官
高村　忠範（愛媛本科7期生）（航空大学校）日本航空機長

第七節　地方航空機乗員養成所整備学生出身者

石原　薫（都城整備1期生）インペリアル航空整備部長
外村　直重（都城整備1期生）航空大学校、沖江良部空港長

第八節　航空自衛隊で活躍した航養出身者

戦後、陸・海・空自衛隊で活躍した航空機乗員養成所出身者も多くいた。京都本科5期生の中山幹雄は、第13飛行教育団司令（空将補＝昔の少将）に、また古河本科6期生の田中稔は航空教育隊司令（空将補）になった。

その他多くの者が一等空佐（昔の大佐）、二等空佐（昔の中佐）に昇進したが、途中から民間航空に転じた者も数多くいた。

第六章　航空機乗員養成始まる

第一節　高い外人機長の給与

創立以来、日本航空は赤字経営であった。それは飛行場が米軍の管理下にあるため、その施設の使用が制限されていること、空の交通整理とも言うべき航空管制が英語オンリーであるため日本人パイロットの負担が大きかったことなど間接的な要因があった。

しかし実際の赤字の第一原因は、朝鮮事変のために航空機が払底し、高価で飛行機を購入せざるを得なかったことと、購入原価に比例して、償却費、金利、保険料なども割高になり、日航は、年間約六億円にのぼる原価償却をしなくてはならなかった。発足したばかりの日航にとって、これは大きなハンディキャップになっていたのである。

第二の原因は、外人パイロットに依存していることであった。発足当初日航では、パイロットおよびディスパッチャー（運航管理者）を含めて六一人もの外国人を採用していた。したがって本俸の他に滞在費、本国への休暇旅費まで支給しなくてはならないので、彼らに支払う給与の総額は、役員を含む八六〇人の全日本人従業員に対する給与総額とほぼ匹敵する現状であった。

第二節　操縦士資格試験の臨時処置

その頃、朝日、毎日、読売、産経などの新聞社などは、すでに社有機の購入や、チャーターの契約などを終えていたが、戦後の飛行免許を持った者がいないため、実際の飛行取材ができない。従ってこれらの新聞社が航空庁に事業用操縦士の資格試験を実施するよう強く要請していたので、昭和二七年（一九五二）五月六日に学科試験が実施され、すでにアメリカで操縦士資格を得ていた産経新聞社の藤本直（海軍依託11期生）が、同年五月一六日、実地試験を受け、航空法施行日の昭和二七年（一九五二）七月一五日、運輸大臣から事業用操縦士技能証明書第一号を交付された。

藤本直はサンケイ新聞社航空部長から日本航空機長、日本国内航空機長を勤めたあと、日本産業航空の社長になり昭和五九年（一九八四）二月二〇日死亡した。

第三節　航空機乗員養成所の誘致合戦始まる

本章第一節で述べたように、ようやく日本の空を日本人で飛べるようになったとは言うものの外国人の機長では高給すぎて会社の経営ができない。そこで一日も早く日本人に戦後の操縦士免許を取得させる必要を痛感、戦時中の民間パイロット養成の「航空機乗員養成所」の復活を望む声が挙ってきたのである。

その頃、宮崎市赤江飛行場（旧海軍航空隊基地）で、セスナ機やパイパー機の小型機で宣伝飛行や遊覧飛行を実施していた南邦航空㈱の社長佐藤一一《かずいち》（著者、米子航養本科四期生卒）もその一人で、特に赤江飛行場は米軍機の爆弾のあとで滑走路に大きな穴があいており、それを避けながら離陸、着陸していた。その補修工事はとても民間会社の力でできるものではなかった。

そこで佐藤は「航空機乗員養成所」を誘置すれば、自ずから政府資金で空港の整備をしてもらえると考え、航空局に日参することにした。

しかし当時の田中長茂宮崎県知事に相談しても、佐藤が二二、三才の若僧であったことも手伝って「佐藤君、宮崎のような田舎に民間の飛行学校などつくってくれはしないよ」と言って腰をあげようとはしなかった。

佐藤は仕方なく、横浜市在住で佐藤が昭和一七年四月都城航空機乗員養成所に入所した時の所長で陸軍大佐（今の一佐）だった菱沼一《はじめ》を訪ね、一緒に航空局に出向いてもらって「宮崎に航空機乗員養成所を創ってもらいたい。」と誘置を懇請した。

しかし当時の航空局長は「宮崎のような田舎に飛行場があるのか」とか「東京の周辺に幾つでも飛行場はあるよ」とか言って、宮崎への誘置には気乗り薄であった。

そのうち、千葉県館山《たてやま》市や愛知県豊橋《とよはし》市、静岡県焼津《やいづ》市などでも誘置に名乗りをあげ、しかも官民一体となって「誘置してもらえれば教官や職員の宿舎も用意する」などの有利な条件を出していることが分ってきた。

あわてた佐藤は東京のホテルから宮崎市役所に急報の電話を入れ（この当時は市外電話は申し込んで三、四時間はかかっていた）当時の荒川岩男宮崎市長に「至急私のホテル宛に、宮崎に航空機乗員養成所が設置されたら、教職員の宿泊施設は市が責任をもって用意する」旨の電報を打ってくれと懇願した。

荒川市長は「そんなこと云っても宮崎市にはそんな余分な金などないぞ」と云いながら、最後は佐藤の言い分を聞いて電報を打った。佐藤はホテルでその電報を受け取ると早速航空局に出向いてその電報を見せて再度交渉に当ったのだった。

その頃になって田中知事も乗り出し、宮崎県選出の国会議員にも働きかけるようになり昭和二九年(一九五四)三月、航空局から栗沢監理部長ら一行が宮崎飛行場の視察に来て、滑走路が二本あること、小額の経費で滑走路の整備補修が可能であること、送信所の敷地の無償提供、進入灯設置箇所の砂丘の切取り、場内耕作者の離作については県が責任をもって実施するなどの有利な条件のもと、宮崎市内宮崎空港内に「航空機乗員養成所」が設置されることが決定したのである。

第四節　宮崎市に航空大学校開校

民間航空のパイロット養成を目的に「航空機乗員養成所」として誘置したものが戦後教育のイメージチェンジから「航空大学校」の名称で昭和二九年(一九五四)一〇月一日、宮崎市大字赤江字飛江田六五二一－二の宮崎空港に呱々《ここ》の声を挙げた。この落成式場で田中知事は佐藤に「佐藤君、ようやったなー。最初は君のホラかと思っていたが」と言った。その翌年の知事選で田中は落選し、その時自治省(今の総務省)から出向していた高橋通夫副知事は離県に際し宮崎駅で佐藤の手をにぎり「佐藤さん、航空大学の誘置に成功したのはあなただよ。しかしね、あなたは若いしまだ知名人ではないから、歴史の中では国会議員が俺が誘置したんだと手柄話しをするかも知れんが、もし必要な時は何時でも私を呼んでくれ。私が証明するから」と言って別れた。

民間航空に必要な航空機乗員養成には、高度な航空技術を教育するため膨大な経費を必要とする。航空大学校では、事業用操縦士と計器飛行証明の資格が得られ、職業パイロットへの基礎教育と、将来の基幹要員としての育成を目的に発足したのである。

その後、昭和四四年（一九六九）四月八日、宮城県岩沼市下野郷字新拓一―七に仙台分校を、そして昭和四七年（一九七二）八月一日、北海道帯広市泉町西九線中八―一二に帯広分校を設置開校した。

第一回の応募者は六八人、この中から厳選して一〇人が入学したのだが、その半数は日本航空の新人操縦士要員であった。

航空大学校は開校以来、民間航空の発展と航空技術の進歩による乗員需要に対応して学生数の増減、学校制度や教育課程の変更改革、施設の充実を図ってきた。

第五節　航空大学校の制度改革

航空大学校での養成は昭和三三年（一九五八）四月から本科生を三〇人に増員したが、これでも民間航空機乗員の需要に追いつかないので、防衛庁に五〇人を依託し、更に防衛庁の割愛《かつあい》操縦士（計画的に自衛隊員で操縦士の資格を有する者を退職させて民間操縦士とする制度）を若干名含め、それでも不足する操縦士は日航、全日空などで自社養成することになった。

乗員需要は昭和四二年（一九六七）に三〇〇人、昭和四六年（一九七一）に六〇〇人というものであるから年々乗員不足が深刻化するようになり、そのたびに養成計画は変更せざるを得なくなった。

養成規模の拡大と乗員に課せられた急速な航空技術革新に対応するため昭和四三年（一九六八）度から修業年限は本科三年、専攻科一年、学生数は九〇人と大幅な改革を行なった。更に入学資格は従来の大学二年以上の修了者だったのが高校卒業者に引き下げられた。旧制度の大学二年修了の入学資格のときは志願者が四〇〇人を超えることがなかったのに高卒以上と改めて昭和四七年（一九七二）には二七三八人の応募者があり、常に競争率は一〇倍以上になった。この養成規模の拡大に伴い、教職員の増員とともに新校舎の建設、航空機の新型機ビーチ、ボナンザ、ツイン、FA—二〇〇の更新と増機が行われた。

昭和四四年（一九六九）に双発機課程（日本航空依託）の教育のため仙台分校が開設され、専攻科のYS—11課程の訓練が行われるようになった。

さらに昭和四六年（一九七一）に本科生の修業年限三年が二年六ヵ月に短縮され、学生数が一三五人に増員された。そのため、宮崎本校での飛行訓練空域の不足を解消するため、昭和四七年（一九七二）五月に帯広分校を開校、同年八月から単発機初級課程（FA—200）の教育が始められた。なお、仙台分校のYS—11課程の専攻科はこの年廃止になった。

こうして学生の大幅な増員や新機種の導入などの学生改革は、操縦教官の著しい不足をもたらすことになった。そこで今までは旧逓信省で戦時中、陸・海軍に依託して養成した依託学生卒や、中央又は地方航空機乗員養成所卒業の者だけでは足らなくなり、防衛庁から操縦者の割愛（惜しいと思うものを思いきって手放すこと）提供を受けるようになった。

第六節　防衛庁へ民間操縦士依託養成制度

昭和三三年（一九五八）、日本ヘリコプター輸送㈱と極東航空㈱の合併による全日本空輸㈱が新発足、昭和三五年（一九六〇）から始まる日本航空㈱国際線のジェット化で、DC—8の導入、産業航空界の小型へリコプターの発展、大型ヘリコプターの不定期航空輸送の参入等で、この頃から操縦士の需要は急速に増加してきた。

このため政府は、昭和三三年（一九五八）から学生定員を三〇人に増員し、新たに防衛庁に民間操縦士の依託養成を昭和三七年（一九六二）から始めた。この制度は、定期航空会社の操縦士要員五〇人と農林水産航空協会が募集する産業航空界のヘリコプター操縦士要員一〇人を養成するのが目的だった。これは運輸省（現・国土交通省）が所要経費として確保したものを防衛庁予算に組み替えて行ったものだった。

依託養成の教育課程は、両操縦士要員とも奈良の自衛隊幹部学校で五ヵ月間基礎教育を行ったあと、静岡県と山口県の二ヶ所の航空自衛隊に別れて七ヵ月間飛行訓練を行った。このうちヘリコプター操縦士要員は、さらに三重県明野と、茨城県霞ヶ浦の陸上自衛隊で六ヵ月間のヘリコプター課程の教育を受けた。飛行訓練は、飛行機課程の者は初歩練習機のT－34を一一〇時間、ヘリコプター課程の者はベル47G－2型を一一〇時間というものだったが、この依託制度は、操縦士の需要減少になった昭和六三年（一九八八）廃止になった。

第七節　自社養成の拡大と指定航空従事者養成

昭和四五年（一九七〇）度の民間定時航空には外国人の乗員が約三五〇人も勤務していたが、それでも年間六〇〇人の養成をしなければ需要に足りない。そこで運輸省（現・国土交通省）では、航空会社自身で乗員を自社養成するように指導した。

全日空は昭和四〇年（一九六五）に大阪府八尾市の八尾空港内に訓練所をつくり、昭和四二年（一九六七）

に日本航空は宮城県の仙台空港内に基礎訓練所を設立するとともにアメリカ・サンディエゴ市にあるパシフィック・サウス・エアライン（ＰＳＡ）乗員訓練所に自社養成の新人操縦士要員の基礎訓練を依託した。全日空も昭和四三年（一九六八）から自社養成の基礎訓練をＰＳＡに依託するとともに、昭和四四年（一九六九）からイギリスのオックスフォード飛行学校にも依託した。

また、東亜国内航空（現・日本エアシステム）も昭和四七年（一九七二）にスコットランドのエアーサービストレーニング飛行学校に新人操縦士要員の依託を行ったのである。

しかし、日本航空は昭和四六年（一九七一）にはＰＳＡでの依託訓練を廃止して、カリフォルニア州のナパに乗員基礎訓練所を開設して、新人操縦士訓練を開始した。

一方、全日空も八尾乗員基礎訓練所を廃止して熊本県に熊本乗員訓練所を設立した。

第八節　乗員養成体制の変更

ところが、昭和四八年（一九七三）頃から定期航空会社は、航空大学校卒業生の採用を減らしていき、昭和五〇年（一九七五）には日本航空がわずか一五名を採用するに留まった。これは、各航空会社が自社養成をしていることと、一方では、航空大学校の卒業生は組合に入って、いつでも赤旗を振るというのが大きな原因だったようである。その点、自衛隊で訓練を受けた隊員上りの操縦士の方が思想的に立派だということのようだ。従ってこの二〇年間拡大を続けてきた航空大学校の募集定員を縮小せざるを得なくなった。

また乗員需要の点からみても、操縦士の養成は航空大学校のみで充足される見透しもあったので、防衛庁に依託していた民間操縦士養成を昭和四九年（一九七〇）度で廃止した。なお、農林水産航空協会に依託していたヘリコプター操縦士要員の養成は継続されたが、昭和五五年（一九八〇）からは基礎教育課程と固定翼課程は廃止された。

昭和五三年（一九七八）、航空大学校では回転翼航空機課程（ヘリコプター）の別科を新設（修業年限二年、学生数一〇名）したが、卒業後は、さらに農林水産協会の防衛庁依託養成によって教育を続けた。その後昭和六四年（一九八九）から航空大学校でヒューズ２６９Ｃで直接ヘリコプターで操縦教育を実施するようになり、変速的な別科の教育体制は改善されていった。

第九節　独立行政法人航空大学校と変る

ボーイング７６７等の第四世代航空機に見られる技術革新の著しい進展、運航環境の変化に加えて厳しくなった財政事情等で、航空大学校をめぐる情勢が大きく変化してきた。そのため運輸省（現・国土交通省）航空局は昭和五九年（一九八四）五月から航空大学校検討懇談会を開催して定期航空会社等から意見を聴取した。その結果、昭和六〇年（一九八五）六月、航空大学校制度改革の基本方針を取りまとめた。

第一に、入学資格を四年生大学の二年修了、または短期大学、高等専門学校卒業以上の者とする。

第二に、年齢は二五歳未満の者、

第三に、教育課程は一般教養内容を減らして乗員に必要な専門教育を多くし、期間は二年四ヵ月。

第四に、フライト課程の使用機はターボプロップ双発機を使用。とする学校制度改革を昭和五七年（一九八二）度から実施した。

平成元年（一九八九）四月一日から別科定員を六名に減員、同年八月一一日から宮崎本校においてヘリコプターの操縦訓練自主運営開始、さらに平成五年（一九九三）七月一二日から従来の「本科」を「飛行機操縦科」に、「別科」を「回転翼航空機操縦科」と科名を変更した。

また平成一一年（一九九九）年度から「回転翼航空機操縦科」の学生募集を中止し、平成一二年（二〇〇〇）四月からの募集は、「飛行機操縦科学生」を七二名の定員と減員した。

平成一三年（二〇〇一）四月一日に、航空大学校は、国の直接運営から離れて「独立行政法人航空大学校」と変り、修業年限も二年四ヵ月から二年に短縮され、新たに出発することになった。

平成一四年（二〇〇二）度からは、パイロットとしての資格を持った数多くの応募者を受け入れるため専修学校の専門課程を修了し、「専門士」の称号を付与された者を入学出願資格に加えた。

なお、操縦に関する取得資格は従来のものに変更はなかったが、それまで宮崎の学科課程を修了した者に与えられていた「航空無線通信士」の資格が、修業期間の短縮により取得できなくなったため、操縦訓練開始までに個人で國家試験を受験し「航空無線通信士」の資格を取得しなければならなくなった。

昭和二〇年（一九四五）八月一五日、大東亜戦争（第二次世界大戦）に敗れてから、日本人の手で日本の空を飛ぶことができなかったものが昭和二七年（一九五二）ようやく再開されたとは言うものの、戦後七年間の空白期間に、飛行機はジェット機に変り、無線航法や航空機の性能も戦前とは比較にならない進歩をとげ、戦前の操縦技術や知識では全く役に立たない高度なものを要求されるようになった。しかも、こうしたパイロット養成には多額の費用を必要とするため、運輸省（現・国土交通省）の付属機関として航空大学校が設立されたのであったが時代の流れというか、紆余曲折をへて今日に至ることとなる。

なお、飛行機操縦科は平成一四年（二〇〇二）三月までに三、〇二四名、回転翼航空機操縦科は平成一三年（二〇〇一）一月までに一〇九名の卒業生を育て送り出している。

〔この項は元航空大学校長小池正一氏の「航空大学校と乗員養成」の記事を参考にした〕

第十節　航空大学校で学んだ女性パイロット

戦前、女性でパイロットになった兵頭精《ただし》その他は本書第一編第七章で述べたが、当時の女性パイロットは本人の趣味で飛行機に乗っただけで、プロとして職業パイロットにはなれなかった。

しかし戦後は男女同権となって女性も空の勇士になれる時代になってきた。

例えば広島県呉市出身の岡昌子は、海上自衛隊幹部操縦士課程を修了し、平成六年（一九九四）七月一八日、第三管区海上保安本部羽田航空基地に配属され、海上保安庁初の女性パイロットになった。

また向井千秋は、宇宙開発事業団の宇宙飛行士として、米スペースシャトル「コロンビア」号で宇宙飛行を行い、続いて東大で航空宇宙工学を専攻して平成八年（一九九六）宇宙開発事業団に入った角野直子も、平成一八年（二〇〇六）頃完成予定の宇宙飛行船の飛行士候補（平成一一年〈一九九九〉二月）に選ばれ、同年四月から日本、米国、ロシアなどで飛行訓練やサバイバル訓練などの基礎訓練を積んでいる。

副操縦士としてフライト前の最終点検をする大竹（東）友子

このような中で民間航空のパイロットを目指して航空大学校で学んだ女性は平成一三年（二〇〇一）一〇月、48Ⅱ期生として入学した立川円《たちかわまどか》で一一名いる。

なお、女性第一号の小田嶋良が卒業した頃は民間航空会社が採用を手控えしていた時で、彼女は本田航空に入り、操縦教官として後

女性の航空大学卒

	回期	氏名	入学年月	卒業年月	生年月日	本籍地	出身学校	就職先
1	33前期	小田嶋《おだじま》 良《りょう》	昭61・4	昭63・11	昭41・2・5	秋田県	秋田北高等学校普通科卒業	本田航空入社
2	39前期	東《あずま》 友子《ともこ》	平4・4	平6・7	昭43・8・10	三重県	(神戸大学工学部環境計画学科卒業)神戸大学大学院工学研究科修士課程1年修了	日本航空入社
3	41前期	長野《ながの》 亜矢《あや》	平6・4	平8・7	昭45・7・16	熊本県	琉球大学教育学部中学教員養成課程2年修了	平成8年9月ジェイエア入社
4	41前期	早川《はやかわ》 庸子《ようこ》	平6・4	平8・7	昭46・12・25	愛知県	名古屋大学農学部食品工業学科卒業	日本航空入社
5	42前期	野口《のぐち》 明子《あきこ》	平7・4	平9・7	昭45・5・16	茨城県	(筑波大学農林学類生物応用化学学科卒業)筑波大学大学院農学研究科修士課程1年修了	JEX入社
6	42後期	平松《ひらまつ》 久実《くみ》	平7・12	平10・3	昭48・3・11	大阪府	姫路工業大学理学部生命科学科卒業	
7	43前期	堀越《ほりこし》 深雪《みゆき》	平8・4	平10・7	昭48・5・20	群馬県	獨協大学外国語学部英語学科卒業	平成10年10月航空局職員採用
8	43前期	楢崎《ならさき》 千春《ちはる》	平8・4	平10・7	昭48・1・14	福岡県	麗澤大学外国語学部英語学科卒業	平成10年7月日本航空採用
9	44前期	櫻井《さくらい》 彰子《しょうこ》	平9・4	平11・7	昭48・1・29	和歌山県	(千葉大学薬学部総合薬品学科卒業)静岡県立大学大学院薬学研究科1年修了	
10	44後期	片山《かたやま》由希子《ゆきこ》	平9・12	平12・3	昭51・3・10	岐阜県	名古屋大学工学部機械航空工学科3年修了	平成12年7月ジェイエア入社
11	47後期	高島《たかしま》 薫《かおる》	平12・12	平15・3(予定)	昭52・4・19	千葉県	東京理科大学工学部建築学科3年修了	
12	48Ⅱ期	立川《たちかわ》 円《まどか》	平13・10	平15・10(予定)	昭52・7・27	兵庫県	関西学院大学文学部英文学科卒業	

輩の指導に当っており、2回卒業の東友子は一期先輩の大竹氏と結婚して大竹友子となり、国内航空会社で初のジャンボ機の女性パイロットとして日本航空の副操縦士（平成九年〈一九九七〉九月二三日から）に昇格した。

また3回卒業の長野亜矢もジェイエアで、コミューターのプロペラ機副操縦士として活躍している。

第十一節　航空機乗員養成所と航空大学校の違い

陸軍航空士官学校、少年航空兵、予科練と云うと知る人が多いが、航空機乗員養成所と云うと知らない人が多い。著者もよく「どこの学校を出られましたか」と聞かれると、「航空機乗員養成所を卒業しました」と答えると、怪訝《けげん》な顔をされることが多い。そこで必ず「今の航空大学校の前身です」とつけ加えると、「成る程」と分かったか分からなかったかの顔をされる。

ある時、二代目航空大学校の校長だった国枝實さんと話をしていた時「佐藤君、航空機乗員養成所と航空大学校は違うよ」と言われたことがある。彼は、逓信省の陸軍依託第一期操縦生卒だから私の大先輩となる。従って今の航空大学校も運輸省（昔の逓信省、今の国土交通省）経営（平成一三年四月から国の直接運営から離れ「独立行政法人」と変ったが）だから、元の航空機乗員養成所が航空大学校と名称を変更したに過ぎないと思っていた。

しかしよく調べてみると、昔の航空機乗員養成所と、今の航空大学校とは随分違う点が発見された。それを表にして比較してみると

<table>
<tr><th>比較点</th><th>出願資格</th><th>入学検定料</th><th>入試問題</th><th>体格検査</th></tr>
<tr><td>航空機乗員養成所</td><td>本科生＝3期生以降小学校6年卒以上
1・2期生中学校2年修了以上
操縦生＝中学校三年修了以上</td><td>無料</td><td>国語・算数・理科</td><td>
<table>
<tr><th>区別
年令(満)</th><th>身長
(米)</th><th>胸囲
(米)</th><th>体重
(瓩)</th><th>胸囲拡張
(糎)</th><th>肺活量
(立法糎)</th><th>握力左右
(瓩)</th><th>視力
(裸眼)</th><th>備考</th></tr>
<tr><td>12—13</td><td>1.37</td><td>0.65</td><td>31.0</td><td>4.0</td><td>2,100</td><td>16.0</td><td rowspan="6">1.0</td><td rowspan="6"></td></tr>
<tr><td>13—14</td><td>1.41</td><td>0.67</td><td>34.0</td><td>4.0</td><td>2,300</td><td>18.0</td></tr>
<tr><td>14—15</td><td>1.45</td><td>0.69</td><td>37.0</td><td>4.6</td><td>2,500</td><td>20.0</td></tr>
<tr><td>15—16</td><td>1.49</td><td>0.72</td><td>40.0</td><td>5.0</td><td>2,600</td><td>22.0</td></tr>
<tr><td>16—17</td><td>1.52</td><td>0.75</td><td>43.0</td><td>5.0</td><td>2,800</td><td>23.0</td></tr>
<tr><td>17以上</td><td>1.54</td><td>0.76</td><td>46.0</td><td>5.5</td><td>2,900</td><td>24.0</td></tr>
<tr><td colspan="9">註　海軍志願者の視力については片眼視力のみ1.0に達せざるも0.8以上にして両眼視力1.2に達するものは合格とす
（この表は昭和19年度志願者心得より）</td></tr>
</table>
</td></tr>
<tr><td>航空大学校</td><td>(1)四年生大学二年以上在学し、六二単位以上修得の者
(2)短大又は高専卒業した者
(3)専門学校修了者で専門士の称号を付与された者</td><td>三万円</td><td>英語（読解・語彙・熟語・リスニング）
総合（人文科学・社会科学及び数学を含む自然科学）</td><td>(1)視力＝各眼が裸眼で1・0以上各眼が裸眼で0・4以上あり、1・0に矯正できること、近距離視力、裸眼で0・8以上屈折矯正手術の既往歴がないこと
(2)身長＝163cm以上
(3)体重＝50kg以上で肥満でないこと
(4)握力＝30kg以上（左右とも）
(5)血圧＝収縮期一〇〇～一五〇mmHg
拡張期五〇～九〇mmHg
(6)握力＝25デシベル以上</td></tr>
</table>

入学金	無料	二七七、〇〇〇円
授業料	無料	（年）四九六、八〇〇円
寄宿料	無料	（月）七〇〇円、 その他食費を含め一ヶ月約一一〇、〇〇〇円程
制服代	無料	約一一〇、〇〇〇円程
搭乗機	初練・中練・高練 初級・中級グライダー	単発機（A36型機） 多発機（C90A型機）
月手当	（地方）四円 （高等）六円	なし
卒業後の資格	（地方）二等飛行機操縦士 二等航空士 二級滑空士 （高等）一等飛行機操縦士	事業用操縦士 計器飛行証明

右表の如く、航空機乗員養成所の生徒は衣・食・住・教育のすべてが国費で賄《まかな》われ、月の手当まで支給されていた。その替り、卒業後は三年間軍務に服することが義務づけられていたのである。

第十二節　戦後の航空従業者資格制度

戦前は、一等航空機操縦士、一等航空士、二等航空機操縦士、二等航空士、航空機関士、一・二等航空整備士などと称していた資格が現在は次のように変っている。

操縦士（定期運送用操縦士、事業用操縦士、自家用操縦士）

航空士（一等航空士、二等航空士）
航空通信士
航空機関士
航空整備士（一等航空整備士、二等航空整備士）
航空運航整備士（一等航空運航整備士、二等航空運航整備士）
航空工場整備士

の一二種類の技能証明（資格）がある。

定期運送用操縦士は、基礎的な訓練を受けた者が定期航空会社に入社してから一〇〜一五年程度で機長になるのが通常である。

第十三節　航空従事者参考

(1)主要航空会社の職種別乗組員の内訳

区分	操縦士 機長 日本人	操縦士 機長 外国人	操縦士 機長 計	操縦士 副操縦士 日本人	操縦士 副操縦士 外国人	操縦士 副操縦士 計	航空機関士 日本人	航空機関士 外国人	航空機関士 計	計 日本人	計 外国人	計 計
昭和55年	一、四八一人	八二	一、五六三	一、三二一	〇	一、三二一	九六七	三	九七〇	三、七五九	八五	三、八四四
昭和60年	一、五九六人	四七	一、六四三	一、五七三	〇	一、五七三	一、〇二六	三	一、〇二九	四、一九五	五〇	四、二四五
平成2年	一、九六四人	五五	二、〇一九	一、五六〇	一二	一、五七二	九七四	九三	一、〇六七	四、四九八	一六〇	四、六五八
平成3年	二、一〇四人	五九	二、一六三	一、五六五	二五	一、五九〇	九一六	一五一	一、〇六七	四、五八五	二三五	四、八二〇
平成4年	二、二二四人	六〇	二、二七四	一、六〇四	二九	一、六三三	九〇五	一六一	一、〇六六	四、七三三	二五〇	四、九七三
平成5年	二、四〇〇人	一〇一	二、五〇一	一、六三三	五五	一、六八八	八六六	二〇〇	一、〇六六	四、八九九	三五六	五、二五五
平成7年	二、七四七人	九一	二、八三八	一、九六〇	三二	一、九九二	六九六	一四九	八四五	五、四〇三	二七二	五、六七五
平成8年	二、八五六人	五七	二、九一三	二、〇三四	二四	二、〇五八	六六一	一二六	七八七	五、五五一	二〇七	五、七五八
平成9年	二、九一七人	五二	二、九六九	二、〇七一	二三	二、〇九四	六一三	一四八	七六一	五、六〇一	二二三	五、八二四
平成10年	二、九五四人	五一	三、〇〇五	二、一五七	二三	二、一八〇	六一七	二〇〇	八一七	五、七二八	二七四	六、〇〇二
平成11年	三、〇二七人	七九	三、一〇六	二、二七三	一九	二、二九二	五三三	一九九	七三二	五、八三三	二九七	六、一二九
平成12年	三、〇二二人	一四九	三、一七一	二、三四二	六三	二、四〇五	四七二	二四三	七一五	五、八三六	四五五	六、二九一
平成12年構成比	九五・三%	四・七	一〇〇	九七・四	二・六	一〇〇	六六・〇	三四・〇	一〇〇	九二・八	七・二	一〇〇

注(1)各年は1月1日現在
(2)本数値は、JAL、ANA、JAS、ANK、JTA、JAC、JAA、NCA、JEX、SKY、ADO、JAZの乗組員を集計したもの。
※本表は航空振興財団発行の「数字でみる航空」二〇〇一から転載したものである。

(2) 出身別主要航空会社操縦士供給表

区分	昭和55年度	昭和60年度	平成2年度	平成3年度	平成4年度	平成6年度	平成7年度	平成8年度	平成9年度	平成10年度	平成11年度
航空大学校新卒	七三人	七五人	八六人	七九人	八三人	八二人	七八人	六八人	七三人	四一人	四一人
航空大学校既卒	〇	六	〇	六	〇	六	四	〇	〇	八	一六
防衛庁民間割愛	〇	〇	一〇	一七	三一	一三	一二	九	七	二	一
自社養成	〇	〇	八一	一〇七	一四八	二二六	一七〇	一一七	一〇二	七六	三二
専門FEの職変	〇	二	七	二三	一二	二一	五三	二〇	三二	二九	三三
外国人	〇	〇	三〇	六六	一一四	二六	一〇	〇	二〇	二一	三六
その他	〇	三	五三	三八	五〇	一二	六	〇	二	四〇	一九
合計	七三	八六	二六七	三三六	四三八	三八六	三三三	二一四	二三六	二一七	一七八

（注）(1)「航空大学校卒」は、各年度採用決定数を示す。
(2)「防衛庁民間割愛」は、防衛庁退職者（有資格者）からの採用者。
(3)「自社養成」は、事業用操縦士（多発）・計器飛行証明までの仕上がり数を示す。
(4)「専門FEの職変」は、事業用操縦士（多発）・計器飛行証明までの仕上がり数を示す。
(5)「その他」は、航空機使用事業からの採用者等。
(6) 本数値は、JAL、ANA、JAS、ANK、JAT、JAC、JAA、NCA、JEX、SKY、ADO、JAZの採用状況等を集計したものである。

※本表は航空振興財団発行の「数字でみる航空」二〇〇一から転載したものである。

おわりに

戦後、陸軍航空士官学校、海軍兵学校、陸軍少年飛行兵、海軍の予科練など、その活躍ぶりが華々しく知られているのに民間パイロット養成機関であった「航空機乗員養成所」が存在したことすら知らない人が多い。ましてや、航養出身者が特攻隊などで数多く散華したことや、戦後の民間航空の復活以来、当初は航養出身のパイロットでその基礎をつくったことすら世間に知られていないことは、航養出身の一人として真に残念である。

子や孫に、お父さん、おじいちゃんは若いときこんな学校で学んだのだよと誇りをもって伝えるために平成六年八月、終戦50周年を記念して都城地方航空機乗員養成所同期の桜会発行で「大空に羽搏いた青春」を書いたが、これは同期の桜会の会員のみに配布して一般には公開しなかった。

多額の資本を要する航空業界の浮き沈みは激しく、合併吸収が繰り返され更に近代的に横文字を使った社名が多くなって、飛行機に関心をもっている私たちでさえ、最近はどんな飛行会社があるのか分からなくなってきた。

「逓信省航空局・航空機乗員養成所」の歴史を書き残して将来の参考にしたいとペンをとったが、それには戦前の飛行機が始まった頃から書かねばならず、更には最近の日進月歩の大発達を遂げた民間航空の歴史まで書かなければならなくなり大変であった。

特に韓国や外国の資料を韓国在の宋錫禹氏や杉山均氏に頂き、また戦前の日航エアガールの貴重な写真を杉山（旧姓松岡）節子様に頂き、校正は宮崎第一中学高等学校副校長の志垣澄幸先生（国語）にお願いし、編集に当っては、国書刊行会の中野淳氏に大変お世話になったことを付しお礼の言葉としたい。

平成十五年一月二日

佐藤一一

〈参考文献〉
「日本民間航空史話（明治・大正・昭和編）」日本航空協会編
「航空便覧二〇〇二」航空ニュース社
「数字でみる航空二〇〇一」航空振興財団
「雲雀《ひばり》の証言」韓国草創期民間航空史話
宋　錫禹著・（日本語版）藤田武明監修・杉山均校閲
「羽田空港の歴史」平木国夫著
「伊勢志摩のイカロスたち」―みえ民間航空史―平木国夫著
「イカロスは翔んだ」―日本航空界の先駆者たち―平木国夫著
「飛行家をめざした女性たち」平木国夫著
「日本航空殉難史」財団法人帝国飛行協会発行
「大空に羽搏いた青春」佐藤一一著
「一期会会報」第20号、永妻寿寄稿分より
〈写真提供〉
平木国夫氏
杉山（松岡）節子氏（元日航エア・ガール）

著者略歴

佐藤一一（さとう・かずいち）

昭和5年鹿児島県川辺郡笠沙町生れ。延岡小学校卒業後、17年4月逓信省航空局都城航空機乗員養成所本科4期生として入所。福岡県八女市筑後航空機乗員養成所、鳥取県米子市米子航空機乗員養成所に転属。20年12月終戦のため繰り上げ卒業。24年㈱宮崎興信所、28年宮崎県倉庫㈱29年南邦航空㈱などの会社を設立。実業家として活躍する。

一方、30年宮崎高等無線電信講習所（現宮崎電子工学院）を設立して所長（校長）になり、39年には学校法人南邦学園（現旭進学園）を設立して理事長就任。40年宮崎電子工業高等学校校長（現宮崎第一中学・高等学校）、41年しろはと保育園長、延岡家政女学院長、延岡自動車専門学校長となり、平成3年理事長を勇退、創立者となる。

主な著書に「青少年に伝えたい地獄と極楽のはなし」（国書刊行会）「紅衛兵運動（文化大革命）の渦中に中国を観る」「私はこう思う」「佐藤一一が新入生・卒業生に贈った言葉集①②③」「いまだから話せる話し」（旭進学園出版）、「大空に羽搏いた青春」「宮崎の偉人㈤㈥㈦」などがある。

日本民間航空通史《にほんみんかんこうくうつうし》

ISBN4-336-04511-9

平成15年2月1日　初版第1刷発行

著作権者との
申合せにより
検印省略

著者　佐藤《さとう》一一《かずいち》

発行者　佐藤今朝夫

〒174-0056 東京都板橋区志村1-13-15
発行所　株式会社　国書刊行会
TEL.03(5970)7421(代表)　FAX.03(5970)7427
http://www.kokusho.co.jp

落丁本・乱丁本はお取替いたします。　印刷・㈱エーヴィス・システムズ　製本・㈲青木製本